谨以此书献给恩师汤一介先生！

究天人与通古今

董仲舒政治学说新阐

王　博◎著

燕山大学出版社
·秦皇岛·

图书在版编目（CIP）数据

究天人与通古今：董仲舒政治学说新阐 / 王博著
. — 秦皇岛 ：燕山大学出版社，2022.11（2026.1 重印）
ISBN 978-7-5761-0370-0

Ⅰ. ①究… Ⅱ. ①王… Ⅲ. ①董仲舒（前 179-前104）－政治思想－研究 Ⅳ. ①B234.55

中国版本图书馆 CIP 数据核字（2022）第 111354 号

究天人与通古今：董仲舒政治学说新阐

JIU TIANREN YU TONG GUJIN: DONG ZHONGSHU ZHENGZHI XUESHUO XINCHAN

王 博 著

出 版 人：陈 玉
责任编辑：柯亚莉　　策　划：任 火 董世非 裴立超
装帧设计：方志强　　责任印制：吴 波
出版发行：燕山大学出版社 YANSHAN UNIVERSITY PRESS　　地　址：河北省秦皇岛市河北大街西段 438 号
邮政编码：066004　　电　话：0335-8387555
印　刷：廊坊市印艺阁数字科技有限公司　　经　销：全国新华书店

幅面尺寸：170mm×240mm　　印　张：19　　字　数：260 千字
版　次：2022 年 11 月第 1 版　　印　次：2026 年 1 月第 2 次印刷
书　号：ISBN 978-7-5761-0370-0
定　价：68.00 元

本书由河北省高等学校人文社会科学重点研究基地“董仲舒与传统文化研究中心”资助出版；

本书为衡水市政协委托项目“董仲舒与儒学思想研究”系列成果之一。

“董仲舒与儒学研究大系”编辑委员会

总序：董仲舒与儒学的历史经络及当代价值

“董仲舒与儒学研究大系”是燕山大学出版社策划出版的一套思想文化类丛书。

回眸中国历史，西汉建立了广袤疆域上的庞大帝国，征战方歇，经过初期的休养生息，新的社会矛盾要求朝廷不得不从初期秉持的黄老学说“无为而治”中解脱出来，以适应治理国家的需要。王朝需要用什么样的文化传统、思想体系、道德礼仪来统领大国人心、齐一天下，这个紧迫的问题成为当时的时代之问。变革的社会现实召唤着思想巨人。

董仲舒用“天人三策”，回答了汉武帝的治世之需。他用天人合一论、天人感应论，占据天道的制高点，既阐释了汉王朝君临天下的合法性，又设计出一套相当完整严密的方针政策，使西汉政权的统治方略由黄老政治转向新儒家德刑并用，宣称“《春秋》大一统者，天地之常经，古今之通谊”，由此构建出以儒家礼制为基础、以天子为中心的中央集权制的政治模式，这一制度设计被采纳并付诸运用，成为中国封建王朝政权运作的核心模式，自此延续两千多年，深远地影响了中国社会发展的历史。如果说，四百年的汉朝奠定了中华帝国真正的基础，那么董仲舒的制度设计，无疑是构成这个基础最重要的文化政治部分。

正因如此，董仲舒的身后声名经历了复杂多变的评价和争议。在古代社会，上自帝王，下至臣民百姓、士人学子，无不尊他“为世儒宗”，“道济天下之溺”，“参天地、关盛衰、浩然而独存者”。尽管董子本人从未执宰拜相，但他培养的学生人丁兴旺，凭借才能平步青云者众，加之后世董学分化流派众多，体系大成，董仲舒俨然被奉为中国传统社会正统观念的思想教父。他的人格和学问都受到推崇，《史记》和《汉书》都说他“为人廉直”，其“正其谊不谋其利，明其道不计其功”的名言，成为千百年来中国人的道德旨归。

然而到了近代，国家大乱，中国传统社会结构风雨飘摇，中西文化剧烈冲突，知识分子激烈论战，董仲舒在国人心目中的地位也随着中国传统社会价值体系的崩坏而降至低谷，在五四新文化运动中，更是陪着孔夫子一起被打倒，成了国家落后衰败的出气筒。他“天不变，道亦不变”的名言，被看作形而上学思想的象征，阻碍变革的保守思想源头，指责他将儒学神学化变为儒教，是一个热衷于设计帝王操纵术的功利性人物。

历史走到今天，学术界看待历史人物及其学说的理论和方法，都大大丰富了，对待董仲舒和儒学的态度也客观了许多。今天可以看到这样的观点：董仲舒援天道以证人事，吸收了先秦唯物主义天道观的成分；他以“究天人之际”的名义，规范等级名伦体制的构思，在当时的社会条件下，有利于纠正社会内部、王朝与周边民族之间的社会失序，由乱达治，实现稳定；董仲舒强调“君为国之本”，将尊君观念推到新的高度，但同时也强调君主必须“法天而立道”“上奉天施而下正人”，制约君主的权力；他主张打破血缘宗亲集团的垄断，从知识阶层选贤任能，君臣各敬其事；他倡导具体实在的道德教化，让儒家学说实际应用于治世，真正走向了民间；等等。

编纂“董仲舒与儒学研究大系”丛书，我们需要思考两个问题：

一是，在当今中国，董仲舒与儒家文化传统是否还有意义？

今天以血缘、地缘、宗法、伦理为主要特征的中国传统社会的社会基础结构正在发生剧烈转型，国民相当程度上正在由人伦性族群向契约化群体转型，因而，作为整体意识形态的儒家价值观在现实社会显然已不适应，总体来看，属于社会体系结构性的不适应，因此做不到如董仲舒当时那样将传统学说脱胎换骨，变成现代的东西了，这是对于国家治理的普世性层面而言。

然则，儒家文化传统对国民修养而言，仍大有可用。今日世界面临百年未有之大变局，中国是大变局中的大变量之一。这变局很大程度上在于社会道德的改变。物质欲望膨胀、消费主义、娱乐至上一度喧嚣，而当物质欲望得到满足之后，人们又变得空虚迷茫，不知以何立世，何以为家，陷入精神的混沌状态。概而言之，在人的精神生命与世俗物质生活的冲突之中尚未寻得超越之道。

我们悠久的文化传统本应从私德和公德两个方面给出解决方案。

早在五四时期，梁启超就曾反思数千年传统道德逐渐不能用于当世的状况，他说："吾中国道德之发达，不可谓不早，虽然，偏于私德，而公德殆阙如。试观《论语》《孟子》诸书，吾国民之木铎，而道德所从出者也。其中所教，私德居十之九，而公德不及其一焉。"这不失为一个洞见，儒学确实最重私德，注重"壹是皆以修身为本"，倡导人们在相处中从人性中发展出最好的东西，"人皆可以为尧舜"。作为百代正脉的儒家思想被传承了两千五百年、八十余代，正是因为它与中国人遵循的伦理生活和古老传统相匹配。美国汉学家牟复礼在《中国思想之渊源》中说，"儒家希望恢复的只是一个殷实太平的尧舜之世，一个属于人的文明时代"，因此儒学的首义是人通过践行，去追求有德行的良善的生活。儒家政治思想就是要在乱世中寻找秩序，秩序在哪里？在乎人心。因此说儒家最重私德是恰切的。儒家文化如涓涓细流，润物无声，劝诫人们追求立于天地之间的个人修养，将品格高尚的大儒比如董仲舒，敬称为"纯儒"，一个"纯"字道出了超拔的境界，超越世俗物欲的精神层次，这样的人无论顺逆方圆，皆进退有度，毕生追求人格的完善。儒家的修身之学，是中国文化独有的，与现代世界真善美的人性追求完全契合。

但如果说儒家思想缺乏公共性，又不尽然。董仲舒一生体现的儒家思想传统中，就有着一种执着的乃至偏激的爱国热情、献身情怀，有时显得不可思议，他的作为显示了儒家追求私德是为了什么，格物致知是为了诚意正心，是为了修身、齐家、治国、平天下，这与中国“天下思想”的文化意味高度一致，铺垫着中国人“家国同构”的文化基因。董仲舒代表的智识阶层，将“为王者师”作为自己天生的职业，思考的重点向来是以天下为己任，先天下之忧而忧，这非公共性而何？就如怀抱道义不被当政者接纳的东林党理学君子顾宪成所说，他们这群人不仅有“好善癖”，还患上了“忧世癖”。儒家思想形成社会规范的约束力，激励民众的家国情怀、舍生取义精神，成为中华民族生生不息的根源，血脉相传，今天国之大任还是要拥有这种精神的人民来担当。

二是，在国际学术视域下，董仲舒的儒家学说是否还值得进行学术研究？

19 世纪以来，中国内部衍化的一元文化遭到了不可避免的打击，中国成了世界思想潮流的容器。今天中国思想和文化上很多因素都是外来的，这是回避不了的，这可能是一个参照研究的基础条件，有利于在世界性、历史性的层面上对中国文化思想的独特性进行学术思考，获得世界性的意义。

然而，如果仅以西方为参照系，脱离中国去寻找一种普遍性的规范，在现代性中看不到自己的主体性和历史性，那么中国正在进行的艰巨探索无法获得历史的力量和独特的文化自觉。面对西方学术界一些人“消解中国”的姿态，国内外思想深邃的学者提醒，一方面全球化似乎消解了所有特殊的文化认同，但另一方面这种消解本身恰恰又导致普遍的认同危机和文化焦虑，从而酝酿着文明冲突的危险。我们必须在当今的文化时局中重新考虑中国文化的政治主体性。即使不设置参照系，对文明延续数千年的中国而言，它的文化核心问题，它的思想史如何在文化政治的意义上理论化，都是极其值得开展系统研究的。儒家思想是中国文化的核心，尽管董仲舒倡导的独尊儒术在历史上不免钳制了先秦诸子学说在后世的传扬衍化，但其儒学造诣瞻之在前，总归是深入认识中国思想文化史总体脉络的一个具体的着力点，也是思考中国思想史上学术和现实的问题意识的交汇点。

作为思想家、学问家的董仲舒著述的《春秋繁露》犹如汉代今文经学的百科全书，对当时所遇到的每一个问题都试图从理论上加以解释和概括，对于研究汉代学术史和整个儒学发展史都是极为重要的。董子为汉儒宗，他对中国历史典籍《春秋》公羊学的研究，独尊于两汉，至清中叶而再兴，其于中国社会、政治之影响巨大。所以汉代儒学以董为不祧之宗，何况他的思想兼具关注现实的、积极用世的实践价值。德国哲学家雅斯贝尔斯将公元前 800 年至公元前 200 年称作人类文明的“轴心时代”，那个时代横贯东西，诞生了苏格拉底、柏拉图、以色列先知、释迦牟尼、孔子和老子，他们创立各自的思想体系，共同构成人类文明的精神基础，是人类历史长河中在知识、哲学、宗教上的最辉煌、最有创造力的时代，直到今天人类仍然附着在这种基础之上。董仲舒是这个黄金时代尾声中的最后一位中国思想巨匠。

基于上述，燕山大学出版社编纂出版这套图书就是为了给董仲舒与儒学辟出一块学术研究的出版田地。

这套图书的作者多来自董仲舒的故里，西汉时的广川，即今天的河北省衡水市。作者们“焚膏油以继晷，恒兀兀以穷年”，研究董子其人、他所处的历史时期、他的思想，阐发他的微言大义，扩展至他的教化思想、人学思想以及自然观等，多有成果辑印或发表。这套图书此次辑选了研究董仲舒及儒学的知名学者的成果，内容涉及先秦汉代儒学研究、儒家核心价值观念研究、董学史研究、董仲舒哲学思想研究、董仲舒教化思想研究、董仲舒伦理思想研究等多个方面，一定程度上反映了该研究领域的新进展，具有较大的学术影响力和出版价值。

究天人之际，通古今之变。祈愿这套图书的出版传播，对于当代和后世的人们加深对整个中国思想发展史、中国历史、中国文化的认识有所启益。

“董仲舒与儒学研究大系”丛书出版人

陈 玉

2022 年 5 月于燕山大学

序一：董仲舒政治学说研究的新进展

李宗桂

董仲舒思想研究是学术界自改革开放以来研究的重点，近年在各方面力量和各种因素的推动下，成为热点，是当代中国传统思想文化研究的前沿问题。

董仲舒思想内涵丰富，意蕴深厚，学术界多年来已经做了很多富有学术价值的工作。纵贯地看，侯外庐（侯外庐等：《中国思想通史》第二卷第三章《董仲舒公羊春秋学的中世纪神学正宗思想》，人民出版社 1957 年版）、冯友兰（《中国哲学史新编》第三册第二十七章《董仲舒公羊学和中国封建社会上层建筑》，人民出版社 1985 年版）、冯契（《中国古代哲学的逻辑发展》中册第五章《独尊儒术与对儒家神学的批判》，上海人民出版社 1984 年版）、任继愈（任继愈主编：《中国哲学发展史》秦汉卷《董仲舒的天人感应神学体系》，人民出版社 1985 年版）、李泽厚（《秦汉思想简议》，《中国社会科学》1984 年第 2 期）、李锦全（《也谈怎样理解董仲舒的自然观问题》，《新建设》1965 年 10 月；《论汉代正宗神学奠基者董仲舒的哲学思想》，《学术研究》1981 年第 6 期）、刘泽华（刘泽华主编：《中国政治思想史》秦汉魏晋南北朝卷，第三章《汉帝国的政治“大一统”与独尊儒术》，浙江人民出版社 1996 年版）、汤一介（汤一介、李中华主编：《中国儒学史》两汉卷第二章《董仲舒〈春秋〉公羊学的儒学思想体系》，北京大学出版社2011年版）、金春峰（《汉代思想史》第五章第十节《董仲舒思想的特点及其历史地位》，中国社会科学出版社2018年版）、周桂钿（《董学探微》，北京师范大学出版社1989年版）、陈苏镇（《〈春秋〉与“汉道”：两汉政治与政治文化研究》第二章《“以礼为治”和“以德化民”——汉儒的两种政治学说》，中华书局2011年版）、赖美琴（《韩非与董仲舒政治哲学研究》，广东人民出版社2000年版）、张俊峰（《董仲舒政治思想研究》，湖南人民出版社2014年版）等学者都做了别具一格的研究，阐发了自己的见解。大致说来，大陆地区的学者在20世纪50年代到80年代初期的研究，总体上侧重于董仲舒哲学思想的性质、董仲舒思想的社会历史作用等展开阐释，一般认为董仲舒哲学思想是唯心主义的、形而上学的，以天人感应为中心的思想体系本质上是粗鄙的神学；董仲舒构建的以三纲五常为核心的价值观，是为封建地主阶级服务的，是封建社会的总道德、总原则。如果从评价的角度看，这个时期对于董仲舒天人感应的哲学思想、天不变道亦不变的价值理念和发展观念是持否定态度的。从20世纪80年代中后期开始，情况发生了较大的变化。随着中国哲学史方法论讨论的深入，以“两个对子”（唯物主义与唯心主义、辩证法与形而上学）、“两军对战”为核心和标志的苏联日丹诺夫哲学史定义被扬弃，从哲学范畴、社会思潮入手研究包括董仲舒思想在内的成果日渐增多，对董仲舒思想的评价逐渐走向正面。20世纪90年代以后高潮迭起的国学热、传统文化热，客观上推动了董仲舒思想研究的深化和拓展。时至今日，对于董仲舒天人合一的哲学思想、崇尚统一的政治理念、三纲五常的核心价值观、兴学重教的教育思想、贵和尚中的和谐理念、《春秋》公羊学说等方面，学界都给予了相当正面的评价。但是，对于董仲舒的阴阳五行思想，无论在广度还是深度上，学界的研究还颇为不足。前面提到的诸多学者的论著中，对于董仲舒阴阳五行思想与其政治学说的关系，要么有所缺失，忽略不计，要么一笔带过或者简略介绍。真正从董仲舒思想体系切入，从阴阳五行视野对董仲舒学说进行系统阐释的成果，实在稀缺。

考察海峡对岸的学界，钱穆的《国史大纲》固然对董仲舒褒扬有加，甚至说董仲舒《天人三策》与贾谊的《治安策》一道奠定了汉代文治政府的基础，但对董仲舒阴阳五行思想却讳莫如深（钱穆：《国史大纲》第八章《统一政府文治之演进》，台湾商务印书馆1988年版）。萧公权的《中国政治思想史》论及董仲舒时，比较重视其天人思想，但对于阴阳五行与董学的关系，也未深究（萧公权：《中国政治思想史》第九章《贾谊至仲长统》）之第三节《董仲舒》，商务印书馆2013年版）。钱穆和萧公权以上著作出版于1940年代，是各自的代表作，长期不断重印（直到现在，两岸都在继续印行），典型地反映了他们对相关问题的见解。徐复观1970年代出版的《两汉思想史》卷二有专章研讨董仲舒，并且认为董仲舒思想的出现，是“先秦儒家思想发展中的转折及天的哲学大系统的建立”（徐复观：《两汉思想史》卷二《先秦儒家思想发展中的转折及天的哲学大系统的建立——董仲舒〈春秋繁露〉的研究》，台湾学生书局1976年版），强调突出董仲舒的天的哲学，但他关注的重点是关于天的哲学的方法问题、天人关系问题、天与政治的问题，尽管谈到了董仲舒与《洪范》五行的关系，但却没有从整体上探讨阴阳五行与董仲舒思想的关系，这不能不说是一个缺憾。

王博博士的学术专著《究天人与通古今：董仲舒政治学说新阐》，是一部在新的时代条件下用新的学术视野开展董仲舒政治学说研究的新成果。可以说，这部著作的完成和出版，是在会通上述诸多学者成果的基础上，在吸纳这些年学界相关研究的条件下，独立思考、独出机杼的新成果，是对既往相关研究成果的超越。

王博是北京大学哲学博士。这部著作是他在其博士论文《阴阳五行视野下的董仲舒政治哲学》基础上修订而成。正如王博自己所说，该书尝试在阴阳五行学说的视野中重新梳理董学体系，以董仲舒《春秋》学的核心主旨“究天人之际，通古今之变”作为安置董学核心要素的基本逻辑框架，力图展现出董仲舒在大一统政治环境中为了实现长治久安的圣王之道所作的种种努力。该书除导论和结论外，主体部分共四章。第一章题为《阴阳五行与天人合一及大一统》，在系统回顾阴阳五行学说发展史的基础上，以政治化的阴阳五行学说作为董学的基本思想背景。认为阴阳五行学说政治化的每一项实质性推进，都出于大一统政治的实际需要，质言之，是在不断趋新的历史条件下用阴阳五行学说来重建或构建天人的合一。第二章题为《阴阳五行与〈春秋〉大义》，从思想史层面对董仲舒《春秋》学的主旨，经世、灾异、决狱三大面相，以及阴阳灾异说等进行系统性的阐释，揭示作为核心工具的阴阳五行学说对董仲舒提出其政治学说的重要意义，阐明阴阳五行学说是董仲舒实现他的《春秋》学主旨“究天人”与“通古今”的理论基础，全面系统地讨论董仲舒的政治学说。第三章题为《阴阳五行与究天人之际》，分别从天人之际、天人相副、圣人配天三个层面切入，阐释董仲舒“究天人”的思想。认为董仲舒以阴阳五行学说作为工具构建起的天人之学体系，以“十天端”学说为基础，暗示了天人之间的距离需要依靠阴阳五行来弭平，阴阳五行之理同时也证明了天人可以相副并实现天人感应。将人副天数、同类相动、天人感应学说安置到一个逐步深入的天人相副学说中，进而论证董仲舒的人性论在于证明为何圣人必得立教化而代天理民，以阴阳五行之理指导自己的行政，由此实现王道。第四章题为《阴阳五行与通古今之变》，以阴阳刑德与更化、从五德到三统、官制象天为论说对象，从通古今之变的视野中重新梳理董仲舒的阴阳刑德学说、历史学说和官制学说。这是董仲舒把天人合一理论置入社会历史的实际运展之中。董仲舒既以对历史和现实的批判提出新的政治原则，又要进一步用新的天命解说作为改制的依据，并最终以完美的官制设计保证政治权力的良性运行。在这个完整的理论构造中，阴阳五行成为核心依据。

在对相关问题进行史论结合的细致而又深入的论证后，作者在《结论》部分提出了若干看法。作者认为，董仲舒依托《春秋》学，利用作为时代共法的阴阳五行构建起了究通天人、古今的大系统，其最终目标都指向了对现实政治的改造，以期实现千古一贯的圣王之道。他提出一整套理论并非仅着眼于时代的难题，而是要实现长治久安的圣王之道。今日的我们要理解董仲舒的成就，也应该把他放在政治理论家这个维度中来审视。作为《春秋》学家，董仲舒也许并不成功，但他依托于《春秋》学所构建起的贯通天人、古今的大系统所要实现的目标不仅是古代政治理论的核心关切，也奠定了董仲舒以后学术与政治互动的基本图式。作者还认为，董仲舒天人合一学说的真实意趣，是礼乐兴而教化行的圣王之道。董仲舒将圣王之道最终落实为君臣、父子、夫妇各得其宜的人伦政治的和谐，却未曾料想王道三纲逐渐演变为礼教的核心内容，既让以秩序为追求的政治理论家以此为楷模，又为越礼教而任自然的士人所极力抨击，更成为今人鞭笞专制政治泯灭人性的理据。作者提出，在以秩序为核心追求的政治学说中，为礼制找到最坚实理据的，首推董仲舒。无论董仲舒的王道理想是否可行，比起有些学者所擅长的种种居高临下式的道德批判，董仲舒少了很多狂妄，更显得睿智和理性。作者还提出，董仲舒用阴阳五行构建了近乎完美的天人相副学说，在理论层面实现了究天人之际的《春秋》学理想。董仲舒以王道政治作为天人合一的现实依归，不仅为当时的帝王提出了努力的目标，更使自己的理论汇入中国古人关于理想政治的漫长追寻历程中去。董仲舒提出的政治原则上承诸子，下启后学，成为难以逾越的理论高峰。在大一统政治成为秦汉以后中国的主要政治运作方式后，董仲舒是第一个以系统的理论建构来限制和平衡大一统王权的学者，他对德政的强调及对法家政治的反对皆足以让他成为划时代的人物。作者这些见解，人们自可见仁见智，但不得不承认，作者是经过认真研究后而得出的独特新颖之见。

作为一个青年学者，王博这部著作的优长之处首先表现为其思想的敏锐度高，问题意识强。从政治哲学入手，抓住董仲舒生活时代大一统的时代主题，以阴阳五行理论统贯董仲舒学说，揭示其内涵、特质和作用，透显其究天人、通古今之道，无疑是抓住了董仲舒思想的纲领，抓住了董仲舒学说研究的关键。王博这部著作的第二个优长之处，是整体感强，重点突出，逻辑严谨，不枝不蔓。这些年出版的相当部分学术著作，动辄洋洋数十万言，铺陈过度，渲染过分，曲里拐弯，冗言赘语甚多，结构松散，缺乏重心，看得人稀里糊涂。王博这部著作不是这样，它主题鲜明，重心突出，观点凝练，章与章之间有着内在的逻辑联系，论点和材料扣合甚好，没有游离主题的无端铺陈。该书的第三个优长之处是确有创新。作者抓住董仲舒天人思想这个关键，彰显其作为核心理念的天人合一，突出阴阳五行在董仲舒政治学说中的地位和作用，尤其是将大一统进程与阴阳学说的政治化、大一统进程与五行学说的政治化作为董仲舒政治学说的思想文化背景与精神滋养，体现出优良的哲学素养和提炼问题概括问题的能力。作者对董仲舒《春秋》阴阳灾异说所作的解读尤其深刻，较好地展现了思想家既要参与并维护大一统政治的理想，又要适度限制君权的主观愿望之间的现实落差，比较合理地诠释了董仲舒实现政治理想的困顿所在。作者对董仲舒天人相副学说做了富有新意的阐释，认为董仲舒的天人相副学说包含人副天数、同类相动和天人感应三个逐步深入的层面，是一个理性化的构造。其中人副天数是天人相副的学理基础，其核心原理为“可数者副数，不可数者副类”；同类相动乃对天人为何相副尤其是“不可数者”为何“副类”的进一步论证，将经验认识上升到普遍规律；天人感应则是在前两者基础上，进一步论证了天人之间的互感互通并非神意。在此基础上，作者阐明了天人相副最根本的内涵是人主与天相副，从而实现天下大治而成为圣人。作者对于董仲舒三统说的阐发饶有新意。作者认为，三统说并非顾颉刚所说的“半截子的五德终始说”，它的创立乃是出于对五德终始说的反对，并以正朔服色方面的全面改构而彻底放弃了以五行学说解释历史演进的做法。在三统说中，董仲舒更为钟情的阴阳学说扮演了突出角色。这样，作者彻底超越了自顾颉刚先生以来的成说。该书的第四个优长之处是平实畅达。概念平实，不故弄玄虚，不故作高深。作者坦承，研究中国学问，先要讲清楚它到底是什么，并用现代人能够听懂的语言讲出来，“这本书就是用现代汉语讲清楚董学到底是什么的一种尝试”。综观全书，我觉得作者达到了这个目的。

王博博士的这部著作，从其在北京大学完成博士学位论文答辩之际，就受到作为论文评审专家的前辈学者的肯定和鼓励。有的专家指出，该书阐释的董仲舒究天人之际、通古今之变是以阴阳五行为纲骨而建构了宏大的思想体系，呈现了阴阳五行学说从先秦到汉代的发展脉络，突出了董仲舒政治哲学的核心内容和主要特点，是推进董仲舒研究的一个学术新成果。有的专家指出，该书以董仲舒政治化的阴阳五行的哲学思想为核心，挖掘和诠释董仲舒政治哲学的内涵和基本特征，反映了作者的问题意识和创新意识的自觉，是一篇高水平的博士学位论文。就我阅读这部在博士学位论文基础上修订后的著作的感觉而言，我觉得专家们的意见是严肃的，是符合实际的。

董仲舒思想的研究，这些年来在弘扬中华优秀传统文化，对中华优秀传统文化进行创造性转化创新性发展的态势下，势头迅猛。数量甚多的专著、论文、研究项目、国内外学术会议、专业学术团体、大学研究机构、学术期刊、大众传媒，齐心协力，共襄盛举，把以董仲舒儒学研究为重心的董学研究乃至汉代思想文化研究推进到前所未有的广度和高度。与此同时，在发挥老一辈和中年一辈董学研究专家的带头作用的基础上，涌现出一批好学深思、思想活跃、勇于创新的青年才俊，王博博士是其中的佼佼者之一，现在这部专著的出版，便是明证。今天，我们要光大中国精神，传承中华文脉，坚守中华文化立场，用改革创新的时代精神引领董学研究，把马克思主义基本原理同中国具体实际相结合、同中华优秀传统文化相结合，在更高的发展层面上、更广阔的学术视野中，守正创新，开掘董学研究的新课题，拓展董学研究的新局面，取得更多更好的成果。为此，需要在新的条件下，突破既有的研究范式，突破传统的学科划界，多学科协同创新。董学与中华民族共同体、董学与中华文化共同体、董学与传统思想文化形态、董学与汉代文治政府、董学与究天人通古今的思想传统、董学与礼法合用的治国方略等问题，都是值得我们去探索去深究的重要课题。我曾经讲过，与其说两千年之学是荀学，不如说两千年之学是董学；与其说两千年之政是秦政，不如说两千年之政是汉政。这是从秦汉到清末中国古代社会发展和思想文化演进的宏阔层面审视董学的意涵及其影响后得出的感受。但这需要具体而细致的学理论证和历史分析。这个论题会引出很多颇有意味的话题和争论，势必有助于董学研究乃至更为广阔范围的传统思想文化研究的深化。

路漫漫其修远兮，董学研究正未有穷期。在祝贺王博博士这部著作出版的同时，我希望他能够继续努力，百尺竿头更进一步，在董学研究的领域取得更多更好的成果。我也乐意与他和学界其他同好一道，为董学研究的升华，为中华优秀传统文化的弘扬而共同努力。

是为序。

2022年8月29日凌晨3点58分写毕于广州中山大学寓所

李宗桂，中山大学哲学系暨中山大学马克思主义哲学与中国现代化研究所（国家文科重点研究基地）教授，博士生导师，中央马克思主义理论研究和建设工程首席专家，国务院政府特殊津贴专家。主要研究方向是中国古代哲学、中国传统文化与现代化、当代中国文化、现代新儒学，出版著作10余部，主编学术丛书多套，在海内外发表学术论文近200篇，是《人民日报》向海外介绍的中国文化研究专家。

序二：全面阐释董仲舒政治哲学的最新力作

景海峰

汉代儒学，复杂已极，其面貌绝不像现代哲学史所展现的那样简单。仅就西汉一朝而言：秦火之后，诸子复苏，儒学与子学之关系又处在新的博弈之中；儒经残缺，传衍断片，如何收拾遗存、重续前缘，线索极为复杂；老儒口耳相传的授经路线向文字记述的大规模转移，导致了文本形态的根本变化和解释学方面的一系列问题；面对大一统的政治格局，如何改变处境，调整思想学术与政治权力之间的关系，“为汉制法”，以开新局。以上所举四端，仅为西汉儒学之荦荦大者，而其中的许多关节处及微枝末梢实在是不可胜数。王博的新著《究天人与通古今：董仲舒政治学说新阐》，从一个节点深入到汉代儒学的内里，为我们拨开了笼罩在《春秋》公羊学身上的层层迷雾，清楚地展示出西汉今文经学“行仁为本，正名为先，测阴阳五行之变，明制礼作乐之原”的根本面貌，为理解汉代儒学特别是董仲舒在儒学发展史上所扮演的重要角色，提供了新的证词。

从是书所描绘的丰富背景和复杂线索，我们可了解到董仲舒政治儒学的出场，上接战国中晚期各种思想学说脉流的余绪，下承入汉以后儒学所面临的种种际遇及挑战，殚竭以思，尽心以对，才能够有如此宏阔的伟构。而其中尤为重要的是，这一学术体系的建立，在致思方向上做了重大的调整，由早期王官学时代贵族教育的传统影响转变为直接的政治参与和社会实践之思考。大一统的政治局面，深刻影响到了秦汉以来思想学术的走向，儒家早期重《诗》《书》，后来方显出《春秋》之重要，因为《春秋》经义可以直接介入到为汉立法的程序中，具有更高的政治实践性特点。如果说诸子时代的儒学是以个体的修身立德为本，而到了大一统的时代，儒家所面临的则是向社会化的实用价值的转换，其“内圣”一面完全为“外王”所牵引，政治关怀也逐渐地凌驾于学术取向之上。《汉书·儒林传》谓：“自武帝立五经博士，开弟子员，设科射策，劝以官禄，讫于元始，百有余年，传业者浸盛，支叶蕃滋，一经说至百余万言，大师众至千余人，盖禄利之路然也。”这种转向，当然与秦政对于儒家的毁灭性打击有关，记忆惨痛，有些人不得不“曲学阿世”（像公孙弘）；也与秦汉大一统政治格局的形成密不可分，因为儒家经学想要起死回生，就必须要拣择最能适应时代变化需求的典籍，以为“翻身”之资本（如董仲舒）。在经历了西汉初期的恢复元气之后，儒家在黄老、法术、纵横、阴阳等学派的冲击下，又面临着被边缘化的危机。《淮南子》里说：“今夫儒者，不本其所以欲，而禁其所欲；不原其所以乐，而闭其所乐。是犹决江河之源，而障之以手也。”（《淮南子·精神训》）就连讲清静无为的道家也要向着“牧民”的治术来靠拢，发挥出一套“治国理政”的君人南面之术，以见宠于上；而向来以治国安邦为务的儒家，岂能够袖手以待，所以一定会做出策略上的调整。汉武帝时立五经博士，“《书》惟有欧阳，《礼》后，《易》杨，《春秋》公羊而已”（《汉书·儒林传》），而在诸经之中，真正发挥了巨大影响力的当推《公羊传》。所以在西汉时期，儒家经说的重心是在阐发《春秋公羊传》的“微言大义”，该经也就自然成了诸多典籍的中心。

而在解释《春秋》经、对公羊学的思想大加发挥的过程中，董仲舒无疑起到了至关重要的作用，实为这一思潮的核心人物。《史记·儒林列传》记仲舒“少治《春秋》”，又说“唯董仲舒名为明于《春秋》，其传公羊氏也”，可见在汉初儒家经典传承的谱系当中，董仲舒是以传《春秋》经而名于世的，是一位公羊学大师。后人所理解的今文经学体系，本来就是以《春秋》

为中心的，并且以《公羊传》为典范；而能够成就一个严密的思想系统，则端赖于董仲舒对《春秋》的诠释及其一套独特的解经学之发挥。

《春秋》本是鲁国的编年史，文简义约，其所包含的意思从字面上来了解，极为有限，所陈述之史迹也是略而不明；如果仅从文本来看，它所能提供给阅读者的信息并不很多。但在经过传、记的诠解之后，《春秋》文字的意涵便大增了，解释过程中所附加的内容引申出了无数的问题，对这些话题的探讨与论辩，又衍生出无穷的意义，终成一个大系统。

首先是文本和作者之间的关系，透过对作者创作意图的分析，来演绎和放大文字的意蕴。孟子特别强调“孔子惧，作《春秋》”，确定了是书为夫子“自作”的性质，这就与其他的经不一样了；也就是加大了创作者在这一文本所表达的意义当中所占有的分量，作者之“意”，成为这一诠释圆圈的开头。所谓“孔子作《春秋》，而乱臣贼子惧”，因为其“以寓王法”“以绳当代”，包含了深刻的创作意图，所以从写作动机出发，即可以将孔子的思想带入到对《春秋》义理的分析当中。孔子讲“必也，正名乎”，对“君君、臣臣、父父、子子”的社会秩序极为重视，所以《春秋》也就寄寓了对秩序破坏者的讨伐之意；孔子追求“志于道，据于德，依于仁，游于艺”的完美人格和天下皆为士君子的德治理想，所以《春秋》也就包含有对统治者劝戒与褒贬的意思。所以，晚清经学家皮锡瑞说：“《春秋》有大义，有微言。所谓大义者，诛讨乱贼以戒后世是也；所谓微言者，改立法制以致太平是也。”透过《春秋》，可以理解孔子的政治观，也可以知晓儒家的社会政治理想，“据其说，可见孔子空言垂世，所以为万世师表者，首在《春秋》一书”（《经学通论》）。

由孔子“作《春秋》”的意义指向，将之引入到现实政治当中，即构成了西汉时期公羊学兴盛发达的背景。汉初，在经历了一段“无为而治”的黄老术统治之后，中央集权的需求日渐地迫切，《公羊传》对《春秋》诸义的发挥，正好因应了这一形势。《春秋》讲“定名分”，上明三代王道，下辨政事之纪，寓褒贬于记事之文，通过历史叙述来定夺是非、扬善惩恶；

《公羊传》则突显了“尊王”之意，大力发挥崇仰权力于一尊的思想。《春秋》只说个“元年春，王正月”，《公羊传》即释之：“元年者何？君之始年也。春者何？岁之始也。王者孰谓？谓文王也。曷为先言‘王’而后言‘正月’？王正月也，何言乎‘王正月’？大一统也。……”其解释的跨度之大、想象之丰富、跳跃之惊人，实足表现出其过度诠释的气势与风格。《春秋》学尊君抑臣，迎合了帝权的威仪感与绝对性，这只是个人权力的配置问题；而“大一统”之说，则演绎出一整套王朝政治的治理原则，既满足了现实的要求，也提供了长远的理想。《春秋》由文明之等级而分辨夷夏，宣揭“攘夷”之大义，“内其国而外诸夏，内诸夏而外夷狄”，以区别文化礼仪和制度民俗方面的亲疏远近关系。《公羊传》于此大加发挥，建构了一大套理想化的国家间关系与秩序及其交往原则。其论述历史事件，在文字解释方面，往往超出了即事论事的范围，而将解释者的主观意图通过“微言”灌注于其中，并且用自问自答式的引导，来展现诠释者自己的观念和想法。

正是因为公羊学的解经特点，决定了其诠释重于微言大义而不拘泥于事件的具体性，这样便很好地因应了“为汉制法”的时代需求，由此公羊学大师董子方能够来重构儒家的天人观，确立三纲五常的道德律则，建立起一套偏重于治术的政治儒学。董仲舒谓：“仁之美者在于天。天，仁也。天覆育万物，既化而生之，有养而成之，事功无已，终而复始，凡举归之以奉人。察于天之意，无穷极之仁也。人之受命于天也，取仁于天而仁也。是故人之受命天之尊，父兄子弟之亲，有忠信慈惠之心，有礼义廉让之行，有是非逆顺之治，文理灿然而厚，知广大有而博，唯人道为可以参天。”（《春秋繁露·王道通三》）人的道德秉性根源于天，伦理纲常和社会秩序也是以天的意志为转移的；这样，汉代的“大一统”格局与绝对皇权的形成便都有了某种神证论的意味。在政治权力与经典诠释的融汇中，儒家经典的神圣性得以确立，大一统治理体系当中的皇权威仪也变得分外鲜明，这种两者相依的关系，既抬高了儒家经典的地位，也型塑了汉代以后王朝政治的固定形象。董仲舒的学说立基于《春秋》公羊学，全面地吸收了秦汉之际的各种新思想，神圣化了儒家经典的理念，创构了新的系统；其充分政治化的儒学体系也极大地满足了统治者的需求，儒家的正统地位得到了确立，六经的正典化和神圣性也由此建构起来了。

从儒家经典的传衍史来看，董仲舒不仅传经，而且立论，不同于一般的文献老儒，他是一个经典诠释家、政治家和思想创造者。其《春秋繁露》一书，虽不名为“传”，但实际吸收了《春秋》等经籍的义理、发挥《公羊传》和诸子学的思想内容，广泛采撷，融会贯通，成立一家之言，创辟时代风气。《四库全书总目》评曰：“其书发挥《春秋》之旨多主《公羊》，而往往及阴阳五行。”“《春秋繁露》虽颇本《春秋》以立论，而无关经义者多，实《尚书大传》、《诗外传》之类。”也就是说，董著的创造性诠释特征，本身即可视之为《春秋》的传、记，只不过借助了《公羊传》的路径和形式。皮锡瑞指出：“汉人之解说《春秋》者，无有古于是书，而广大精微，比伏生《大传》、《韩诗外传》尤为切要，未可疑为非常异义而不信也。”（《经学通论》）也就是说，《春秋繁露》诠释的内容，已经远远超出了《春秋》本文的范围，所以不能只从经文所及来框限之。董仲舒通过引入阴阳五行学说，在阐发《春秋》义理的基础上，建立了一套天人感应的宇宙观，其曰：“凡物必有合。……阴者阳之合，妻者夫之合，子者父之合，臣者君之合。物莫无合，而合各有阴阳。……君臣、父子、夫妇之义，皆取诸阴阳之道。”（《春秋繁露·基义》）从天人关系的完满性到社会历史发展的有序性，意义皆已经涵盖。所谓“《春秋》之道，大得之则以王，小得之则以霸”，“霸王之道，皆本于仁，仁，天心”。（《春秋繁露·俞序》）天心即是德治之统绪的依据，由夏而商，由商而周，“以《春秋》当新王”，构筑起一个历史演进的序列。从《春秋》所述，由隐公到哀公，分十二世为三段：有见、有闻、有传闻，“有见三世，有闻四世，有传闻五世”，成为一个有序的演进路线，后代接续之，可以推演至无穷。在此历史的循环过程中，也必然会有不断的改制发生，所谓“《春秋》之道，奉天而法古”，圣者法天，贤者法圣。“王者必改制。……今所谓新王必改制者，非改其道，非变其理，受命于天，易姓更王，非继前王而王也”。由之，“大纲，人伦道理，政治教化，习俗文义尽如故，亦何改哉！故王者有改制之名，无易道之实”。（《春秋繁露·楚庄王》）所以他说，“道之大原出于天，天不变，道亦不变”（《汉书·董仲舒传》）。董仲舒所创造的这一套解经学，不但确证了《春秋》经典的神圣地位，而且赋予了其礼法、社会治理及宇宙论的性质；这样一来，经学之中所揭示出的道理，便成为一种规定人类社会生活方式的律则，从而具有了极强的超验意义。

王博研究儒学经年，尤其致力于对汉代儒学的探讨，在这方面发表过不少极有见地的论文，这部著作是他最新的研究成果。是书的特点是视野开阔、材料丰富，有严整的架构和系统性、极强的逻辑和辨析力。本于作者多年来对中国哲学、儒学和汉代经学的深切体悟与不断揣摩，试图用中国思想自身的理路和话语来描述董仲舒所建构的这套政治学说。是书以阴阳五行学说为主线，兼采过往研究者的诸多成绩，将秦汉之际的历史背景、西汉初的政治实践活动和公羊学的特点、董仲舒政治哲学的创造性要素等，有机地结合起来，清晰地描述了阴阳五行观念下的“天人合一”说和“大一统”思想，对董子的《春秋》学要义及其解经特点也做了精要的概括，从而彰显出其“究天人之际”的宇宙论和“通古今之变”的历史观所蕴聚的系统性、宏阔性及深刻性。通过阅读这部书稿，获益良多，对理解董仲舒的政治学说有很大帮助。王博征序于我，故不揣浅陋，将所得到的一点看法写出来，以就教于高明君子。

2022 年大暑于贵阳孔学堂

景海峰，深圳大学国学院院长、哲学系教授，武汉大学、中山大学等校兼职教授，博士生导师。兼任中华孔子学会副会长、中国现代哲学研究会副会长、国际儒学联合会理事暨学术委员会委员等。主要从事儒学和中国哲学史研究。主要著作有《熊十力》《梁漱溟评传》《中国哲学的现代诠释》《新儒学与二十世纪中国思想》《诠释学与儒家思想》《经典诠释与当代中国哲学》等。

序三：董仲舒的天人之学与象征思维

张广保

王博副教授的大作《究天人与通古今：董仲舒政治学说新阐》一书即将面世，要我写几句话作为前序。此书是他在当年博士论文的基础之上修改加工而成，而他于 2011—2015 在北京大学哲学系攻读博士学位时，正好是由我协助先师汤一介先生指导的。我虽然对董仲舒的思想没有专门研究，但由于曾经从事过汉代经学思想的研究，因而也曾涉猎过董仲舒的著作，并且对他极为敬重。现借此机会谈谈我对董仲舒的思想及我们到底应该创建什么样的中国哲学等问题的思考与认识。

近年来，学界一直在热议中国哲学的合法性问题，这反映学界对二十世纪初期模仿西方哲学范式创建起来的中国哲学体系的失望。研究中国哲学史、思想史的学者都注意到中国哲学史、思想史有着自己独特的问题意识及内在发展脉络。像道论、心性论、境界论、天人关系论、功夫论都是中国古代哲学家、思想家关注的重点，然而这些问题在其他文明中却并未突显出来。相似地，在古印度思想中贯穿始终的解脱论问题，以及在古希腊哲学中特别突显的认识论问题，在中国古代思想中也都没有得到彰显。由此而进一步追询，学者们又认识到对中国哲学创建应奠基于中华文明独特的精神传统，而不是以古希腊罗马哲学为范本从外设定一套哲学问题，从而建构五花八门的中国哲学体系。

实际上，世界上任何原创性的文明都必定会提出归属于自己的独特的思想论题。从文明比较的角度看，中华文明精神传统渊源深厚，保留了人类自石器时代以来的集体记忆，是具有原创性、独创性的文明体系。从比较文明的大视野看，在当今世界，中华传统文明是少数可以与西方文明互相对话的文明体系。从思想的角度看，中华文明最重要的特点就是其在世界观、物质观、生命观方面具有整体性、连续性、贯通性及有机性，而这正是石器时代遗留的主流精神传统。对此，杜维明先生在其《存有的连续性：中国人的自然观》一文中有精彩的论述，美国人类学家佛尔斯脱（Peter T.Furst）所复原的亚美萨满底层和古代中国世界观的大势都是联系性的宇宙观，更被张光直先生作为“存有的连续性”的进一步证明。[①] 中华文明传统最重要的特征就是礼乐文明，通过奠基于宗法血缘关系基础之上的礼乐制度，从而实现社会财富集中以形成社会分层，进而组建具有自身特色的社会系统。以九经为核心的经学原典就是对这一礼乐文明的载述。因此中国哲学的创建应奠基于经学之上。经学的研究对象也绝对不是几部过时的典籍及其浩瀚的注疏，而是对中华礼乐文明——这一独特精神传统的直接切入。

中华独特精神传统早在经典时代（夏、商、周三代）就以王官之学为标志，以象数的形式确定一套符号象征体系。《周易》的象数，三礼的礼器名数都是对这一独特精神传统的表述。采用象征思维以观照世界是中华精神传统中最具原创性的思维方式。王夫之在《周易外传》曾以象的思维综括六经，指出：“乃盈天下而皆象矣。《诗》之比兴，《书》之政事，《春秋》之名分，《礼》之仪，《乐》之律，莫非象也。而《易》统会其理。”[②] 那么何谓象征思维？黑格尔解释说：“象征一般是直接呈现于感性观照的外在事物，对这种外在事物并不直接就它本身来看，而是就它所暗示的一

① 张光直：《美术、神话与祭祀》，郭净译，北京：生活•读书•新知三联书店，2013 年，第 123 页。

② 《船山全书》第一册，长沙：岳麓书社，1996 年，第 1039 页。

种较广泛较普遍的意义来看。”[1] 这是西方哲学家的看法，在中国经典中，《周易》的《系辞传》的解释更为精炼，只使用十个字就把意思说清楚了：“其称名也小，其取类也大”。韩康伯注云：“托象以明义，因小以喻大。”可见中华独特精神传统是有着与西方迥然不同的思维方式。

然而，二十世纪初期模仿西方哲学范式创建起来的中国哲学却偏离这一精神传统，未能成功地从经部文献中挖掘出哲学，而把探讨的重心放在子部。对此，熊十力在《读经示要》中感叹：“经学既衰绝，古人成己成物之体要，不复可窥见。于是后生游海外者，以短少之日力，与不由深造自得之肤泛知见，又当本国政治与社会之衰敝，而情有所激，乃妄为一切破坏之谈。则首受攻击者，厥为经籍与孔子。北庠诸青年教授及学生，始掀动新潮，而以打破孔家店，号召一世。六经本弃置已久，至此又剥死体。……自兹以后，学生视六经，殆如古代之器物。”[2] 蒙文通在《论经学遗稿三篇》也说：“自清末改制以来，昔学校之经学一科遂分裂而入于数科，以《易》入哲学，《诗》入文学，《尚书》、《诗》、《礼》入史学。原本宏伟独特之经学遂至若存若亡，殆妄以西方学术之分类衡量中国学术，而不顾经学在民族文化中之巨大力量、巨大成就故也。其实，经学即是经学，本为一整体，自有其对象，非史、非哲、非文，集古代文化之大成，为后来文化之先导者也。”[3]

董仲舒虽然以《春秋》公羊学名家，然而他博通五经，学究天人，其哲学乃是以中国传统的阴阳五行理论为主轴，创造性地综括诸子百家思想，从而构筑起在汉代最具代表性的天人之学。这里必须特别指出的是，阴阳五行在董仲舒思想体系中是作为一组符号象征体系出现的。正如王博在书中所揭示的，董仲舒创造性地将阴阳五行符号象征纳入其构建起的以贯通天人、古今为目标的思想大系统，此即其以“十天端”为代表的符号象征

① 黑格尔：《美学》第 2 卷，朱光潜译，北京：商务印书馆，1996 年，第 10 页。
② 《熊十力全集》第三卷，武汉：湖北教育出版社，2001 年，第 568—569 页。
③ 蒙文通：《经学诀原》，上海：上海人民出版社，2006 年，第 209 页。

体系。他说："天有十端，十端而止已。天为一端，地为一端阴为一端，阳为一端，火为一端，金为一端，木为一端，水为一端，土为一端，人为一端，凡十端而毕，天之数也。"（《春秋繁露•官制象天》）这个"十天端"符号象征体系以阴阳五行为中枢，由天下贯于人，由人上通至天，正像王博在书中所说，乃是董仲舒"天人之学"的核心内涵。董仲舒这一颇具思想创造性的"天人之学"，明显是创造性地融通《周易》的阴阳思想、《尚书》的五行思想以及《春秋》公羊学的祥瑞思想，并将其糅合为一个独具特色的思想体系。这一思想创新的力度是惊人的，正如业师汤一介先生所言："'天人合一'学说在中国历史上影响最大，它不仅是一根本性的哲学命题，而且构成了中国哲学的一种思维方式。"[①]

董仲舒在构建其"天人之学"时，还有一个值得注意的哲学思考，这就是他的身体哲学。董仲舒提出的天人相类、人副天数、天人感应等一系列思想命题实际上触及奥尼尔（John O'neill）身体社会学中论述的世界身体、社会身体、政治身体，这从身体哲学的角度看是极为珍贵的。从哲学上说，董仲舒的身体哲学呈现出一种重身的思维，注重以身体为基点，由内向外，打通内在世界与外在世界的隔碍，这是一种很具独创性的切入世界、认知世界的视角，与我们前面所述中华精神传统在物质观、宇宙观方面寻求连续性思想努力是一致的。此外，他的身体哲学也为小宇宙通向大宇宙开辟出一条切实的通道。如此身体就不再只是生理学意义上的肉体，而是获得了神圣性，乃是一个神圣性的小宇宙世界。

总之，董仲舒的确是汉以后为中国奠定思想文化基础的一代醇儒，他的哲学思想的创造力来源于他以天人之学为主线创造性地会通五经思想，倘若不究及五经就很难透彻理解董仲舒的思想。王博的这部大作《究天人与通古今：董仲舒政治学说新阐》从政治哲学的角度全面系统地讨论董仲舒的政治学说。此书不囿于前人所述，重点突出，新解迭见，是近年来董

① 汤一介：《儒学十论及外五篇》，北京：北京大学出版社，2009 年，第 28 页。

学研究中的佳作。相信读者诸君读后一定会有所收获。

2022.7.15

张广保，北京大学哲学系教授，博士生导师，兼任老子道学文化研究会副会长等、什刹海书院学术委员会副主任及客座教授等。主要从事道教思想、经学思想的研究。代表性著述有《金元全真道内丹心性学》《唐宋内丹道教》《道家的根本道论与道教心性论》《全真教的传承与历史发展》等，另有学术论文60多篇，80余万字，发表于各种刊物。

前　言

本书是我的博士论文修订而成。当时选择汉代作为主攻方向，首先得益于田丰师兄的提点：做汉代的人实在是太少了！虽然田师兄没有明言这可能是由现代中国哲学史研究的偏见所致，但我很想搞清楚，为什么我们会有那么大的偏见？

当我开始这场探索后，我无比惊叹于汉代的恢宏与独特，说它是中国文化的定型期毫不为过。选择董仲舒作为这场探索的突破口，则因为他是这个定型过程中的灵魂人物。既有的董学研究——尤其是现代哲学史范式中的董学研究虽然已经关照到董学的多个方面，且已有丰硕成果，但并不能很好地从总体性上回答一个问题：董仲舒究竟做了什么，让他成为那个划时代的灵魂人物？我想找到一个能够将董学的所有核心要素贯串起来的东西，因为我相信董学是有着自身逻辑秩序的完整体系，而不是只有董仲舒宇宙论、董仲舒本体论、董仲舒伦理思想、董仲舒政治思想、董仲舒法律思想、董仲舒教育思想、董仲舒美学思想、董仲舒宗教思想、董仲舒经学思想等等这样的一堆东西。

最终我找到的是两个东西，一个是阴阳五行学说，它构成了董学所有核心要素的理论背景；另一个是《春秋》学，它是董学所有核心要素的理论依归。因此我尝试以阴阳五行学说的发展史以及与董学核心要素的关系作为研究董学的基本理论视野，以董仲舒《春秋》学的核心追求“究天人之际，通古今之变”作为安置董学核心要素的基本逻辑框架，最终完成了这场探索。

进行这场探索的同时，我也在进行另一种尝试，即尽可能使用董学自有的概念来解释董学。这实际上源于我对现代中国哲学史研究范式的疑惑：为什么古代人可以理解并可以自觉进入的学术体系，到了今天，我们就非得使用西学的概念才能解释清楚？论文最初定名为《阴阳五行视野下的董仲舒政治哲学》，当然有自身专业的考虑，一篇哲学系的博士论文最好还是能体现出专业特色。但是我对政治哲学这个概念的使用是很宽泛的，以它来指称董仲舒所有与政治相关的学说，与台湾学者更喜欢用的政治学说这个概念完全等同。在这个意义上，政治哲学基本上可以成为董学的代名词。正如周桂钿先生经过几十年的反思最终确认了董学在本质上就是政治哲学。但是为了避免来自西方政治哲学研究者的诘难，我最终决定放弃这个概念，仅以董学指称董学。

在书稿修订时，我发现曾经零星使用过的哲学概念（包括哲学这个词本身）即便是全部去掉，对理解董学也不会造成任何障碍。因此，我将书名定为《究天人与通古今：董仲舒政治学说新阐》，作为“以中释中”的一种尝试。这并不是一种“学术民族主义”，我对西学也毫无偏见，只是相信如同西学完全可以使用自有的概念来解释自身，中学也应当具备这样的能力。在以中释中的过程中，最首要的不是诠释出多少有现代价值或现实意义的东西，而是先讲清楚它到底是什么，并用现代人能听懂的语言讲出来。这本书就是用现代汉语讲清楚董学到底是什么的一种尝试。

王 博

导　论

一、问题意识

如果说董仲舒是中国政治、文化史上一个划时代的人物，那我们应该首先明确的是，以他为标志划分出的新、旧时代各是什么？董仲舒的历史使命更多地被理解为，从思想与学术上对大一统[①]政治制度加以论证与强化[②]，这就以大一统政治制度为核心统合了董仲舒在政治、文化史上的转折作用。在政治史的视野中，我们不得不承认大一统政治是在解决封建政治自身存在问题的过程中产生的全新政治模式。在文化史的视野中，与大一统政治相伴随的文化上的统一却要么被理解为历史进展之必需，要么被认作禁锢思想的元凶大恶。若我们以文化上的统一为历史之必然，则董仲舒就理所当然地成为以新学术为汉以后之中国奠定思想文

① 在“天人三策”中，董仲舒说“《春秋》大一统者，天地之常经，古今之通谊也”。在“天人三策”的语境中，“《春秋》大一统”的实质含义是《春秋》以“一统”为“大”或者说《春秋》强调一统，而以“大一统”来描述中国自秦汉以来的统治形式则是远为后来之事。我们在这里使用“大一统”也侧重于后一个层面的含义。董仲舒的“《春秋》大一统”说将在第二章第二节详述。

② 以周桂钿先生为代表的大多数学者皆倡此说。参周桂钿：《秦汉哲学》，武汉：武汉出版社，2006 年，第 79 页。

化基础的一代醇儒[①]；若我们以文化的统一为政治强力统御思想的大不幸，那董仲舒就成为以学术投机为两千年专制政治鼓与呼的历史罪人[②]。若我们不以某种特殊的学术偏好来看待对董仲舒的历史作用存在的种种截然反对的观点，那我们就可以承认，其实这种种不同都源于流行的政治史与文化史的演进脉络并不一致。若往更深处探究，则因乎我们习惯于将政治与文化分途讨论。

在目前流行的学术分野中，政治史与文化史的时代划分不尽一致。在政治史的划分中，周秦之变是一大历史变局[③]；而在文化史的分判中，子学与经学的时代分判却更为重要[④]。周秦之变判划出的是封建政治与大一统政治的巨大分野，而我们对子学时代与经学时代之文化差异的强调最终指向了两种学术风格的清晰临界。在周秦之变中，秦建一统是历史一大变局，此后的秦汉之变只是此变局中的小变局，是大一统政治的自我调适。子学时代与经学时代的截然判分则以汉武帝与董仲舒共谋的"罢黜百家，独尊儒术"为关键性转折，此前的"焚书坑儒"等皆可视为统一文化的前奏。我们自然可以说文化的演进不必与政治同步，但只要我们深究文化演进的内在机理，还是不得不承认所谓的经学时代大致上与大一统政治相伴相生。因此，我们很容易就可以将董仲舒所完成的文化工作视作政治需求的产物。也只有这样，才能让我们将政治史与文化史整合到同一个叙述脉络之中。

① 朱熹以宋学立场却能言"仲舒本领纯正"，不能不视为公允之论。见（南宋）黎靖德编：《朱子语类》八，北京：中华书局，1986 年，第 3260 页。

② 以陈鼓应先生最具代表性，陈先生说："儒家在历史上是最为保守的一派。在汉武帝'独尊儒术'之后，它由诸子百家中之一家而变为官方唯一的意识形态，在近两千年的时间内一直与封建政治联系在一起。这种政治意义上的儒学，与现代生活的冲突最大，阻力也最大。"见陈鼓应：《论道家在中国哲学史上的主干地位》，《哲学研究》，1990 年第 1 期。

③ 钱穆先生的说法可为代表："就政治上言之，秦、汉大一统政府之创建，已为国史辟一奇迹。"见钱穆：《国史大纲》，北京：商务印书馆，1996 年，引论第 13 页。

④ 冯友兰先生在其开创性的哲学史著作《中国哲学史》中，以子学时代与经学时代作为中国文化史上主要的分判，为后来的文化史研究立下了基本范式。

但是，大一统真的就与文化统一必然相随吗？

当大一统政治被秦首先确立之时，的确表现出统一思想的文化特征；汉立之初，封建与大一统并存的局面却又呈现出文化繁荣的局面；当汉武帝重新稳定大一统之后，文化的统一再一次到来。从这种历史叙事中实际上也可以有如下推论，既然大一统与文化统一相与共生，那封建政治则必然与思想自由同根相连。但我们通常所说的“百家争鸣”并不属于封建时代，反而是封建政治渐次崩溃之中的产物，百家争鸣的“美好时代”实质上只是从封建政治到大一统政治的过渡阶段。因此，强调大一统禁锢思想的论者同时必赞美思想繁荣的战国时代，而并不情愿承认百家争鸣只是过渡时代的特殊产物。与此相应，强调文化统一乃历史之必然的论者也并不敢宣称文化专制就是历史的进步。因此，我们对建立起一统的秦政之态度总是模棱两可，而对重新巩固一统的武帝之态度则更是暧昧。

其实，如果我们能够认真对待政治与文化的关系，并且客观地审视周秦之变与秦汉之变的整个历史过程，还是能够梳理出一条使政治史与文化史重合并且不发生冲突的线索。从周到汉的政治文化演进脉络大体如下：

由于殷周之际剧烈的社会变革，周人创制出绝异前人的封建制度以及与之相配属的其他制度。周制是典型的贵族世袭政治，普通人没有进入实际政治的机会，与统治相关的文化知识宗庙祭祀等等也不和普通人发生关系。在封建制度下，学术与政治高度合一，即所谓“学在王官”。学术的内容是与统治相关的各方面专门知识，统称为“六艺”。掌控学术的人也都是天子所命之官，绝大部分人与学术不可能发生丝毫关系。这种制度保证了贵族对统治知识的高度垄断，杜绝了普通人进入政治的一切可能。这也是为什么只有在周制崩溃之后，才会有孔子出来进行文化上的述作。“学在王官”是周王室掌握核心政治权威的附带产物，随着封建制度的逐渐崩溃而出现了所谓的“王官学”下移。在这个过程中，孔子是一个灵魂性人物[①]。

平王东迁以后，历史进入所谓“春秋”之世。因为没有核心政治权威，诸侯各自为政。郑庄公数辱天子，周天子无可奈何，因其已彻底丧失武力上的优势地位。齐桓、晋文出而尊天子却诸侯，以其非凡霸业使乱象稍息，皆因其能以强盛武力建立区域性的核心政治权威，以为周天子之替代。然而霸主对天子之尊实乃出于策略需要之虚尊[②]，表面看乃其武力尚不足以横扫天下而继大统，实质上乃是其自身之政治设施仍是周式封建下之一国，只要没有对自身政制进行根本性的改造，则无法摆脱崩坏的定局。故霸业多只是一时之功，霸主身没霸业即熄。孔子生当春秋之末，已在平王东迁后两百余年。此时天子仍在，虽然诸侯间战乱频仍，周政已风雨飘摇，但赖于霸主之功，诸夏未灭于夷狄，故孔子言：“微管仲，吾其被发左衽矣。”[③]但孔子的志向却远不止此，而是要力挽周制于将倾，意图以对君子德性的教养来实现礼制的复兴，并终而恢复“礼乐征伐自天子出”[④]和“君君臣臣父父子子”[⑤]的有道之世。尽管获得了后世无以复加的推尊，但孔子本人空怀的用世职志始终未能完成。孔子一生奔波，若“丧家狗”[⑥]般在列国穿梭，力图得君行道，然终不得用。当圣人孔子哀叹“吾道已矣”[⑦]时，其实也是在为周式封建的必死做出了最有力的判决。孔子以六艺王官之学教授弟子，“有教无类”[⑧]，这对当时及后世的现实影响最为重大。正是从孔子开始，知识不再属于贵族专有，平民亦可于私人处习得统治知识，获得进身统治阶层的基本技能。因此，王官学的下移实际上表征了政

① 参钱穆：《国史大纲》，第100页。

② 齐桓公尊天子并非其本意，乃出于管仲衡制天下之谋。详见《史记·管晏列传》。

③ 《论语·宪问》。

④ 《论语·季氏》。

⑤ 《论语·颜渊》。

⑥ 此为孔子自嘲之语，原意并无贬义。李零先生将其释读《论语》的著作定名为《丧家狗——我读〈论语〉》，颇具争议。然而就实言之，李先生的说法不无道理。

⑦ 《论语·子罕》。

⑧ 《论语·卫灵公》。

治权力的下移。陪臣既能执国命，平民就可入庙堂。这样的重大变化于日渐陵夷的周式封建而言，无疑又是一大致命打击。从此之后，贵族世袭政治将成为历史的掠影，依靠着知识技能登上政治舞台的士人们，逐渐成为各国政治所仰赖的核心力量，引领时代潮流的士人们造成了其后的一切大变革[①]。

孔子之后，乱臣贼子更加猖獗。“弑君”发展到后来，随着三家分晋和田氏代齐，统治者的构成发生了根本性的变化，贵族政治已日薄西山。当两百年后的陈涉高喊“王侯将相宁有种乎”[②]时，贵族政治早已成为陈腐的旧物。“灭国”发展到后来，周初所封的数百诸侯随着不断兼并只剩下几个大国，封建以保持稳定的理想在事实上已被彻底否定。随着灭国的不断发展，由国君直接控制领土的郡县制度已经开始广泛施行，这给了周式封建政制最致命的打击。与封建制相配合的井田制及其他各种政治的、经济的制度都在渐次崩溃。从孔子开始的学术下移使掌握知识的游士阶层的形成和发展成为可能，于是诸子蜂拥而出，在孔子的基础上，力图以自己的方案来解决时代的病症。正是在此意义上，方才形成了我们通常所说的“百家争鸣”。

在封建政治崩溃的过程中，王官学随之崩溃。因此，无论是孔子整理和教授王官学典籍“六经”，还是诸子在“道术将为天下裂”的意义上形成的“百家言”，只要未能在政治制度层面形成有效的解决方案，皆未能解决礼崩乐坏的时代乱局[③]。对此问题的解决，历史性地归于了秦政以及其所代表的大一统政治。尽管自汉代以来就有对三代（夏商周）甚至上古（三皇五帝）大一统政治的诸多描述，但我们必须清醒，那只是汉人为了证明刘汉承继天命的合法性而做出的理想化构造。大一统的核心要义是中央集

① 参葛兆光：《中国思想史》第一卷，上海：复旦大学出版社，2001 年，第 82 页。

② 《史记·陈涉世家》。

③ 关于王官学和百家言的细致疏分，可参考钱穆先生《两汉经学今古文平议》（北京：九州出版社，2011 年）中的论述。

权的郡县制国家，这种政权组织方式在解决周式封建所导致的政治混乱问题的过程中开始出现，并最终完成于秦的统一①。秦的大一统政治将中国政治带入全新的境地，其开创的政治局面与创建的诸种制度范围了其后的整个中国历史。秦扫六国一统宇内之后，为巩固其统治，遂有“焚书”之举。秦焚书的首要对象是以《诗》《书》为代表的旧王官之学，其次及于各国史记，而独留秦史。与此相配合，秦亦为百家言立博士官。从政治行为内在驱动力的角度而言，秦人的举动一方面是为了扫除不合于新式政治制度的先王旧典，一方面是要以秦史及百家言充当新的王官之学。②

然而，大一统政治制度虽然历史性地解决了封建政治制度本身的问题，但新制度并非毫无缺陷，而必须要自我调适以期完善。秦人尽销天下之兵以示不用，却二世而亡，天下重又归于大乱。秦之早亡固然是多重因素共同作用的结果，然其最致命的原因则是崇法太过，导致民众不堪其负，因此陈涉一呼而群雄响应。“亡秦必楚”③从另一个侧面反映出封建遗留如何深重，但楚汉相争的结果再一次证明了，在平民广泛登上了政治舞台的时代，封建贵族政治已日薄西山。

“汉承秦制，循而未改”④，其实说得不够完整。我们知道，刘汉政权初期在政治制度上虽然大体继承了秦的规模，但有一点与秦绝然不同，就

① 正如徐复观先生所言：我国大一统的专制政治，是在封建政治、封建社会瓦解之后所出现的。见徐复观：《两汉思想史》第一卷，上海：华东师范大学出版社，2001年，第1页。

② 参钱穆：《两汉博士家法考》，《两汉经学今古文平议》，第154—162页。

③ 陈苏镇先生特别注重“亡秦必楚”所透显出来的秦、楚文化上的绝大差异，并以此作为秦亡的主因，可备一说。见陈苏镇：《〈春秋〉与“汉道”：两汉政治与政治文化研究》，北京：中华书局，2011年，第8—37页。

④ 这个问题侯外庐先生论述得极为全面：我们知道，秦汉在制度上是先后承袭的，其间虽有小的变迁，而精神则是一脉相承的。《史》、《汉》凡讲到各种汉代制度，从经济政治以至文化学术，必首标汉袭秦制，见于文献者如：“汉因循秦制而未改”，“汉承秦制”，“秦制汉氏因之”，“秦制汉循而未革”，“汉承秦绪”，“汉承秦业遂不改更”，“汉踵秦制”，“汉初因素法”，“攟摭秦法取其宜于时者”，以至于“汉接秦之弊”，诸如此类词句，不胜列举。见侯外庐等：《中国思想通史》第二卷，北京：人民出版社，1957年，第3页。

是出于权宜而推行封建与郡县并行。这个实出无奈的应时之策虽然降低了刘汉重建政治权威的成本，但王国的不断坐大始终是中央政权的巨大威胁。王国作为实质上的政治分裂势力的存在，任其发展必然导致七国之乱一类的政权危机。虽然七国之乱被成功平定，但引起此种叛乱的政治因素始终存在。因此，所谓的无为而治，究其根本实际上关涉的是中央与地方的实力问题。年轻的武帝初立时所面临的首要政治难题即在于此，于是，重新确立中央的政治权威成为一代英主的奋发有为。与削弱王国力量同时，无为而治所重新繁荣的百家言也让武帝深感建立汉家王官之学的必要。五经博士之立既是对秦代博士官的效法，也是在新的历史条件下涵括先前所有王官学的努力[①]。在这个历史进程中，其实董仲舒所起的作用并没有后世所想象的那么大。在武帝重建中央权威的过程中，主父偃所提出的“推恩法”起到了最实质的作用；在新王官学的建立过程中，以公孙弘为代表的政治家建树甚伟。那么，董仲舒究竟做了什么，令他承当起划时代的历史角色？

董仲舒的天才之处就在于，他在看到大一统是“天地之常经，古今之通谊”[②]，因而必须追求和加强大一统时，同时看到了中央集权的大一统所必然造成的问题，即君权的独大与不受约束，以及由此而来的“唯法主义”（董仲舒对秦政的反对正是在这个层面上而言）。对董仲舒而言，大一统不仅需要肯定，更需要事实上的承认，由此而来对君权的限制则是他努力的重心所在。这样，就使得董仲舒成为时代弊病的深刻洞察者，更成为以改造时代病症为追求的学者之象征性人物。在这个角度上而言，对董学之探讨或可成为打开那个大变局时代种种迷雾的一把钥匙。

二、研究理路

在学科划分日加细密的今天，对任何一种学说的探究都有多种研究范

① 参钱穆：《孔子与春秋》，《两汉经学今古文平议》，第 243—244 页。

② 《汉书·董仲舒传》。

式。具体到对董仲舒的研究之中，居于主流的研究范式有经学史、思想史、哲学史三种。这三种研究范式观察视角各不相同，各以其独特优势对董仲舒的政治学说在各自视角内作了深入阐论，取得突破性进展的可能性越来越小。因此，我们不拘泥于某种具体的研究方式，而是在兼采各家之长的基础上，尝试着对董仲舒作一个政治化的理解。我们从董仲舒的根本政治关切出发，将他放在自己实际生活并从事政治活动的那个时代，进而将他放在一个更为广阔的历史背景即中国政治的实际演进脉络中去，充分地肯定他的学术目标主要是指向政治，甚至学术的来源也是政治，进而以阴阳五行学说贯串起我们的所有论述。

历史中的董仲舒实在有太多的面相，可以说越往后的史家与评说者越可能隔有更多迷雾看待他。虽然今日的我们若要得到那个“真实”的董仲舒极为困难，但还是能够通过董仲舒身后不久的两部信史《史记》《汉书》得出相对可靠的董仲舒形象。太史公曾从董仲舒问学，但他并未给其师单独立传，只是在《儒林列传》中简要叙述了其一生行谊。在太史公的记述中，董仲舒“治《春秋》”①，又“唯董仲舒名为明于《春秋》，其传公羊氏也”②，可见在太史公的时代，董仲舒更重要的身份乃是《春秋》学者，如果更进一步说，则是《春秋》公羊学者。《汉书》单独为董仲舒立传，在对董仲舒人生大轨迹的叙述上与《史记》大致雷同，但多出来被我们称作“天人三策”的三篇策问与应答。在第三策的结尾处，董仲舒建议“诸不在六艺之科孔子之术者，皆绝其道，勿使并进”③。从武帝一朝的政治及太史公的论述中，我们很难看出董氏的建议得到实行，但随着经术在汉家政治（包括王莽改制）中发挥越来越大的影响，到班固时代，董仲舒《春秋》学者的身份已经不如提倡经术有功的武帝朝臣身份重要，而董仲舒对历史的影响及在历史中的地位与经术在现实政治当中所具有的地位呈正相关增减。

---

① 《史记·儒林列传》。

② 《史记·儒林列传》。

③ 《汉书·董仲舒传》。

无论如何，董仲舒的首要身份是《春秋》学者无疑，他提出所有的政治意见皆是依托于《春秋》大义。虽然《春秋》学者的身份让董仲舒与汉武帝建立汉家王官学的政治需要相切合，但是真正让董仲舒与当时的其他《春秋》学者相区别的，却是董仲舒用作为时代共法的阴阳五行学说（确切说是阴阳学说）完成的对《春秋》的创造性解释。太史公特别强调了董仲舒“以《春秋》灾异之变推阴阳所以错行”[①]，可见董仲舒的《春秋》学以“阴阳灾异”为其显著特色，太史公即以“不敢复言灾异”作为董仲舒一生的重大转折。“阴阳灾异”与我们所常言的《春秋》学或《春秋》公羊学之特征绝不相类，我们只能将其视作董仲舒所成的“一家之言”。正是这样的一家之言，让董仲舒《春秋》学的核心追求“究天人之际，通古今之变”有了更具时代感的理论基础。“究天人”侧重于天道与人道在理论上的贯通，而“通古今”更侧重于古今政制在实践上的选择。无论是“究天人”还是“通古今”，最终目标都指向了大一统政治的核心问题。究天人实际上是力图用天来限制和规范人君的行为，因为大一统下的王权无从限制；通古今则是要以“更化”实现对秦政的改造。所有这一切，都用阴阳五行学说来完成。那么，阴阳五行如何能有这样的功能呢？

正如陈启云先生所言：“今天我们知道的儒家、墨家、道家、名家、法家、阴阳家等学派名目及各种子书，是汉人学术文化工作的结晶。这种学术工作须要有一套完整（能包罗万象）、可靠（能始终一贯）、合理（有推理形式）和具有开放性的辩证方式（有变化发展）的理论和符号系统（System and Frame of Reference）。在两千多年前的古代中国，最适合这些条件的是阴阳五行的体系。”[②]在对阴阳五行学说的发展历程作回顾时，我们不会纠缠于这一学说至今仍然谜团重重的早期演变轨迹，而是集中于这一学说如何开始与政治紧密发生关系及之后与政治的互动历程。我们发现，阴阳五行学说政治化的每一项实质性推进都是出于大一统政治的实际需要。

① 《史记·儒林列传》。

② 陈启云：《儒学与汉代历史文化》，桂林：广西师范大学出版社，2007年，第14—15页。

确切地说，大多思想家都是在不断趋新的历史条件下极力谋求用阴阳五行学说来重建或构建天人合一这一基本理念下的具体理论体系[①]。

阴阳五行作为对自然的两种解说方式，最初并没有政治功能。礼崩乐坏的春秋乱局没有直接促成阴阳五行学说的政治化，而是在长久的政治分立之后，随着政治的统一趋势越来越明显，在当时最具备统一实力的齐国，由稷下学者率先做出了将阴阳政治化的尝试，其代表性成果是《黄帝四经》所首创的“阴阳刑德”学说。《管子》在《黄帝四经》基础上将阴阳刑德学说进行了更为细致的阐发，并初步尝试了五行学说的政治化。到后来，当邹衍用五德终始说来解释朝代更替的时候，就彻底实现了五行学说的政治化。政治化的阴阳学说之核心关切是指导人君依时而立政，政治化的五行学说之核心关切是对天命的解说，二者最终都指向了圣王与天的合一。各国君主对邹衍的极高礼遇反映出政治化的阴阳五行学说所具有的独特魅力，更反映出政治统一趋势中君主们对能否承继天命的渴望与惧怕。我们也将看到，虽然阴阳五行学说的政治化乃时代的需要催生而出，但这一学说并没有对现实政治产生太多影响，因为最后完成统一的并不是学者们寄予厚望的齐国，而是偏居西隅力行耕战以法为尊的秦国。我们也并不能就此断定阴阳五行学说对秦的统一没有产生丝毫的影响，因为就在统一前夕，在秦相吕不韦领衔创制以期成为将来秦帝国施政宝典的《吕氏春秋》中，阴阳五行学说占据了极大的篇幅与极重要的地位，并且对稷下学者们（包括邹衍）的论述有新的发展。

我们看到，当秦以一个新型王朝的姿态建立时，新王朝的政治理念与

① 这里的提法得益于陈来先生的指点，特向陈先生致以谢忱！陈先生在参加笔者博士论文的预答辩时指出：对那时候的中国人而言，他们相信天人本来就是合一的，因此说构建天人合一有欠妥当。就天人合一的论题而言，陈先生的说法无疑是极为深刻与公允的。笔者经过深思之后，还是采用了重建或构建这一语词，是在承认天人合一是那时候的中国人之基本信念的前提下，突出学者们为了解释这个基本信念所做的努力。正是因为学者们坚信天人本来就合一，所以在新的历史条件下，他们才要尝试用阴阳、五行这一全新的理论来解释他们的信念。在此意义上而言，他们所进行的学理解释也可以看作是对天人合一的重建或构建。

政刑结构有一个阴阳五行化的表达。秦的崛起以周式贵族封建政制的没落为其前提，以王官学下移而来的平民学术的兴起及其所造成的游士阶层的壮大为依托，以其政治经济制度的大变革所带来的军事强盛完成了一统。这是划时代的剧变，这个全新的中央集权的大一统帝国结束了周式政制的崩坏乱局，这个帝国的建立同时宣告了申商韩非之法术相比于其他诸子学说的强效。在这个过程中，阴阳五行学说虽然因为一统的需要而获得大发展，但对一统的实现并没有产生本质性的作用，而只是在一统真正实现后被直接应用为新帝国承继天命的理论依据。当秦宣布其德为水时，五德终始说作为解释政治历史演进的理论才真正可能对后世政治产生效力。秦从商鞅变法开始，直至完成统一后以法为尊，证明了在配天命问题上刑相比于德的有效性，同时也宣告了发自老子成于韩非子的尚阴理念的优越性，而与其相对立的尚德尚阳的学说便只能成为潜流。秦帝国并未如始皇帝所设想的可以传至无穷，相反，二世即亡。若要立足于阴阳五行学说来探寻秦亡的缘由，则可有如下推论。从五行方面来看，秦虽以五德终始作为代周的理论根据，然而忽视了五德终始说的提出并不仅是解释历史演进。五德终始说受启于“思孟五行”，思孟五行为“仁义礼智圣”五种德行，邹衍将他的学说称为“五德终始说”即有尚德之意，太史公评价这个学说时言“然其要归，必止乎仁义节俭”更是此意。从阴阳方面来看，秦行韩非尚阴之说，虽然可以建立有效的法制统治，然而其崇阴太过，重杀而不重生，导致民无生意，陈涉一呼而群雄遍起。所有这些，都构成了董仲舒主张“更化”的背景。因此我们将这方面的内容分散于董仲舒对更化与改制的具体论述中去，而并未在回顾阴阳五行政治化的过程中涉及秦政的阴阳五行化表达。但我们应该明确的是，这是董仲舒提出各种政治主张的基本理论背景。

汉承秦制，循而未改。统治思想层面以黄老为尊，实际上仍然是老子韩非一系的尚阴主张，而在政策层面所谓的与民休养生息不过是对经济的放任，所谓的经济繁荣不过是豪强并起而民无立锥之地[①]。汉兴以降，虽然时有智者痛陈其弊，然而在董仲舒之前尚未有人以系统的阴阳五行学说作为理论根据来解决问题。面对时代问题[②]，董仲舒的主要敌人是秦式政刑结构及其指导思想韩非学说，虽然他有先秦诸子百家的资源可供利用，虽然他已学通五经，然而为他提供了最丰富思想资源的则是稷下学者，在经典上的依据则是《春秋》。我们看到，虽然董仲舒强调自己宗奉六经学承孔子，然而他最为钟情的还是齐学化的经术，尤其是《春秋》灾异学，他讨论最多的还是稷下学者初步完成的阴阳五行学说。这当然与其时阴阳五行已经成为一种系统的宇宙解释模式有关，然而董仲舒更为看重的则是阴阳五行学说对政治和历史的解说，因为这可以直接应用于他改善秦式政刑结构的政治理想。但是，无论董仲舒如何强调其政治理想的道义高度，他始终只能在《春秋》学的范围内谨慎地提出自己的改良主张，因此我们在系统回顾阴阳五行学说在大一统政治中的发展历程之后，有必要首先对董仲舒的《春秋》学有一番挈领式的探讨。

我们不必在经学史意义上的《春秋》学内部作过多的析论，而是在思想史意义上对董仲舒的《春秋》学的主旨、核心面相等有一个简要的说明。并在此基础上，对董仲舒《春秋》学的核心面相《春秋》阴阳灾异说作一个系统性的解读，从而引出作为核心工具的阴阳五行学说对董仲舒提出其政治学说的重要意义，进而以阴阳五行学说为董仲舒实现他的《春秋》学主旨“究天人”与“通古今”的理论基础，全面系统地讨论董仲舒的政治学说。

自董仲舒高揭《春秋》大义，武帝立五经博士，《春秋》渐居五经之首，太史公作《儒林列传》即以《春秋》为核心统领六艺[③]。虽然太史公

---

① 董仲舒语，见《汉书·食货志》。

② 董仲舒在“天人三策”中多有论及，见《汉书·董仲舒传》。

③ 《儒林列传》起于孔子作《春秋》之旨，终于“董仲舒子及孙皆以学至大官”，所论述最多者为《春秋》之传承与董仲舒行迹。

记录的传授《春秋》者有多人，但他不忘强调“唯董仲舒名为明于《春秋》，其传公羊氏也”。[①]奇怪的是，通观董仲舒的所有论述，未见有论及“公羊”这样的字眼，加之我们也担心陷入长久以来三《传》之间无休无止的争长较短中难以自拔，故我们只以《春秋》学来概括董仲舒所有与《春秋》相关的学说。但我们无法否认，太史公所记述的传《春秋》者皆为后来所谓的“公羊学”一脉，可见当时人所说的《春秋》更大程度上就是指《春秋公羊传》[②]。因为若离开《传》文的解释，《春秋》经文本身只能是“断烂朝报”[③]。我们尽量避免对历来盛行的公羊义理之探讨，而是通过历史性地审视《春秋》学在董身上所展现的种种复杂的特征，从中检别出《春秋》经世、《春秋》灾异、《春秋》决狱这三大董仲舒《春秋》学的基本面相。我们将看到，董仲舒《春秋》学的三大面相正是学者的理想一步步下落为现实，代表了学者以学术预政治的一般模式。

作为《春秋》学家，也许董仲舒并不成功，但他依托于《春秋》学所构建起的贯通天人、古今的大系统我们却不得不加以认真探讨，因为这个系统所要实现的目标不仅是古代政治理论的核心关切，也奠基了董仲舒以后学术与政治进行互动的基本图式。

于董仲舒而言，“究天人”要面对的问题是天人之际或可说天人之间的距离，董仲舒对“十天端”的讨论暗示了天人之间的距离需要依靠阴阳五行来弭平，阴阳五行之理同时也证明了天人可以相副并实现天人感应，而通晓此神妙难知之理的唯有圣人，因此只有圣人才有资格究通天人。董仲舒说：“天有十端，十端而止已。天为一端，地为一端，阴为一端，阳为一端，火为一端，金为一端，木为一端，水为一端，土为一端，人为一端，凡十端而毕，天之数也。”[④]他特别强调这个始于天而终于人的十端次序，

---

① 《史记·儒林列传》。

② 参钱穆：《孔子与春秋》，《两汉经学今古文平议》。

③ 王安石语，见《宋史·王安石传》。

④ 《春秋繁露·官制象天》。

这是天地万物的存在秩序，是他的“天人之学”的核心内涵。“天”（包括地）是万物所从始，人最尊贵于万物，是天生万物最终的目标。这个“天经地义”的合理秩序以阴阳五行作为核心原则，并以此为中介，规定了人间政治秩序必须依据阴阳五行的原则而达到合理。可以说，阴阳五行就是董仲舒所谓“天”“地”的“神”“化”。在董仲舒这里，并不存在什么不可捉摸的人格神或什么超越性的主宰力量。董仲舒的“天”以阴阳五行表现它的意志，人只要能深观阴阳五行之理，便可以上通天意，“天人合一”。这个“天人合一”并非个人身心修炼所能达到的某种境界，或通过某种神秘仪式而获得的某种体验，而是人间政治秩序如天地秩序一样合理。“天人合一”[①]的实现者只可能是掌管政治秩序的君主，唯他有资格沟通天人，所以称他为“天子”[②]。董仲舒进一步用“性未善”的人性论证明了为何独异于众人的圣人必得立教化，代天理民，以阴阳五行之理指导自己的行政。圣人就是实现了王道的君主，“王道通三”从字源学上也证明了王道就是究通天、地、人之道，而王道政治下的人伦道德规范皆可由阴阳五行之理加以证明，用董仲舒自己的话说就是“王道三纲可求之于天”[③]。

但是，董仲舒心目中的王者绝不可能仅仅停留在标示理想阐述原则的层面，而一定要有具体的政治措施与王道理想相匹配。因此，在有了理论层面无可挑剔的天人合一作为基础之后，他必须将自己的论说扩展到现实政治的架构层面，以完整的制度设计来保证天人与古今的通贯。换言之，

① 正如先师汤一介先生所言，“天人合一”学说在中国历史上影响最大，它不仅是一根本性的哲学命题，而且构成了中国哲学的一种思维方式。“天人合一”这个术语最早见之于北宋的张载，用来表达儒者的终极理想。董仲舒使用的是“天人合”或“天人一”这样的表述，虽然也是表达其终极理想，但他所说的“天”和“人”的含义却与张载完全不同。我们在这里强用张载的术语来指称董仲舒甚至周秦诸子的学说，主要是为了遵从长久以来的解说习惯，但我们必须清醒二者在根本上的差异。见汤一介：《论“天人合一”》，《儒学十论及外五篇》，北京：北京大学出版社，2009 年，第 28 页。

② 刘泽华先生认为：“直到近代以前，天王合一始终是天人合一的中心。”见刘泽华：《天人合一与王权主义》，《天津社会科学》，1996 年第 4 期。

③ 《春秋繁露·基义》。

董仲舒得将天人合一置于历史的实际运展进程中去，既要以对历史和现实的批判提出新的政治原则，又要进一步用新的天命解说作为改制的依据，并最终以完美的官制设计保证政治权力的良性运行。在这个完整的理论构造中，阴阳五行仍然充当了核心依据。

董仲舒对秦政的反对虽然仍在稷下的学术传统中，但在他的时代，用阴阳刑德学说对抗法家政治原则却更具有现实针对性，因为秦的一统与汉承秦制象征了尚阴理念的全面胜利。而在天命解说的问题上，以五行相胜为理则的五德终始说正好与秦以杀伐得天下的事实相符合，更与刘汉代秦而起所依赖的强力相呼应，因此得到了普遍的尊奉。董仲舒转而新创三统说，实际上以阴阳学说解说了朝代的更替，完成了对稷下学术的全面超越。但是，在抛弃五德终始的历史解说之后，董仲舒并没有放弃五行学说，而是在对其适用范围加以限制的同时，用更加丰富的五行生胜学说构建了官制系统，以之作为政治权力能得以良性运行的关键设施。在讨论官制问题时，董仲舒也提出"五尚"学说，成为五行学说由"思孟五行"演变为"五常"学说的关键环节。如此，天人古今最终得以贯通，这正是董仲舒《春秋》学的核心主旨与最终目标。

三、文献综述

1. 汉代政治学说研究

对政治学说的研究主要分散在哲学史和思想史的研究中。自冯友兰先生奠基性的《中国哲学史》问世以后，对汉代政治哲学的研究开始成为中国哲学史学科中的一项基本内容，但至今为止几乎所有版本的《中国哲学史》对汉代政治哲学的关注度都不够。在中国通史类著作与政治思想史类著作中，对汉代的政治思想关注程度相对较高。其中具有代表性的著作如钱穆先生的《国史大纲》、吕思勉先生的《中国通史》等。萧公权先生在其典范性的名著《中国政治思想史》中，给了汉代政治思想相当大的篇幅，并对其中重要的政治思想作出了极为透辟明晰的阐释。及至后来，徐复观先生以其《两汉思想史》名世，对包括政治哲学在内的整个汉代的思想作了极为详尽而深刻的阐发，颇多新见。改革开放以后，金春峰先生的《汉代思想史》为沉寂已久的学术界开创了当代汉代思想研究的新模式，其中对以董仲舒为代表的政治思想的评判也打开了学术研究的新局面。之后的周桂钿先生在此方向上最终写出了《秦汉哲学》，填补了中国哲学史研究在此方面的不足。龚鹏程先生的《汉代思潮》，以其独特的学术视角为我们展现了一个全新的汉代思想研究的新视野，深具启发性。

2. 董仲舒研究

因为董仲舒在中国历史上的特殊地位，众多领域的研究者都对之加以关注及研究。兹举重要者如下：韦政通先生的《董仲舒》致力于重建董氏思想系统，后两章针对“独尊儒术”的历史真相进行了深入分辨，极具参考价值；李威熊先生的《董仲舒与西汉学术》一书详尽梳理了董氏生平及其著作，继而系统评介了其思想的几个重要层面；王永祥先生的《董仲舒评传》由董氏所处之时代切入，在西汉前期的社会矛盾、自然科学发展水平及秦汉学术思想的深入变革之背景下，对董氏的经学著述、政治经历、理论体系等展开了重点评述；邓红先生的《董仲舒思想研究》考察了“天思想的发展过程”“天神天道天命”“人道”以及阴阳五行学说等多个方面，尤其关注到董氏思想的宗教性质；黄朴民先生的《董仲舒与新儒学》全面阐述了董仲舒思想，细致梳理了董仲舒新儒学产生的历史背景及思想渊源，并特别指出董仲舒“天人合一”思想的独特性；余治平先生的《唯天为大——基于信念本体的董仲舒政治哲学研究》以“信念”作为董学的本体，进而把“信”确定为“天”，以“天”为董学的立足点，将董学中的本体思想进行了前所未有的阐发，极富创见；刘国民先生的《董仲舒的经学诠释及天的哲学》对董仲舒的公羊诠释学有系统阐发，并系统讨论了董仲舒的天的哲学建立过程，新见颇多；张实龙先生的《董仲舒学说内在理路探析》

从《周易》的视域来观照董子学说，按“意”“象”“言”三方面来探析董学内在理路，见解独特；周桂钿先生的《董学探微》系统研究了董仲舒的思想及其学说，见解独到，论证有力，是研究董仲舒的权威之作。

除了这些整体研究董仲舒思想的专著，还有一些研究者就董仲舒某些侧面的思想也作出了探讨，比如张鸣岐先生的《董仲舒教育思想初探》、赖美琴女士的《韩非与董仲舒政治哲学研究》、许雪涛先生的《公羊学解经方法：从〈公羊传〉到董仲舒春秋学》、崔涛先生的《董仲舒政治哲学发微》、聂春华先生的《董仲舒美学思想研究》、马国华先生的《孔子与董仲舒伦理思想比较研究》等等，这些著作皆为我们深入地理解董仲舒提供了诸多有益的借鉴。

3. 阴阳五行研究

现代学者对阴阳五行的讨论始于新文化运动之后，1935 年结集出版的《古史辨》第五册，专门收集讨论了今古文问题同阴阳五行说的起源，其中梁启超先生的《阴阳五行说之来历》可谓开近代以来阴阳五行问题研究之先河，另外诸多大家名家讨论阴阳五行问题的论文均被收入。该集所收论文全面爬梳、综合整理传世文献，对阴阳五行进行了广泛而深入的研究。时至今日，它仍然是研究阴阳五行极为重要的参考资料，也是后人推进研究的重要基础。在此之后，陆续有诸多相关论文发表，不过其深入程度对《古史辨》超越不多。

1949 年之后，中国大陆研究阴阳五行的热度不高，但仍有一些在辩证唯物论指导之下的研究成果出现。相比之下，台湾的研究成果则丰硕得多。在系统研究阴阳五行学说的起源及其发展历程方面有诸多可喜的成果，如王梦鸥先生的《邹衍遗说考》、李汉三先生的《先秦两汉之阴阳五行学说》、孙广德先生的《先秦两汉阴阳五行说》等。其中，李汉三先生的《先秦两汉之阴阳五行学说》在研究的深度及广度方面均有超越前人之处，堪称杰作。

自上世纪七十年代以来，随着出土文献的不断涌现，中外学术界始将阴阳五行研究推上了一个新的台阶。如顾颉刚先生的《秦汉的方士与儒生》书中有专论阴阳五行与古史系统的章节，接续了《古史辨》的讨论。庞朴先生的《阴阳五行探源》从卜筮方法的角度对阴阳五行的起源及流变做了全新的探讨。李零先生的著作《中国方术考》和《中国方术续考》将庞朴先生的讨论做了全面的推进和深化。台湾方面比较重要的有邝芷人先生的《阴阳五行及其体系》，积极吸取了西学的理论成果，对阴阳五行的整个体系做了现代范式的研究。另外，阴阳五行在海外汉学研究中也比较热门，其突出特点是视野较为开阔，能够站在人类文明发展的整个视域中审视阴阳五行，但也存在西方中心主义与泛科学化的问题。

综合来看，前贤们对阴阳五行所做的探讨已经极为深入，特别是在正本清源方面有诸多可喜的创见，对阴阳五行在先秦的发展关注极多，而秦汉以后的发展尚未有系统性的讨论。

4. 董仲舒阴阳五行研究

由于阴阳五行在董仲舒的思想中有着独特的地位，因此大多数研究董仲舒和中国思想史的著作皆会涉及其阴阳五行思想，区别在于着力的多寡以及评价有所不同。

前面所重点介绍的董仲舒研究专著中，基本上都将董仲舒的阴阳五行思想单章或单节来介绍，重视程度不高。大多数论者能将阴阳五行放在董仲舒天人之学的框架内来探讨，对阴阳五行的重视程度由对天人之学的重视程度来决定。对其阴阳五行思想着力最多，并且能将阴阳五行作为董仲舒思想的核心要素的，是邓红先生的《董仲舒思想研究》。在大多数思想史、哲学史、科学史和政治史的研究中，也会涉及董的阴阳五行思想，但对其持正面评价的不多，大部分将其归入封建迷信的糟粕中去。

近些年来，研究董仲舒阴阳五行思想的论文越来越多，在梳理董仲舒阴阳五行的具体内涵方面，有诸多进展。有的学者用哲学的方法在多篇论文中对董的阴阳五行思想做了全面而细致的梳理，有的学者从政治历史演进的角度进行探究，更有的学者从文法修辞的角度为我们提供了新的思路。特别是谢松龄先生的《阴阳五行学说史导论》，将阴阳五行视作秦汉以后中国文化的核心，并认为董仲舒在这个过程中起到了关键性的作用。还有章启群先生的《星空与帝国》，将阴阳五行作为秦汉思想史的核心密码，并对董仲舒的阴阳五行在整个秦汉思想史中的地位做了进一步的阐发，如将《黄帝内经》直接视作是董仲舒思想的深化。这些研究成果均为我们的探究提供了多方位的视角与坚实的基础。

总而言之，对董仲舒阴阳五行的研究已经非常深入，但与董仲舒其他学说相比，却明显不足。虽然已有学者将阴阳五行列为董学的核心，但很少有人以阴阳五行来贯穿起董学整个架构，更很少有人以整个秦汉的政治演进历程作为考察的出发点与归宿，这都是我们的研究可以深入之处。

第一章　阴阳五行与天人合一及大一统

董仲舒首先要解决的是汉家大一统诸问题，董学的终极目标是天人合一，而达成其目标的核心手段则是阴阳五行学说。对董仲舒而言，大一统不仅需要理论上的肯定更需要事实上的承认，由此而来对君权的限制则是他努力的重心所在。所有这一切，都用阴阳五行学说来完成。作为两种解说自然的学说，阴阳、五行最初与政治并没有关系。自然意义上的阴阳、五行学说各自获得发展的契机是周式封建政治的崩坏。在时人解决礼崩乐坏乱局的努力中，有代表性的诸子们并不看重阴阳五行。阴阳五行学说政治化的每一项实质性推进都是出于大一统政治的实际需要，具体而言，是在不断趋新的历史条件下用阴阳五行学说来重建或构建天人的合一。如此，在回顾阴阳五行学说的发展史时，我们便将它置入大一统政治的演进中去①。

第一节　礼崩乐坏和阴阳、五行的自然含义

大一统政治是为解决周式封建所存在的根本性缺陷而来。在此过程中，

① 徐复观先生的说法可为我们旁证：两汉思想，对先秦思想而言，实系一种大的演变。演变的根源，应当求之于政治、社会。尤以大一统的一人专制政治的确立，及平民氏姓的完成，为我国尔后历史演变的重大关键；亦为把握我国两千年历史的重大关键。见徐复观：《两汉思想史》第一卷，自序第 13 页。

孔子是一个灵魂性的人物，因为他的述作活动所汲汲追求的，正是以西周礼制（无论是其形式还是其精神）的恢复来结束礼崩乐坏的春秋乱局。然而孔子以对君子（统治阶层）德性教养的强调来试图重建政治权威并恢复“君君臣臣父父子子”①的政治伦理秩序并未成功，也绝不可能成功。因为政治制度本身所内含的问题只能通过政治的方式来解决，且丧失掉的核心政治权威只能以武力的方式来获取②，任何对德性的强调最终都是无力。但我们应当看到，孔子的努力实际上指向一个对后来中国政治文化的发展极为关键的统治者配天命即天人如何合一的问题。也就是说，在小邦周以武力成为天下共主之后，在其统治相对稳定的时期，对自己所宣扬的“以德配天”的政治合法性实际上并不需要做出任何解释，天与天子可以保持高度合一。只有在政治权威遭遇危机之后，这样的解释才开始有其必要。象征周天子权威失坠的“平王东迁”以后，“天”不再专属于周天子，人们对“天”的认识逐渐趋向于客观化，各种对自然的解说纷纷与原本至高无上的“天”发生了关系，“阴阳”和“五行”便是其中典型的两种。

一、周式“天人合一”的崩溃与阴阳、五行的最初形态

周本是偏居西陲的一个小邦，在大邦殷悖乱无道的政治环境中，其势力获得了长足发展，并最终克殷成为天下共主。克殷并非一蹴而就，而是其间出现了多次反复③。直至周公东征平灭管蔡之乱，政治局势才算初步稳定。这个历史成就并不像后世儒者所称颂的，完全依靠周文、周武高尚的德性所成就，而仰赖于强大的武力④。周人势力的每一步扩张都以其首

① 《论语·颜渊》。

② 《管子·参患》曰：“君之所以尊卑，国之所以安危者，莫要于兵”，表达的正是此意。黎翔凤：《管子校注》，北京：中华书局，2004 年，第 534 页。

③ 当时的《诗》篇记录下了周克殷的种种艰辛。

④ 正如葛兆光先生所言：“周人并不像后人所想象的那样文明和理智。”见葛兆光：《中国思想史》第一卷，上海：复旦大学出版社，2001 年，第 34 页。侯外庐先生亦言：“周代政治并没有后人所形容的那样讲道德，其实周人自始至终是崇尚武力的征服，是一路杀下来的。”见侯外庐等：《中国思想通史》第一卷，北京：人民出版社，1957 年，第 99 页。

创的类似于“武装拓殖”的“封建”[①]来保证。虽然周人推行此制实出无奈[②]，但无论如何，封建制在当时的确算是一个伟大创举[③]。此制不仅使周代在国家规模上远远超出了此前的殷代，而且国家统治方式亦从共主领导各部落的松散联盟进展到王室统辖侯国的相对集中形态[④]。周人强调自己的统治乃得之于“天命”，他们所谓的“以德配天”强调的是周天子以其“德”获得天命从而达至天人的合一。在周人统治相对稳定的时期，天子自然能保持与天的合一。一旦天子权威失落，天威即同时失坠，天人不再合一[⑤]。

为了对周天子的至尊地位给予理论支撑，周人将“天”拔高为至上

---

① 钱穆先生对此论之极精：“西周的封建，乃是一种侵略性的武装移民与军事占领，与后世统一政府只以封建制为一种政区与政权之分割者绝然不同。因此在封建制度的后面，需要一种不断的武力贯彻。”见钱穆：《国史大纲》，北京：商务印书馆，1996 年，第 44 页。冯天瑜先生亦言：“封土作邦的‘周初大封建’，与周人对‘东土’的征服和殖民相关。”见冯天瑜：《封建考论》，北京：中国社会科学出版社，2010 年，第 16 页。另外，冯先生在此书中对“封建”的具体意涵及历史流变进行了极为详尽严密的考辨，深具参考价值。

② 钱穆先生说：“周人封建，亦由当时形势之实际需要逐步逼拶而成，同时亦是周民族对于政治组织富于一种伟大气魄之表见。”见钱穆：《国史大纲》，第 38 页。冯天瑜先生说：“西周封建制生成于较为后进的周人征服较为先进的殷人及东方诸部族的过程中，在‘小邦周’取代‘大邦殷’之际，封建制从周人的氏族制度过渡而来。”见冯天瑜：《封建考论》，第 18 页。

③ 王国维先生认为：“中国政治与文化之变革，莫盛于殷周之际。”见王国维：《殷周制度论》，《观堂集林》第 2 册卷十《史林二》，北京：中华书局，1959 年，第 451 页。

④ 冯天瑜先生说：“西周结束了夏、商的氏族邦国联盟状态，逐步进入一姓（异姓辅佐）掌控天下的政治格局，这对后世中国影响深远。”见冯天瑜：《封建考论》，第 16 页。有学者认为西周并未建立稳定的政治秩序，而是众多的城市国家的割据与混战，直到秦的统一才结束这种乱局。若从此说，则其后的整个中国文明都成为无源之水，而这正是该学者的政治用意所在。见［日］平势隆郎著，周洁译：《从城市国家到中华：殷周 春秋战国》，桂林：广西师范大学出版社，2014 年，第 26—28 页。

⑤ 如《诗经·小雅·雨无正》：“昊天疾威，弗虑弗图。舍彼有罪，既伏其辜。若此无罪，沦胥以铺”；《诗经·小雅·节南山》：“昊天不庸，降此鞠讻。昊天不惠，降此大戾。”

神[①]，从而取代了殷人所尊崇的“帝”[②]。周人做这样的改造，盖因“帝”乃殷人的祖先神。作为松散氏族联盟之共主的殷人尚可以自己的祖先神作为自己统治合法性的来源，但通过封建殖民已成为“天下”共主的周人却必须在更高的意义上为自己的统治寻求正当性。因此，不为某氏族所专有却又远高于各氏族之祖先神的“天”符合了周人的一切所需。周人强调自己的统治乃承继“天命”，即上天将统治天下之权从殷人那里转移到了自己身上。但上天却不是喜怒无常是非不辨的主宰，其授予天命的唯一标准乃是否有“德”，即所谓“以德配天”[③]。“德”的最实质含义为“保民爱民”，所谓“天听自我民听，天视自我民视”[④]表达的正是此意。但我们不能就此而言周人已经具有民主的观念或有多深的伦理德性，而应当看到“德”只能是周人对作为各氏族普遍至上神的“天”所能赋予的最恰当

① 正如郭沫若先生所说：“地上权力统于一尊，于是，天上的神秘便也不能不归于一统。”见氏著《诗书时代的社会变革与其思想上之反映》，《中国古代社会研究》，北京：科学出版社，1960年，第137页。

② 郭沫若先生说：“（殷代）卜辞称至上神为帝，或上帝，但决不曾称之为天”，“殷时代是已经有至上神的观念的，起初称为‘帝’，后来称为‘上帝’，大约在殷周之际的时候又称为‘天’”。见郭沫若：《青铜时代》，《郭沫若全集》历史编第一卷，北京：人民出版社，1982年，第321、324页。陈梦家先生说：“西周时代开始有了‘天’的观念，代替了殷人的上帝。”见陈梦家：《〈殷墟卜辞〉综述》，北京：中华书局，1992年，第562页。侯外庐先生则说：“‘天’在周人的思想中，是‘帝’的一种变革，然而这种变革并不是祖先神‘帝’的否定，而是‘帝’的改良。”见侯外庐等：《中国思想通史》第一卷，第80页。王爱和先生说：“为了取得宗教中心性的地位，周即时借用了商人上帝的概念，安抚刚被征服的商代臣民，并将帝与周人自己的‘天’的概念结合了起来。”见王爱和：《中国古代宇宙观与政治文化》，上海：上海古籍出版社，2018年，第79页。

③ 侯外庐先生认为：“德是先王能配上帝或昊天的理由，因而也是受命以‘乂我受民’的理由，这是周代维新在思想史上的一大进步。”见侯外庐等：《中国思想通史》第一卷，第92页。齐思和先生则说：“依周人之理论，天命乃上帝之委托，其期限之长短，须视其政绩如何而定，即所谓‘德’也。如其子能敬畏天命，勤劳民事，则天必佑之而降之祜。如其后裔淫佚昏虐，不恪顺天命，则天即剿绝其命而转与之有德者。是谓之‘革命’，或曰‘改命’，即天改革其命，转予他姓之意。”见齐思和：《中国史探研》，石家庄：河北教育出版社，2003年，第139页。

④ 《尚书·泰誓》。

品性，也是周人统治天下之合理性的最好依靠，因为作为祖先神替代物的"天"必须具有能让各氏族共同接受的普遍性特质。事实上，以强势的武力和优异的制度结束氏族部落之间的混乱局面何尝不是"保民爱民"？况且，在当时的语境中，"民"又能在多大程度上即意味着"普遍的人民"呢？[①]但无论如何，"以德配天"的提法可以顺理成章地引出后世将天作为道德终极来源的观念。

既然周天子的权力来源于天，则对天的"郊祭"成为周人施政的头等大事。同样地，出于天子的独尊地位，唯天子有资格祭天[②]。也就是说，天只与天子发生关系（从天子的名称上即可看出），一般人与天没有任何实质上的关联。因此，对周人而言，天与人之间的关系只表现在天与天子的关系上[③]。天与天子同构共生，天在更多的意义上只是天子用来证明其权威的理论预设。天子实际权威的下落也同时引发天的神圣地位的失却[④]，进而导致天人不再合一，这由周式封建的内在缺陷所决定。

周式封建由于其自身特殊形态，已经内在包含着崩坏的种子，而这些

① 依郭沫若先生的说法，"'民'在周人本是和奴隶相等的名词，卜辞中没有见到民字以及从民的字"。小邦周战胜大邦殷的事实让周人感受到的，并不是成为天下共主的无上自豪，而是对无常之"天命"的深切忧惧，周初的《诗》篇和《诰》辞里充满了这样的警醒之语。甚至可以这样说，周人以自己的成功反证了失败是多么容易。但在"普遍的人民"于制度及事实上绝不具备政治资格的爵职不分的贵族世袭政治时代，统治者丝毫不用去担心其治下的"普遍的人民"会威胁自己的权力，而真正应当警惕的，是异姓之族民。因此，周人口中的"民"绝不具有普遍的含义，"爱民""保民"这样的口号更应当从保持政治稳定这个方面去理解。依钱穆先生的看法，中国自战国已经逐步进入平民政治时代，但即使到了更为平民化的汉代，董仲舒依然用"瞑"来作为"民"的实质含义（《春秋繁露·深察名号》），可见贵族时代的周不可能真正地以普遍的人民之视听为其视听，甚至连所谓的民主观念都不可能有。郭说见《郭沫若全集》历史编第一卷，第 323 页；钱说见其《国史大纲》引论。

② 鲁国因为周公的特殊地位与功德，得享郊祭之礼，是为特例，然而同时也证明了一般人没有资格与天发生关系。

③ 刘泽华先生认为，"直到近代以前，天王合一始终是天人合一的中心"。见刘泽华：《天人合一与王权主义》，《天津社会科学》，1996 年第 4 期。

④ 齐思和先生说："称王为天子，实始于周；而天王之称亦始于周。"见齐思和：《中国史探研》，第 143 页。

种子在统治的初期正是作为积极因素而存在。首先，双层权力分配模式导致的王室实际权力会随着分封的逐渐推行而愈发下移。其次，建立在“亲亲”基础之上的“尊尊”会随着血缘关系的疏远而愈发丧失向心力。而且，分封制下统治阶层的不断扩大也导致井田制下的物质生产愈来愈无法满足“肉食者”的需要。因此，西周的稳定政治局面并没有维持多久，便以平王东迁宣告了其政治权威的彻底失落，从而进入礼制崩坏的春秋乱局。太史公言：“春秋之世，弑君三十六，灭国五十二，诸侯奔走，不得保其社稷者，不可得而数”[①]，大概可看作春秋时代的真实情形，这是核心政治权威丧失后必然发生的状况。齐桓晋文们所努力的“霸业”，无非是以暂时性的政治权威来替代原属周王室的权威，从而维持相对的政治稳定。在“霸政”尚存之时，天人虽早已不再合一，但新的天人合一模式尚未被建立，“天”一直在沿着自然化和客观化的路径从其至上神的地位向下坠，阴阳与五行（主要是阴阳）作为对自然的两种解说方式，在这个时候就开始慢慢与天建立起了关系。

自从二十世纪上半叶以来，学界对阴阳五行学说的起源有着持续而热烈的讨论，至今未有定论[②]。在此，我们不打算去具体地讨论孰是孰非。由于我们关注的是与政治密切相关的阴阳五行学说，因此对阴阳五行的起源不作细究，只是对其进行一个整体性的描述，以作为我们深入探讨阴阳五行政治化的理论基础。

依据前人研究，在传世先秦文献中，除《易传》外的经书系统[③]，除《荀子》[④]和《庄子》外、杂篇的子书系统，甚至在《国语》《战国策》等史书系统中，皆未见后世意义上即政治化之后的阴阳五行学说的踪影，

---

① 《史记·太史公自序》。

② 成果集中于《古史辨》第五册。

③ 《易传》的创作时代难以确定，《尚书》中《洪范》篇有五行字样，然而并不具有后世五行学说的含义，而且此篇本身的创作时代也是未有定论，后将详论。

④ 荀子批评思孟旧说时提到“五行”，《荀子》中有另外的“五行”，与我们这里所讨论的“五行”毫无相涉。

偶或见“阴阳”或“五行”的字眼，也只是单纯在自然性的意义上使用，没有明确的政治指向。诸子对阴阳五行或取其自然义，或毫不言及，皆可明证作为政治学说的阴阳五行既不是渊源甚深，也不是流传甚久。我们可以认定，至少在封建政治彻底崩溃之前（春秋末期），甚至在大一统政治的趋向完全显明之前（战国中期），“阴阳”与“五行”的字样皆只是在自然意义上被使用。自然意义上的“阴阳”指的是阳光的晦明，以及由此引申出的气候冷暖、山水向背等义；自然意义上的“五行”，是指与人的生活密切相关的“金、木、水、火、土”五种自然物质或五种具体人事[①]。

“阴”“阳”二字繁体作“陰”“陽”。最早对这两个字作文字学阐释的《说文解字》言：“陰，闇也。水之南，山之北也，从阜，侌聲；陽，高明也。从阜，昜聲。”梁启超先生认为“阜旁乃孳乳后起，其原字实为侌昜”[②]。许慎以“侌”乃“黔”的古字，“黔”的本义为“云覆日”[③]；许氏又以“開”解释“昜”[④]，故“阴”“阳”的本义就是“云覆日”和“开”[⑤]。邝芷人先生认为“许氏把‘昜’释为‘开’并不是很适当”，在综合诸家的基础上，邝先生对“阴阳”二字的原始义给出了令人信服的解说：“阴阳二字在文字学上分别指云蔽日而暗及太阳之明照而言。”[⑥]因此，阴阳

① 齐思和：《中国史探研》，第369页。

② 梁启超：《阴阳五行的来历》，《古史辨》第五册，上海：上海古籍出版社，1982年，第343页。

③ 《说文·雲部》言：“黔，云覆日也。从雲，今声。侌，古文。”（清）段玉裁：《说文解字注》，上海：上海古籍出版社，1988年，第575页。

④ 《说文·勿部》云：“昜，开也。从日，一，勿。”（清）段玉裁：《说文解字注》，第454页。

⑤ 段玉裁于其后注云：“此阴阳正字也，阴阳行而侌昜废矣，闢户谓之乾，故曰开也。”（清）段玉裁：《说文解字注》，第454页。

⑥ 详细论证见邝芷人：《阴阳五行及其体系》，台北：文津出版社，1992年，第8页。彭华先生更详细梳理了殷卜辞与金文中的“阴”“阳”字，从不同的论证方向得出了与邝先生相同的结论。见彭华：《阴阳五行研究（先秦篇）》，华东师范大学博士学位论文，2004年，第31—38页。

最初就是指日光的晦明。在此基础上，可作更多引申。比如，因日光的晦明，则有气候的冷暖，有山水的向背，有事物的表里、隐显，战国中期以前文献中的阴阳义大致不出这个范围[①]。

目前没有任何证据表明，在殷代以前就有“阴阳”的字眼或观念。根据甲骨文和金文的研究，殷代卜辞中无“阴阳”的字眼，但有单独出现的“侌”“昜”字，其中以“昜”字居多[②]。综合前人研究，此时“昜”字无论为会意祭祀活动中的太阳[③]，还是会意阳光照耀所建之旗帜[④]，皆表阳光照耀之意，故“甲骨文中的‘阳’指的是高悬苍穹的太阳或明亮的日光，后来引申为光明”[⑤]。“昜”还可以作为氏名和地名，但其实质性含义皆是由“日光”引申而来。殷代卜辞中的“侌”字均为对天气的描述，即“云覆日”，后来才引申为晦暗、寒冷。同“阳”一样，“阴”也开始被用于地名，山南水北为“阳”，山北水南为“阴”。

若进一步向前引申，则阴阳可以表示两种“气”，且都与阳光相关。“阳气”乃是阳光照耀而来的温暖向上升腾之气，“阴气”则是阳光被遮蔽后的阴冷而下迫之气。这两种气已经有了物质性的含义，并且开始被用作解释自然现象。最早出现这种阴阳义的是《国语》中虢文公论“阳气俱蒸”，“阳

① 梁启超先生在梳理了《诗》《书》后得出结论：“商周以前所谓阴阳者，不过自然界中一种粗浅微末之现象，绝不含有何等深邃之意义。”见梁启超：《阴阳五行的来历》。李汉三先生进一步梳理了《易》（本经）、《春秋》、《仪礼》、《论语》、《墨经》、《孟子》、《孙子》、《吴子》后得出相似结论，认为这些文献中并没有“阴阳说”，也就是，里面所出现的“阴阳”字仅仅是在自然意义上的使用。见李汉三：《先秦两汉之阴阳五行学说》。孙广德先生得出的结论大致同于李汉三先生，见氏著《先秦两汉阴阳五行说的政治思想》。而彭华先生面对同样的文献，却得出了与诸位先生截然不同的结论，极力为阴阳五行的悠久起源和广泛影响作辩护，并对文献中的“阴阳”“五行”做了深度哲学阐释，可备一说。见彭华：《阴阳五行研究（先秦篇）》。

② 据彭华先生的统计，“阴”字在甲骨文中仅出现两例。见彭华：《阴阳五行研究（先秦篇）》，第 33 页。

③ 彭华说及彭引刘翔说，见彭华：《阴阳五行研究（先秦篇）》，第 31—32 页。

④ 邝芷人：《阴阳五行及其体系》，第 8 页。

⑤ 彭华：《阴阳五行研究（先秦篇）》，第 32 页。

阳分布，振雷出滞”[①]。最为著名的是《国语》中伯阳父论地震时所言的“阳伏而不能出，阴迫而不能蒸，于是有地震”[②]。虽然并没有使用“阴气”“阳气”这两个词，但依据前文所说的“夫天地之气，不失其序；若过其序，民乱之也”，则伯阳父所说的“阴”“阳”定是天地之“气”，表达的必然是物质性的阴阳二气。《国语》以及与之密切相关的《左传》中，还有一些关于“阴”“阳”的讨论，但其含义都不出“阴阳”的自然含义。此时期的其他文献亦然。

我们看到，“阴”“阳”的最初含义其实都和“日”相关，表达的是太阳的两种不同状态，无论其意义在后来作何种的引申演变，皆不能背离太阳的明晦这一根本义[③]。进言之，“阴”“阳”这两个概念既然是出于同一个物事的不同状态，则“阴”“阳”一开始就不是作为对立的两极而存在。再进而言之，虽然“阴”“阳”皆出于日光，但此时的“阴”“阳”没有高低贵贱之分，而是两个平等的概念。至于以后政治学说中“尚阴说”和“尚阳说”的争论，虽然乃是由于出发点的不同，但“尚阳说”后来所取得的优势，还是可以从字源上看出一点端倪。

相比于“阴阳”，关于“五行”起源与流变的争论要激烈得多。上世纪二十年代从梁任公开始的关于“阴阳五行”的大讨论，主要成果集中展现于《古史辨》第五册，从中清晰可见学者们对五行的关注要远远多于阴阳，这与“五行说”文献来源的复杂难辨密切相关。五行说真正开始对历史产生重大影响，普遍被承认始于邹衍的“五德终始说”。“五行”字样最早见之于文献，却依然在《左传》和《尚书》之间纠缠不清。邹衍著作早已亡佚，《左传》与《尚书》[④]的确切著作时代又晦暗难明，无疑是我们论说“五行”的首要障碍。若我们坚持以孔子作为开启新时代的标志，且能承认政

① 《国语·周语》。

② 《国语·周语》。

③ 后来阴阳与四时、刑德相关联，皆是以此为出发点。详细论述见后。

④ 主要是其中的《洪范》和《甘誓》，而以《洪范》争讼尤多。

治需求决定政治学说发展的话[①]，很自然就可看出，在大一统的趋向完全显明之前，五行说只是长久停留在原初的自然性阶段[②]，不是对五种自然材质就是对五种具体人事的描述，不管是《左传》还是《尚书》中的五行，皆不出这个范围。[③]《论》《孟》[④]《老》《庄》皆未论及五行，即使反对“思孟五行说”的荀子也有自己独特的五行说[⑤]，但仍然是对于五种具体人事的描述，可见同阴阳说一样，五行说既不是渊源既久，也不是影响深广。

相传五行说创自伏羲、黄帝等古圣明王[⑥]。此说多系五行说盛行后学者为进一步增强其权威所追加，且伏羲、黄帝等古圣王本身也属传说中人物，因此五行创自伏羲、黄帝之说当不可信。《尚书·大禹谟》和《尚书·甘誓》相传是夏初文献。《大禹谟》将“水、火、金、木、土、谷”定名为“六府”，虽包括了后来五行说的“水、火、木、金、土”，但没有“五行”之名；《甘誓》中虽言及“五行”，但其所言五行又跟“水、火、木、金、土”没有任何关系。《尚书·大禹谟》早已被证实乃汉代所出之伪古文，《甘誓》的著作年代也很可疑，极有可能很晚才出现。就算它们真的传自夏代，那也不能证明当时已经有了五行说。殷代和西周的卜辞中皆未有“五行”

① 这既是我们本书的立论前提，也是我们的所有论述将要最终证明的一个客观事实。对董仲舒以及诸子中的大部分而言，他们提出自己的理论皆是出于政治的需要，希图进行政治上的改造。所谓“百虑而一致，殊途而同归”，所谓“诸子皆务于治也”，皆说的是这个道理。

② 庞朴先生说：“五行思想，在它发展的早期，很大程度上是一种自然科学性质的东西。”见庞朴：《五行思想三题》，《山东大学学报》，1964 年第 1 期。

③ 参余敦康：《易学今昔》，桂林：广西师范大学出版社，2005 年，第 27 页。

④ 《孟子》书中未见五行字样，新近出土的帛书《五行》被认为乃思孟学派的作品，然其中所现的“五行”也与“金、木、水、火、土”没有任何关系。

⑤ 荀子的“五行说”见于《荀子·乐论》：“贵贱明，隆杀辨，和乐而不流，弟长而无遗，安燕而不乱，此五行者，足以正身安国矣。”

⑥ 《白虎通义·号》中说：“于是伏羲仰观象于天，俯察法于地，因夫妇，正五行，始定人道。”见陈立：《白虎通疏证》，北京：中华书局，1994 年，第 51 页。《素问·五运行大论》中说：“黄帝坐明堂，始正天纲，临观八极，考建五常。夫变化之用，天垂象，地成形，七曜纬虚，五行丽地。”见（清）薛福辰批阅句读：《重广补注黄帝内经素问（影宋本）》，北京：学苑出版社，2008 年，第 527 页。

字样。联系周式封建“学在王官”的制度特性①，可以想见，至少在周式封建开始崩溃之前，作为五种自然材质的五行说并没有进入统治阶级的视野，因为政治相对稳定，丝毫没有创新学术的现实需要。直到封建制开始崩溃以后，至早在春秋时期，作为自然物事的五行才开始出现于文献中，《左传》《国语》中有多处这样的记载②。虽然在《左》《国》的叙述中，论说五行的那些人物大都生活在春秋早期，但如果考虑到《左》《国》的著者生存于孔子之后，而《论语》、《春秋》（经）中又丝毫不见五行说的话，则《左》《国》中的五行说可能更多反映的是其著者时代的思想观念，且这种观念并不普遍，因为同时期以及其后的多数思想家皆未论及五行。

从观念来源上来讲，虽然五行有可能来自五星③、五方④、五数⑤、五工⑥等等中的一种，也可能来自它们的综合⑦，也有可能来源于某种占卜方

① 在学术掌于王官的时期，统治者没必要在统治知识之外关心其他学说，而在学术下移民间之后，没有非常强烈而具体的政治需要，创造新说的动力也明显不足。

② 参齐思和：《中国史探研》，第367—368页。王爱和先生认为：“尽管只是以零零碎碎的形式出现，《左传》中五形（当为‘行’）却已初具后来系统化五行的基本特征。分野中的水、火、金，处于相敌、相合或相克循环相关联；这种循环把各国同星座之间的空间对应与宇宙运动的时间模式相结合，组成一种宇宙观，用能够预知的宇宙秩序来解释人类世界不可预见的变化。”见王爱和：《中国古代宇宙观与政治文化》，第107页。王先生是以后来的五行说所具备的特征来逆推《左传》时代的五行说所“应该”具有的特征，此种方法并不可取，但相当盛行，比如彭华先生的整部《阴阳五行研究（先秦篇）》都是建立在此种研究方法之上。

③ 此说以顾颉刚先生与刘起釪先生为代表，详见顾颉刚、刘起釪：《〈尚书·甘誓〉校释译论》，《中国史研究》，1979年第1期。

④ 此说以胡厚宣先生与杨树达先生为代表，详见胡厚宣：《殷卜辞中所见四方受年与五方受年考》，载于深圳大学国学研究所主编：《中国哲学与中国文化》第一辑，北京：东方出版社，1986年；杨树达：《甲骨文中之四方风名与神名》，《积微居甲文说》卷下，上海：上海古籍出版社，1986年，第77—84页。

⑤ 此说以葛志毅先生为代表，详见葛志毅：《试论先秦五行世界图式之系统化》，《大连大学学报》，2003年第1期。

⑥ 此说以宫哲兵先生为代表，详见宫哲兵：《晚周时期“五行”范畴的逻辑进程》，《中国哲学》第十三辑，北京：人民出版社，1985年，第65—74页。

⑦ 胡化凯先生持此说，详见胡化凯：《五行起源新探》，《安徽史学》，1997年第1期。

式[①]，但对自然性的五行说而言，可能这些都不重要。因为从作为自然材质的五行说这方面讲，后来还有所谓的“六府”说，比五行多了“谷”（见前）；而从作为人事的五行说这方面而言，当时也还有所谓的“六德（六行）”[②]。可见自然性的五行说与“五”这个数没有必然的联系，因此不一定非得从“五星”“五方”“五数”“五工”等等演变而来，反而当五行说后来实现彻底政治化后将这些东西都囊括入自己的理论体系中。至于为何“五行”在与“六行”的竞争中取得了优胜，则关键在于“五”这个数字的特殊性。从最自然的意义上来说，人伸手见五指，因此大多数民族一开始普遍以“五”为基本计数单位[③]，而这也应该是“五星”“五方”“五工”等说选定“五”的基本理由。[④]“五”这个数还有一个特性，即它是可以同时满足相生与相克的最小数量。但自然性的五行说还没有涉及“五”的这种特质，只是到了邹衍，特别是到了董仲舒，“五”的这个特性才显得极为重要。

我们看到，无论是“阴阳”还是“五行”，其发生与发展皆是出于对自然的解释需要。虽然很有可能，先民对自然的认识和解释伴随着生活的始终，但以“阴阳”和“五行”来解说自然却很晚才出现。因此，我们必须承认，政治的原因在自然性的阴阳、五行说的发生与发展的过程中可能起到了最关键的作用，而阴阳、五行说在后世的政治化就更是符合这两种学说先天所涵具的政治特性。

① 庞朴先生首倡此说，详见庞朴：《阴阳五行探源》，《中国社会科学》，1984年第3期。

② 郭店楚简《六德》篇所论述的“六德”为“圣、智、仁、义、忠、信”，与同出的《五行》篇所论说的“五行”“仁、义、礼、智、圣”大致相同且属于同一层面的物事。见李零：《郭店楚简校读记》，北京：中国人民大学出版社，2007年，第170、100页。

③ 参葛兆光：《中国思想史》第一卷，第62页。

④ 刘师培先生说：“达马拉人之举数也，以左手撮右手之指而记之，故数至五以上，则不能举。观《说文》一二三四五诸字皆有古文，而六七八九十诸字则无古文，岂非上古造字，至五而止，自五而上，上古无此语言，亦无此文字？盖古者以指记数，指止于五，故数亦止于五。”转引自彭华：《阴阳五行研究（先秦篇）》，第54页。

二、孔子之志与诸子之方

正如导论中所言，孔子意图以对君子德性的修养来实现礼制的复兴，但其空怀的用世职志始终未能完成。孔子以六艺王官学教授弟子，实现了王官学的下移，开启了随后的诸子之学，这一点对当时及后世的影响最为重大，使孔子成为封建政治向大一统政治转变中的灵魂人物。

孔子作为“万世之师”，其思想呈现出极大的开放性，及门弟子因各自禀赋而向不同方向发展，最著名的莫过于“四科十哲”[①]。十哲中，言语科的代表子贡以其卓越的政治外交才能和对现实的敏锐把握，不仅名盛天下[②]，亦富甲宇内。正是依靠其非凡事功，子贡为孔子赢得极大名声[③]。最善言辞的子贡对孔子之德行的诸种描述成为孔子的标准面相。子贡对孔子的学思方向有一个经典描述：“夫子之文章，可得而闻也，夫子之言性与天道，不可得而闻也”[④]，却以否定的方式预言了孔门后学的发展方向。确切地说，不可得而闻的“性与天道”成为后学的主要致思内容。随着周式封建的崩溃，天人不再合一，到了孔子时代，天已经彻底丧失其权威。孔子并没有打算去重建原初意义上的天人关系，而是以人自身的命运来阐释“天命”[⑤]。孔子去掉了天的神秘意味，将天定义为指引四时更替万物生长的一种自然性力量[⑥]，或将天作为道德的终极来源。这样的天就不再只属于周天子，可以为人共享。孔子虽然对天道措言极少，也没有明确地追求天人合一，无论如何，他所引出的问题为后来者必须面对。正是从孔

① 《论语·先进》：“子曰：‘从我于陈蔡者，皆不及门也。德行：颜渊、闵子骞、冉伯牛、仲弓；言语：宰我、子贡；政事：冉有、季路；文学：子游、子夏。’”

② 《史记·仲尼弟子列传》。

③ 最尊敬孔子的也是子贡，弟子中唯独子贡为孔子守孝六年。探讨子贡与孔子的关系将是一个极有意义的话题，能明白看出不合时宜的孔子之道如何在现实中获得大成就，不过与本书没什么关系，就不予探讨。

④ 《论语·公冶长》。

⑤ 如“子曰：‘道之将行也与，命也；道之将废也与，命也。公伯寮其如命何！’”见《论语·宪问》。

⑥ 如“子曰：‘天何言哉？四时行焉，百物生焉，天何言哉？’”见《论语·阳货》。

子开始，“道术将为天下裂”[①]。

从孔子开始的学术下移使掌握知识的游士阶层的形成和发展成为可能，于是诸子蜂拥而出，在孔子的基础上，力图以自己的方案来解决时代的病症。

墨子为了重建秩序，特别强调天的神秘性，希望能以有意志的天重建天人的合一。但墨子面对封建崩溃后弱肉强食的天下，却寄望于强者成为“素食者”从而保存弱者，以此来维护封建关系。因此，虽然墨子处处以孔子为非，但在维护封建制这一点上，却与孔子惊人地相同。为了救世，墨家建立起组织严密的政治团体，广泛吸纳了当时社会上有各种技能的人物，以帮助弱国抵御强国侵凌为志业，成为影响极大的一个学派。墨家团体的组织方式是以“巨子”为核心，一切成员都听命于巨子。墨家特别制定了“墨者之法”[②]，使巨子拥有了掌控其成员生杀荣辱的权力，为成员的共同生活立下了准则。可能墨子并没有想到，如果不是因为封建制的崩溃，社会上的私人怎么可能组织起一个独立于任何政权之外的政治团体？这个权力高度集中的政治团体甚至以自己的私法独立于整个礼制之外，可见墨子也清楚权力集中的优势和法令的强效，而这两样东西，已开始被有魄力的君主广泛应用，成为在激烈的天下纷争中立于不败之地的核心保证。

在太史公时代，老子的生存年代就已是一大悬案[③]，但并没有妨碍老子其人其书对中国历史所产生的重大影响。从二十世纪前半叶以来，这个

① 见《庄子·天下篇》。葛兆光先生说：“‘道术将为天下裂’，这并不是一个悲哀的结局而是一个辉煌的开端。”见葛兆光：《中国思想史》第一卷，第69页。

② 《吕氏春秋·去私》云：“墨者有巨子腹䵍居秦，其子杀人。秦惠王曰：‘先生之年长矣，非有它子也，寡人已令吏弗诛矣。先生之以此听寡人也。’腹䵍对曰：‘墨者之法曰：“杀人者死，伤人者刑。”’此所以禁杀伤人也。”见许维遹：《吕氏春秋集释》，北京：中华书局，2009年，第31页。

③ 太史公记叙了三个“老子”，并未确定三个中的哪一个著了《老子》，见《史记·老子韩非列传》。

问题得到学者们热烈而广泛的讨论，至今仍无定论[①]。更多的人愿意相信老子就是孔子曾从之问礼的那个智者，太史公对这个老子也是措意最多。但如果我们将孔子看作官学民间化的第一人，孔子之前绝不可能有私家著述[②]的话，至少《老子》那本书不可能早于孔子。而且，《老子》中所阐述的问题在礼制彻底崩溃后的战国时代出现的可能性更大[③]。《老子》中充满智慧的箴言分明是对大动荡时代的深刻洞察[④]，太史公所述老子告诫孔子的话"为人臣者勿以有己"[⑤]所表现出的君臣之道放在中央集权的国家中更能显示出其深意[⑥]。因此，我们暂且不去管老子到底生存于何时，至少《老子》中所表现的那个老子乃是身处极乱之世的一个大智者，他从对世事人情的深刻洞察中得出的结论是：若要保身，则应远离政治是非，隐于无名；若实在无法回避，无论是为人君，还是为人臣，都应该以柔下之道行政处世。

---

① 李存山先生对此有精恰的评价："在 70 年代、90 年代出土了帛书《老子》和竹简《老子》之后，学术界有了'地下之新材料'与传世文本相互参证的'二重证据'，解决了《老子》研究中的一些问题。但平心而论，此中的问题并没有完全得到解决，学术界仍存在几种不同的见解，而难以取得定论。尽管持不同见解的各方可以坚执己见，但客观上可能仍不免要'展缓判决'。"见李存山：《〈老子〉简、帛本与传世本关系的几个"模型"》，《中国哲学史》，2003 年第 3 期。

② 余明光先生说："历史事实证明，在孔子以前，所有的文化知识都还在'官府'。虽然在春秋后期，有一些'王官'散落在社会上，他们也只是背诵一些《诗》、《书》古训的搢绅先生罢了，决没有私人著书的。"见余明光：《〈黄帝四经〉与黄老思想》，第 93 页。

③ 北京大学王博先生认为老子论述的核心问题指向政治权力的自我节制，极有见地！我们知道，春秋时代的普遍问题是权力的下落，只有到了中央权力较为集中的战国时代，对政治权力的限制和节制才显得更为必要，因此，《老子》成书于战国时代的可能性更大。见王博：《权力的自我节制：对老子哲学的一种解读》，《哲学研究》，2010 年第 6 期。余明光先生通过对帛书本《老子》与传世本《老子》的全面分析，也力主《老子》成书于战国时期。见氏著《〈黄帝四经〉与黄老思想》，第 78—95 页。

④ 太史公所叙述的老子对孔子的忠告正表明了这一点。

⑤ 《韩非子·说难》表明的也是这一点。

⑥ 在陪臣执国命的春秋时代，君权旁落。

他从对自然的观察中得出“上善若水”[①]和“柔弱胜刚强”[②]的结论，而主张“人法地，地法天，天法道，道法自然”[③]，其实也是在说人应该合乎自然法则地去生存。在老子的论域中，“人”在更多的意义上指的是“君主”。因此，在老子这里，天人合一的问题变为“自然”与“君主”的合一[④]，天彻底失却了至上神的含义。沿着老子所创的道路，将会开出两大不同而最终合一的致思路向，这两大路向对大一统的进程产生了巨大的影响。

墨、老之外，尚有多位思想家为重建秩序给出了自己的药方，但因为他们所处时代大多在阴阳五行学说政治化之后，故暂不述及。我们看到，在孔、墨、老解决时代病症的措意中，并没有涉及自然性的阴阳、五行学说。我们将此视作历史的机运也好，思想史的必然也罢，无论如何，在大一统政治没有彻底显明之前，作为学说的阴阳、五行即便已经存在，却丝毫没有表现出“时代共法”般的学术盛景。

三、《洪范》五行说和《周易》古经阴阳说

虽然自然意义上的阴阳和五行并不是渊源既深流传既广，然而阴阳、五行的政治化，正是在其自然性的基础上发展而来。如果它们不具备高迈的理论品质，将它们作政治改造的理论家们将无所依托；如果它们本身不具备独树一帜的学术品格，则很难想象会在后世发生那么大的影响。我们将通过对《洪范》五行说与《周易》古经所内含的“阴阳”观念的探讨，来揭明自然性的阴阳、五行学说自身所具备的独立超迈的理论品格。

长久以来对于“五行”起源的争论集中于对《洪范》五行说的探讨上。自上世纪二十年代刘节先生发表名文《洪范疏证》[⑤]，对《洪范》著作年

① 《老子》第八章。

② 《老子》第三十六章。

③ 《老子》第二十五章。

④ 参王博：《权力的自我节制：对老子哲学的一种解读》，《哲学研究》，2010年第6期。

⑤ 梁任公为此文所作后记言：“《洪范》问题之提出，则自刘君此文始。”见《古史辨》第五册，第403页。

代辨讼至今未有定论，但学者们普遍同意《洪范》是研究五行说的基点。因此，我们暂先搁置对《洪范》著作年代的讨论，只探究《洪范》中所体现的五行说所具备的理论特质。《洪范》相传乃武王灭殷后访箕子问政，箕子以天乃赐禹洪范九畴答之。[①]“五行”为其中第一畴，其文曰：

> 一、五行：一曰水，二曰火，三曰木，四曰金，五曰土。水曰润下，火曰炎上，木曰曲直，金曰从革，土爰稼穑。润下作咸，炎上作苦，曲直作酸，从革作辛，稼穑作甘。

在这里，“五行”被当作施政的第一个纲领提出，但“五行”所包括的“水、火、木、金、土”却是从自然物质中概括出的五种最基本资材[②]。五行若要和政治发生关系的话，那也只能被视作几样为政者必须重视的与人的生活密切相关的东西，为政者要依据它们的特性为人服务。水的特性是润下，火的特性是炎上，木的特性是曲直，金的特性是从革，土的特性是稼穑。这里所构画出的，分明是一幅基本完整的农耕图景。这里所说的“五行”则是农业生产必须依靠的五种资材。这五种资材因为内含了“咸苦酸辛甘”的特性，故生产出的粮食有“五味”。农业生产完成后，人生饮食之事即随之呈现。因此，《洪范》五行乃是出自对人所生活的物质世界的观察抽象出的五种最基本材质，且其对“五行”抽象概括出的本质特性并不具有明显的政治意味，只因其普遍性而适用于人生日用的最基本方面。

《洪范》在论说“五行”时，有一个基本的先后次序，此序完全不同于

---

① 原文为：“惟十有三祀，王访于箕子。王乃言曰：‘呜呼！箕子。惟天阴骘下民，相协厥居，我不知其彝伦攸叙。’箕子乃言曰：‘我闻在昔，鲧堙洪水，汩陈其五行。帝乃震怒，不畀洪范九畴，彝伦攸斁。鲧则殛死，禹乃嗣兴，天乃锡禹洪范九畴，彝伦攸叙。初一曰五行，次二曰敬用五事，次三曰农用八政，次四曰协用五纪，次五曰建用皇极，次六曰乂用三德，次七曰明用稽疑，次八曰念用庶征，次九曰向用五福，威用六极。’”

② 徐复观先生认为：“《洪范》中的政治观念非常简单质朴。”见徐复观：《中国人性论史》，第475页。

后世的所谓“相生序”和“相胜序”，因此被称作“《洪范》五行序”。《洪范》五行序用“一、二、三、四、五”来作为“水、火、木、金、土”的论说顺序，并没有明确说这“五数”是和“五行”严格对应。至少在《洪范》的文本中，我们还看不出这种排序的特殊用意及理论依据。到了后世，在《洪范》五行序的基础上，还出现了“五行生数说”和“五行成数说”[①]，即“一、二、三、四、五”为“五行生数”，生数各与五相加则得“五行成数”即“六、七、八、九、十”。当《洪范》五行说在汉初极一时之盛，最终到班固以此为据作《五行志》，《洪范》五行序及五行生数成数成为不可置疑的真理。直到郑玄注《易纬》[②]，才终于将五行生数与成数系统阐发，成为后世“河图”的基本依据[③]。五行生数成数说及“河图”（包括“洛书”）对后世的占卜[④]及堪舆影响极为深远，但学者们对它们的理论来源“《洪范》五行序”为何以此为序却措意不多，朱熹以“轻重”释之[⑤]，魏了翁以“微著”解之[⑥]，类于朱说；李学勤先生认为“这和数说方向的习惯有关”[⑦]，亦可备一说。

另外，《洪范》九畴第二畴为“五事”：

> 二、五事：一曰貌，二曰言，三曰视，四曰听，五曰思。貌曰恭，言曰从，视曰明，听曰聪，思曰睿。恭作肃，从作乂，明作哲，聪作谋，睿作圣。

至少在《洪范》文本中，“五行”与“五事”没有明显的对应关系，但“五事”

① 依据现有文献及研究，很难断定此说最早出自何时，最早系统论述此说者为郑玄，但在郑玄之前的很多文献比如《春秋繁露》中，五行生数与成数已被使用。

② 郑玄注《月令》时也有此说。

③ 郑玄仅仅是以十个数与方位相配，直到宋初陈抟才以黑白点代表五行生数与成数配方位而成“河图”，也有以此图称“洛书”者，这个问题在此不过多阐述。

④ 以相传由邵雍发明的“梅花易数”为代表。

⑤ （南宋）朱熹：《太极图说解》，见《周敦颐集》，北京：中华书局，1990 年，第 4—5 页。

⑥ （南宋）魏了翁：《尚书要义》卷十一，原文为：“五行先后亦以微著为次”，见文渊阁《四库全书》经部书类二。

⑦ 李学勤：《帛书〈五行〉与〈尚书·洪范〉》，《学术月刊》，1986 年第 11 期。

当对“思孟五行”有所启发[①]。到了《汉书·五行志》中，“五行”已与“五事”严格对应[②]。

客观地说，大体成书于西周初叶的《周易》古经尽管对后世产生了巨大影响，但从内容上来看，古经显然以卜筮为中心，仍然弥漫着浓重的信仰意味。古经中存在两套表意系统，即符号和文辞，二者都与具体《易》占活动密切相关。许多学者认为：《周易》古经里还没有阴阳观念，因为卦爻辞里没有出现“阴阳”字，仅有的一个“阴”字还是通“荫”，丝毫没有“阴阳”观念的意味[③]。然而这一说法仍有商讨余地。我们完全可以说：从古经开始，《易》学之特点就在于两套表意系统的互诠。所以讨论古经当中的思想内容，不能仅从文辞角度来讨论，而忽略《易》本身的表意方式。作为《周易》六十四卦符号系统基础的，乃是一个“—”和一个“--”（后世称为“阳爻”“阴爻”）。据前辈学人考证，两个基本符号显然已经具有阴阳的观念，而没有用文字进行概念指称[④]。由于《周易》文辞和符号的并在互诠关系，不能只认为文辞传达思想，而符号就没有这样的功能，这两个爻号所符示者已经具有阴阳意味。并且，符号本身是具有高度抽象性的东西，这种抽象性乃对于经验世界认知结论的形式化[⑤]。这就意

① 李学勤：《帛书〈五行〉与〈尚书·洪范〉》，《学术月刊》，1986年第11期。

② 《春秋繁露》中亦有《五行五事》篇，分别论述了五行与五事，并未明言二者之间的严格对应。

③ 《中孚》九二爻辞曰：“鸣鹤在阴，其子和之。”

④ 郭沫若先生说：“八卦的根底我们很鲜明地可以看出是古代生殖器崇拜的孑遗。画一以像男根，分而为二（--）以像女阴，所以由此而演出男女、父母、阴阳、刚柔、天地的观念”，“《易经》的观念就根本是阴阳两性的对立”。见郭沫若：《中国古代社会研究》，《郭沫若全集》历史编第一卷，第33、65页。

⑤ 吕绍纲先生说：“其实阴阳只是名的问题，有了表达对立统一的实，取名什么都一样，天地、奇偶、正负，全是阴阳的同义词。”我们认为，就“阴阳”作为《周易》古经所内蕴的两种相对待的力量而言，吕先生的说法无疑是不刊之论。但如果逸出《周易》古经的论域，则吕先生的说法还是有可商榷的余地。“阴阳”在后来上升成为统称这两种力量的代表，则充分说明“阴阳”具有自身的独特性，还是不能轻易与其他那些名词相等同。见吕绍纲：《〈易大传〉与〈老子〉是两个根本不同的思想体系——兼与陈鼓应先生商榷》，《哲学研究》，1989年第8期。

味着爻的阴阳已经不同于之前经验意义上的直接与太阳照射相关的阴阳，而是基于此的概括提升。所以，爻作为基本单元意味着《周易》古经对这一观念非常重视。但是，另一方面我们必须承认，这种抽象只是初步的，其阴阳只是在卜筮的语境下的观念，至少没有证据说明古经已经以其为宇宙的两大力量，也没有证据表明阴阳观念已经与宇宙、社会、人生相关联。概言之，古经只是加以形式化，但是没有对形式所指涉的内容加以说明。直至《易传》诸篇相继问世，这种内容才得以充分说明，与此同时，《易传》对古经“阴阳”的解读也是创造性的，是在其由卜筮向德性转化的宏观视域下解读的。

《周易》古经所蕴含的这种“阴阳”观念，在《老子》中也有所体现。《老子》第四十二章云：“万物负阴而抱阳，冲气以为和”，乃是将“阴阳”抽象为万物所具有的两个相对待的因素。同样的东西，《老子》中还用“柔刚”“雌雄”等等来表达。因此，即使到了《老子》这里，阴阳观念仍然没有像后来所表现出的那样，实现了与宇宙政治人生等全方位的结合，我们不应该对《老子》的阴阳观念做太多的诠释。必须指出的是，在《老子》这里，“阴阳”已经不是自然意义上的“阴阳”那样的平等概念了，从《老子》对“柔”“雌”的强调和推崇可明显看出《老子》已经涵具“尚阴”理念，到了后来的《易传》则是明显的“尚阳”理念[①]，而《周易》古经看不出有这样的观念。因此，《老子》和《易传》可视作对《周易》古经“阴阳”观念的两个正相反对的发展。从对“阴阳”观念使用的概率和抽象化的程度来看，《老子》应该在前，《易传》当是出于对《老子》的纠正和反对。无论如何，后世的阴阳观念正是沿着《周易》古经及其后的《老子》所开创的道路向前发展。如果离开了这样的背景，很难想象自然化的阴阳说在战国之世的迅速政治化并进而含摄了宇宙人生的方方面面。

---

① 《老子》直接论述“阴阳”的仅第四十二章一见，《系辞传》已经将“阴阳”作为解《易》的基本符号，而言“一阴一阳之谓道”。

第二节 大一统进程与阴阳学说的政治化

《资治通鉴》以“三家分晋”开篇，极具深意[①]。实际上，在周天子正式册封韩、魏、赵为诸侯之前几十年，三家之宗主国晋国早就上演了与“平王东迁”如出一辙的精彩故事[②]。“平王东迁”宣告了周王室的政治权威已经丧失，而“三家分晋”所宣告的，却远远不止于晋国公室之丧失权威。我们之前说过，霸主以暂时的政治权威来替代曾属于周王室的权威。当称霸最久的晋国公室之权被自己的卿大夫攫夺时，霸主政治已难以为继。当三家不仅在实力上早已远超晋室，在名义上也成为与晋室地位相同的诸侯时，则宣告了周式封建的彻底崩溃[③]。在此之前，为了控制新领地，郡县制已在晋楚等多国出现，逐渐成为普遍被采用的政制模式。郡县制的最大优势是断绝了贵族对政治权力和土地的世袭，而由国君直接派遣官吏加以控制，这就实现了权力的集中，封建制下双层权力享有的弊端因此被克服。权力集中后的各国军事动员能力普遍增强，战争规模远远超过春秋时代，在极端混乱无序的环境中求生存成为各国首要之事。同时，农业规模逐渐扩大、牛耕技术广泛使用、冶铁技术的发展及铁器的广泛使用，让耕战的进一步扩张获得了技术层面的保障。这一切，都已经在呼唤着大一统的出现[④]。此时，与天人相分伴随的学术下移还在深入进行，掌握统治知识技

① 在《史记》中，“三家分晋”只是以极稀松平常之笔调记于《赵世家》，而司马光以此事作为《通鉴》新史的开端，固有接续《春秋》之意，但更看重的乃是此事所标志的周之君臣名分已彻底崩溃的意义。王夫之《读通鉴论》开篇即论“秦始皇废分封立郡县”，可谓抓住了司马光对君臣名分的关切中所隐含的政制深意。司马光虽以悲凉的笔调来叙述与评论此事，但同时也是对此事所透显出的历史大势之肯认。历来皆以“三家分晋”作为“春秋”转向“战国”的标志性事件，我们更应当清醒此事乃是周式封建政制彻底转向后世大一统政制的临界，标志着其后整个中国历史的真正开端。

② 即所谓的政下六卿与其后的政归四家。

③ 如此悖乱礼制之事由周天子做出，本身就是对周式封建的一大嘲讽。

④ 此时中央政治权力较为集中的大国实际上已可视作小型的大一统国家，只不过需要进一步整合而已。

能的孔墨门人不断分化[①]，游士为求显达努力调整自己的学说以切合时代的需要。游士的治思表现出两大倾向，并与两个大国紧密相关。第一大倾向是重天命，力图在新的历史条件下重建天人学说，为将来的大一统国家的创建提供理论支持，这一派以齐国稷下为中心，自然与齐国密切相关，可视作广义上的齐学。另一大倾向是切人事，寻求一种在列国争雄中能够立于不败之地的治国之术，此一派发端于三晋，成功于秦，是广义上的法家学派。这两大学派并非绝然对立，他们在"务于治"这一点上完全相通。还有一派游离于稷下与三晋之间的孔门后学，也在以自己独特的方式力图重建天人合一，这就是后来所认为的"思孟学派"。这一派为重建周初"以德配天"的天人合一模式，转而以道德释天，从而实现了"天人"在"人"的内在心性上的合一。此派虽然对当时政治基本未产生影响，所谓"迂远而阔于事情"[②]，但其引人注目的成就是将自然性的五行学说做了道德化的解说，使五行具备了道德性的内涵，从而为五行政治化做出了理论准备。邹衍正是在齐学与思孟五行的基础上，提出了他的"五德终始"新说。

一、齐国的理想与稷下学者的努力

在齐国国力最为鼎盛的宣威时代，君主圣明，游士齐聚，大有一统宇内之势。然不治而议论的稷下先生并未如齐王所期待的那样，使齐国更加富强，而是不乏滥竽充数之辈。但既然有官方的支持，稷下学者在为田齐的统治合法性证明及田齐能够承继天命建立一统上做出了诸多努力，最具代表性的是新近发现的《黄帝四经》以及在其基础上规模更为宏大的《管子》的创作。

孟子见齐宣王，曾言"以齐王，由反手也！"[③]，虽未打动宣王以行王道，至少反映出其时齐国国势之强盛。作为东方大国，齐国立国之初，就以其

① 所谓"儒分为八，墨离为三"，见《韩非子·显学》。

② 《史记·孟子荀卿列传》。

③ 《孟子·公孙丑上》。

独特的自然条件优异于他国[①]。所谓“四塞之国”，突出的是齐国的地缘战略优势，而“鱼盐之国”，展现的是齐国丰饶的自然资源，更透露出环海而居的齐人所能具有的开阔襟怀。不过，齐国的所有优势在周式封建稳定的时期是难以体现的，因为有强大的核心政治权威，列国之间无须竞争以求生存。周以肥美开阔之鲁地封至亲伯禽，而以东夷荒蛮之齐地封异姓伯牙，本欲以鲁为东方盟主，衡制诸国尤其是齐国。然而事实上，周王室有权威之时，东方无需盟主，一旦天子权威失坠，鲁齐本来的优劣之势迅速逆转。齐国以其独有的战略优势，不仅成为事实上的东方盟主，而且首开霸主政治，为天下共尊。春秋时期，虽然晋国称霸时间最长，但齐国无论君主贤否，始终为富庶强盛之东方大国（相较他国而言），更可见齐立国之优越。

周式封建必然导致的权力下移，齐不能幸免。卿大夫擅权日久，三家分晋后，田氏终于代齐。然而春秋两大霸主齐、晋之命运最大的不同是：晋乃被“分”，齐乃被“代”。因此进入战国之后，齐仍为东方大国，三晋之地则苦战不休。在秦国崛起前后的大部分时间，齐国始终是最为富庶强盛的国家[②]。

自战国以下，封建制彻底崩坏无余，霸主政治已不复需要，因此对于在列国竞争格局中艰难求生存的时君们而言，富国强兵以立于不败之地是第一需要。以此为前提，“挞秦楚而抚四夷”[③]则成为大国之君的普遍愿望。田氏代齐之后，通过内政外交多方面的经营，立国渐稳，逐渐摆脱了弑君代立的负面影响。到桓公午（田齐之“桓公”）时，国势强盛，其借春秋

① 参白奚：《稷下学研究：中国古代的思想自由与百家争鸣》，北京：生活·读书·新知三联书店，1998 年，第 21、24 页。

② 南方的楚国虽也自然条件优越、地广兵强，但其政治设施与农业生产还较为原始，正符合其立国之君“我本蛮夷”的自我定位。亦见太史公在《史记·货殖列传》中的描述：“楚越之地，地广人希，饭稻羹鱼，或火耕而水耨，果隋蠃蛤，不待贾而足，地埶饶食，无饥馑之患。”

③ 见《孟子·梁惠王上》，原文为：“然则王之所大欲可知已。欲辟土地，朝秦楚，莅中国而抚四夷也。”孟子此言虽是对齐宣王而发，实际上说出了当时各国之君的普遍愿望。

霸主“齐桓公”的威名想要做的，已不是再度称霸这么简单，而是以事实上的一统结束苦战不休的战国乱局。回到当时的历史情境，齐国最有希望完成一统，使天下“定于一”[①]。

为完成一统大业，齐桓公午（田齐）建立了著名的“稷下学宫”，广招天下贤士，“不治而议论”[②]，从而形成了所谓的“稷下学派”。“稷下学宫”是在周室王官学失守之后，在政府层面上重建王官学的初步尝试[③]。稷下先生来源广泛，思想倾向各异，但他们有一个共同的使命，就是以自己的才学为齐国实现一统提供理论辅助并制造舆论[④]，这是齐国官方供养他们的根本理由。在此基础上，才可能有所谓的“学术争鸣”。稷下先生们努力的第一个重点，是为田氏代齐的合理性提供证明，其代表性成果为《黄帝四经》的创作；第二个重点则是为田齐获得天命一统天下提供论证，其代表性成果是在《黄帝四经》基础上规模更为宏大的《管子》的创作。这两大成果实际上只是一件事，不过是在不同阶段的不同侧重而已，因此《黄帝四经》已经大体上涵括了《管子》将要论述的主题。这两步合而为一，即可看作在王官学（齐国）初步建立的基础上，稷下学者对天人合一的重建。

《汉书·艺文志》记载的以“黄帝”名篇的书籍皆佚[⑤]。《黄帝四经》

① 见《孟子·梁惠王上》，原文为：“孟子见梁襄王。出，语人曰：‘望之不似人君，就之而不见所畏焉。卒然问曰：天下恶乎定？吾对曰：定于一。’”孟子虽然认为能够统一天下的乃是“不嗜杀人者”，但其对天下将“定于一”的历史大势可谓看得相当透彻。

② 《史记·田敬仲完世家》。

③ 钱穆先生认为秦汉博士制度起源于稷下学宫。如果秦汉博士制度可看作秦汉王官学的话，那么，作为其源的稷下学宫也当看作齐国重建王官学的努力。参钱穆：《两汉经学今古文平议》，第153—154页。

④ 白奚：《稷下学研究：中国古代的思想自由与百家争鸣》，第60页。

⑤ 其中《黄帝内经》的创作年代极具争议性，但目前可以确定的是，今本《黄帝内经》与《汉书·艺文志》所载《黄帝内经》完全是两个概念，今本《黄帝内经》的创作上限不会早于《汉书》的创作，可参看赵洪钧先生和廖育群先生的相关论述。赵洪钧：《〈内经〉时代》，北京：学苑出版社，2012年；廖育群：《重构秦汉医学图像》，上海：上海交通大学出版社，2012年。

的久佚使在汉时影响甚巨的黄老学派在后世成为一大谜团，直到1973年马王堆汉墓出土帛书《黄帝四经》[①]，才揭去了一些黄老学的神秘面纱，使得我们能够对黄老学的起源多一些了解[②]。《黄帝四经》最有可能是战国中期由齐国的稷下先生所作[③]，其创作意图如前所述，是要为田氏代齐及田齐一统制造理论根据，其达成目标的方式为对黄帝地位的拔高及阴阳学说的政治化。

后世托黄帝议论著述者极多[④]，然首开此风者当为《黄帝四经》。黄帝作为传说中的人物[⑤]，在古史系统的圣王构造过程中属于典型的后来者居上。到太史公时期，黄帝系谱的构造已基本完成，黄帝的地位已远在其他古圣先王之上[⑥]。然而，在战国中期以前的圣王系谱中，黄帝没有什么

---

① 唐兰先生最早将马王堆帛书四篇定名为《黄帝四经》，后被大部分学者接受和认同。丁原明先生将之定名为《黄老帛书》，见丁原明：《黄老学论纲》，济南：山东大学出版社，1997年，第8页。

② 余明光先生说："起于战国而盛行于西汉初期的黄学，曾是百家学术之林中的《黄帝》家。由于它的代表作不传于世，致使黄学被淹没了2000余年都不为人所重视。与此相联系的是西汉初期流行的'黄老'思想，在中国思想史上也一直是个谜。1973年长沙马王堆3号汉墓出土的《老子》乙本卷前的古佚书，经近人唐兰先生考证为《黄帝四经》。这就为我们研究和恢复这个学派在历史上的地位，重新认识'黄老'思想，提供了可靠的史料依据。"见余明光：《黄帝四经与黄老思想》，哈尔滨：黑龙江人民出版社，1989年，前言第1页。

③ 白奚：《稷下学研究：中国古代的思想自由与百家争鸣》，第97页。

④ 可参《汉书·艺文志》所列相关书目。

⑤ 借用余明光先生的说法："黄帝则是个由神而人的传奇式的人物。所以历史上关于黄帝的传说，历来就是众说纷纭的。中国古代的史籍，记载也各不相同。对于这些传说，如果仔细加以分析，则不难看出，多数的传说，大都出自秦汉间人们的口耳相濡，所以互相矛盾和抵牾的地方很多。"见余明光：《黄帝四经与黄老思想》，第4页。叶林生先生亦言："（黄帝）这位'先祖'的真容一直隐匿在神秘的云雾中，是有还是无？是神还是人？是人还是物？是土生还是外来？这些问题至今也不能了然。"见叶林生：《黄帝考》，《江海学刊》，1994年第2期。

⑥ 《史记》以黄帝作为帝系的开端，可见此意。同时需要指明的是，此时关于黄帝的构造依然存在诸多难解之处，用太史公的话说就是"百家言黄帝，其文不雅驯"。见《史记·五帝本纪》。

地位[①]。孔子尊奉的远古圣王为尧舜（依然是传说中人物，且为后世儒家基本遵循），墨子尊奉的圣王则是大禹（与其“非儒”的态度有关），老子对其宗奉的圣王未明确表态。《黄帝四经》第一篇《经法》在详论圣人治道以后，于第二篇《十六经》依托黄帝之言与黄帝故事，对第一篇所倡言的治道进行了全面的验证与解说，由此实现了“理论”与“行事”的完美结合。若《黄帝四经》的创作仅仅是为倡言治道或阐发哲理，则其作者完全可以像孔、墨、老那样，或不托言古圣先王，或以较能为大家所共认的圣王为依托，而不是拿一个亦神亦人[②]的黄帝来为自己代言。虽说越是古老的圣王越能增加自己学说的可信度，但前提是这个圣王得在当时被普遍承认的圣王系谱之内，其时的黄帝恰恰不具备这个前提。那么，稷下学者构造新圣王的理论动机究竟为何？要回答这个问题，得先简要回顾一下“黄帝”在之前的演变历程。

据多方面研究，“黄帝”的原始本相乃是“生殖之神”[③]，经过极为漫长的演变之后，大约到西周至春秋早期时，则成了周人的“天神”，为协助天帝主管人间事物的大神[④]，而到了春秋中期，黄帝成为某些古国与异

① 战国中期之前的文献中，仅《左传》和《国语》对其有零星记载，几大派代表作《论语》《墨子》《老子》中均不见黄帝的身影。依庞朴先生的说法：“‘古史辨’派已证明：禹是西周中期起来的，尧舜是春秋后期起来的，黄帝之起更后。禹和洪水传说有关，所以得到商周的共同尊敬；尧舜之起显然是为的驾乎禹上，所以有禹父为尧臣并被杀之说（鲧究竟被尧杀还是被舜杀，《左传》已说不清楚）。黄帝之起，又为着驾乎尧舜而上之，实际上是要恢复禹的权威。”见庞朴：《黄帝考源》，《传统文化与现代化》，1993 年第 2 期。

② 庞朴先生在对关于黄帝的种种传说与记载进行了详细的考辨后，感慨道：“在《吕氏春秋》这样的史话和《史记》这样的信史出现以前，我们的主人公黄帝，已然饱经沧桑，阅历了两个漫长的时代，神话时代和传说时代，留下了许多难以磨灭的或神或人、亦人亦神的足迹了。”见庞朴：《黄帝考源》。

③ 详见叶林生先生说及其所引王国维先生、郭沫若先生之说，见叶林生：《黄帝考》。庞朴先生则认为黄帝就是大禹，是条大虫，见庞朴：《黄帝考源》。

④ 叶林生：《黄帝考》。

姓诸侯的“祖先神”[①]，以陈[②]、杞[③]为代表[④]。所谓“祖先神”，实际上并不是指某族在血缘上的祖先，而是“王者”通过确认其初祖是感应某神而生，该神即为其“祖先神”[⑤]。春秋末期以前，黄帝乃陈、杞等国之祖先神是被普遍认可的[⑥]。对这些异姓国而言，远绍黄帝为祖先神可证明自己血统的高贵，从而可提高自身的政治合法性，因此黄帝在这些国家中享有极高的地位。陈国于公元前478年亡于楚，杞国于公元前445年亦亡于楚。但陈、杞不同的是，陈国公族的一支在另外一个国家不仅站稳了脚跟，而且通过多年持续的努力，终于弑君代立，成为这个国家新的主人，这就是我们所

① 叶林生先生说：“西周时黄帝由生殖神泛化为天神，但作为一种原始文化，生殖崇拜、生殖神不可能因统治者的独尊一神而完全消失，在某些被统治部族、异姓诸侯国中，黄帝的原始形象仍然保存着。春秋时，西周尊崇的至上神‘天帝’遭到冷落，各国保存的古文化和风俗习惯等又表露出来。”见叶林生：《黄帝考》。

② 陈国为周初所封虞舜之后，太史公曰：“陈胡公满者，虞帝舜之后也。昔舜为庶人时，尧妻之二女，居于妫汭，其后因为氏姓，姓妫氏。舜已崩，传禹天下，而舜子商均为封国。夏后之时，或失或续。至于周武王克殷纣，乃复求舜后，得妫满，封之于陈，以奉帝舜祀，是为胡公。”见《史记·陈杞世家》。

③ 杞国为周初所封夏禹之后，太史公曰：“杞东楼公者，夏后禹之后苗裔也。殷时或封或绝。周武王克殷纣，求禹之后，得东楼公，封之于杞，以奉夏后氏祀。”见《史记·陈杞世家》。

④ 此说见于《国语》鲁展禽之说：“黄帝能成命百物……故有虞氏禘黄帝而祖颛顼……夏后氏禘黄帝而祖颛顼……商人禘舜而祖契……周人禘喾而郊稷。”见《国语·鲁语》。

⑤ 以上所述皆引述叶林生先生的论述。叶先生进而说：“不难看出，所谓祖先神乃是原始时代生殖神的变态。所不同的有两点：一曰生殖神是社会普遍崇拜之神，不为一氏所专有，而祖先神则是‘王者’一姓之神。二曰原始时代的生殖神是大腹便便的女性，而祖先神则成了男性，所以‘王者’的初祖（女性）才能感其精而生。从本质上看，祖先神仍是生殖神，他繁衍了一个大家族，负有生殖神的使命。所以，陈、杞等国‘禘黄帝’，只是把原始的生殖神向本部族拉近了而已。”见叶林生：《黄帝考》。

⑥ 也有人以“黄帝”为姬周的祖先神，此说出于《国语》晋大夫司空季子之口，其文曰：“同姓为兄弟……黄帝之子二十五人，其同姓者二人而已，唯青阳与夷鼓皆为己姓……凡黄帝之子二十五宗，其得姓者十四人为十二姓：姬、酉、祁、己、滕、箴、任、荀、僖、姞、儇、依是也。唯青阳与苍林氏同于黄帝，故皆为姬姓。同德之难也如是。”见《国语·晋语》。前人学者如崔述、顾颉刚诸先生已经屡指此说荒诞不可信，叶林生先生认为此说当属后起，故黄帝为姬姓祖先神之说在当时应该不被普遍认可。见叶林生著《黄帝考》。

说的“田氏代齐”[①]。田氏代齐之后，迫切地需要为自己的统治合法性寻求证明。这个时候，陈国的祖先神“黄帝”自然成了首选。由于姜齐的祖先神乃是炎帝，传说中黄帝胜炎帝而取天下，这样，田齐取代姜齐也就是合理合法顺理成章之事了[②]。到战国中期时，黄帝已有成为诸部族之祖先神的趋势，这一趋势被《黄帝四经》充分利用，进而将黄帝推尊为曾经一统天下的圣王，由圣王黄帝“最可信”的后人田齐来完成统一自是最理所当然之事。

《黄帝四经》拔高黄帝的努力及其用意，在齐威王时期的青铜器《陈侯因齐敦铭》里得到了完全体现：

> 唯正六月癸未，陈侯因齐曰：皇考孝武桓公，恭哉，大谟克成。其唯因齐扬皇考昭统，高祖黄帝，迩嗣桓文，朝问诸侯，合扬厥德。诸侯寅荐吉金，用作皇考孝武桓公祭器敦，以蒸以尝，保有齐邦，世万子孙，永为典常。[③]

意即齐威王（陈侯因）向其先祖齐桓公午祷告，宣称要远绍其高祖黄帝的威德，近承齐桓（小白）晋文的功业，发奋努力，保养齐国子孙。可见黄

① 此事发生于公元前 386 年，具体细节可参看太史公《史记·陈杞世家》和《史记·田敬仲完世家》中的叙述。

② 白奚先生在论述黄老之学为什么诞生于齐国时，对这个问题论之颇为详密：“黄老之学的兴起，田氏齐国的政治需要是其重要的政治文化背景。公元前 386 年，田和始列为诸侯，正式取代了姜齐政权。此时的田齐政权，最迫切的任务就是为自己正名，证明自己取代姜齐的合理性，以取得列国诸侯的认可。田氏原为陈国公族，乃姬姓的黄帝之后，而姜齐则是炎帝之后，于是田氏大打黄帝牌，附会和利用了黄帝战胜炎帝而有天下的历史传说，大张旗鼓地宣称自己是黄帝之后，来为田氏代齐的合理性造舆论。在这一政治需要的推动下，齐国上下掀起了尊黄帝的热潮，大大促进了社会上黄帝之言的传播和流行。正是由于这一原因，齐国尊崇黄帝的文化氛围最为浓厚，黄老之学便首先在齐国出现并发展起来。”见白奚：《先秦黄老之学源流述要》，《中州学刊》，2003 年第 1 期。亦可参看郭沫若先生在《稷下黄老学派的批判》中的论述，见郭沫若：《十批判书》，北京：东方出版社，1996 年，第 156—157 页。

③ 铭文见《考古学报》，1975 年第 1 期。

帝在这时已经成为田齐证明统治合法性并进而继承黄帝之伟业统一天下的最佳护符。此《铭》正是我们的论点最坚实的依据。黄帝的地位在后世越来越高，最后竟成了华夏始祖，不能不说以《黄帝四经》居首功。

二、《黄帝四经》与阴阳学说的政治化

《黄帝四经》在抬高黄帝的同时，也在试图全面重建天人的合一。田齐既然以黄帝继承人自居，除了在理论上证明自己的统治正当性之外，更重要的是在事实上完成一统。因此，《黄帝四经》的作者就以自己的独特方式，创制出一套完整的圣人治理模式，并将之全部归于黄帝的发明，视作圣王黄帝与天相通的治道，希望田齐君主仿效高祖黄帝而成圣王建一统[①]。《黄帝四经》借黄帝之口说："唯余一人□乃肥（配）天"[②]，即是说只有圣王方能与天相配从而实现天人合一。这种天人合一模式从形式上看与周人的差别不大，但《黄帝四经》中的"天"却与周人的至上神之"天"已有本质上的区别。《黄帝四经》言：

> 黄帝曰群群□□□□□□为一囷，无晦无明，未有阴阳。阴阳未定，吾未有以名。今始判为两，分为阴阳，离为时四[时]□□□□□□□□□□[德虐之行]，因以为常，其明者以为清而微道是性，行法循口口牝牡，牝牡相求，会刚与柔。柔刚相成，牝牡若刑（形），下会于地，上会于天。[③]

这一段虽然错讹颇多，但仍可看出是在讲论天地造化之理。"囷"当是指世界在天地未分之前的"混沌"状态[④]。"囷"只有分为阴阳、离为四时之后，通过阴阳、牝牡、刚柔等代表世界两大力量之间的互动，从而

① 参白奚：《先秦黄老之学源流述要》。

② 《黄帝四经·十六经·立命》，见余明光：《黄帝四经与黄老思想》，第278页。

③ 《黄帝四经·十六经·观》，见余明光：《黄帝四经与黄老思想》，第282页。

④ 参余明光：《黄帝四经与黄老思想》，第283页。

会通于天地，实现万物的造化[①]。因此，《黄帝四经》已经是在整个物质世界的意义上言“天”[②]。这里的“阴阳”概念，明显是承接《周易》古经与《老子》的“阴阳”观念而来。在表达构成世界的两种相对待的力量时，《黄帝四经》和《老子》甚至使用相同的术语[③]。但不同于《老子》的是，“阴阳”在《黄帝四经》中的地位已经远超于“牝牡”“雌雄”“柔刚”“晦明”等等之上，而成为这两大力量的统称[④]。我们看到，“阴阳相分”构成了天地造化的核心环节，甚至可以说，阴阳就是天地之道的核心。所以，圣王若要与天合一，首先就应该知晓阴阳之理。阴阳之理表现于天地万物，就是三时（春、夏、秋）生成而一时（冬）肃杀[⑤]，因此阳主生而阴主杀；表现于圣人之治道，就是阳主德（生为德）而阴主刑（杀为刑），因此圣人应该刑德兼用。通过阴阳与四时进而与刑德的搭配，《四经》实现了阴阳学说的政治化[⑥]。尽管这个构造仅是初步的，但它已经为阴阳学说在后来的《管子》和《吕氏春秋》中的进一步政治化直至《春秋繁露》中的全面政治化立定了基本的思路。

---

① 其文曰：“阴阳备物，化变乃生。”见余明光：《黄帝四经与黄老思想》，第 292 页。

② 参白奚：《稷下学研究：中国古代的思想自由与百家争鸣》，第 118 页。

③ 陈鼓应先生亦认为“这一段是老子‘万物生成论’的引申”，见陈鼓应：《易传与道家思想》，北京：商务印书馆，2007 年，第 181 页。胡家聪先生亦认为“这段恰恰是‘道生一，一生二，二生三’的展开描述”，见胡家聪：《〈易传·系辞〉思想与道家黄老之学相通》，此文附录于陈鼓应先生的《易传与道家思想》，第 268 页。另外需要说明，陈鼓应先生对《黄帝四经》的注释和研究颇具代表性，本书的引文也重点参考了陈先生的《黄帝四经今注今译》（北京：商务印书馆，2007 年），为避免行文混乱，故只列出了余明光先生的《黄帝四经与黄老思想》。

④ 陈鼓应先生说：“《黄帝四经》对阴阳的认识可能是战国时期最早而又最具系统的阴阳观。”见陈鼓应：《易传与道家思想》，第 65 页。

⑤ 《四经》中一般是以春夏二时为阳、秋冬二时为阴，这应当是阴阳与四时相结合时最初也最基本的配法，不过这种配法无法体现出阴阳之间的地位差别，与刑德相配时也就自然难以体现《四经》作者对“生成”的重视，因此在《四经》中居主导地位的配法是以冬配阴、余三时配阳，以体现天道重生而不重杀，人道重德不重刑。这样的思路表达在《易传》之中就是“生生之谓《易》”，并被后来的董仲舒完全继承。

⑥ 白奚：《稷下学研究：中国古代的思想自由与百家争鸣》，第 109 页。

《黄帝四经》通过阴阳学说的政治化而实现天人合一的努力并未止步于此。在“刑德兼用”说的基础上，《黄帝四经》明确表达了“崇德而抑刑”的主张，如说“刑晦而德明，刑阴而德阳，刑微而德章（彰）”[①]。虽然《黄帝四经》所说的“德”无法直接等同于“仁德”或“赏罚”，但无疑地为后世言“德教”[②]或言“法术”[③]的学者提供了理论资源。《黄帝四经》更进一步以政治化的阴阳学说为依据，使“阴阳”与万事万物相配属，以作为其理想社会秩序的理论根据。《黄帝四经》言：

> 凡论必以阴阳［明］大义。天阳地阴。春阳秋阴。夏阳冬阴。昼阳夜阴。大国阳，小国阴。重国阳，轻国阴。有事阳而无事阴。信［伸］阴［阳］者（而）屈者阴。主阳臣阴。上阳下阴，男阳（女阴）。（父）阳（子）阴。兄阳弟阴。长阳少（阴）。贵（阳）贱（阴）。达阳穷阴。取［娶］妇生子阳，有丧阴。制人者阳，制于人者阴。客阳主人阴。师阳役阴。言阳黑［默］阴。予阳受阴。诸阳者法天，天贵正，过正曰诡□□□□祭乃反。诸阴者法地，地（之）德安徐正静，柔节先定，善予不争。此地之度而雌之节也。[④]

这里表达出的，已经是明显的尚阳理念。可见《黄帝四经》虽然有继承《老子》之处，但在学说最根本处却与《老子》正相反对。这里的尚阳理念将在《易传》中通过对《周易》古经本有阴阳观念的创造性解说而得到更为精致的体现。《黄帝四经》与《易传》一起，构成了董仲舒尚阳理念的核心来源。

似乎与尚阳说有些矛盾的是，《四经》也有贵柔与尚雌的说法。如“以

---

① 余明光：《黄帝四经与黄老思想》，第 300 页。另外，《黄帝四经》还有“先德后刑，顺于天”的说法，见余明光：《黄帝四经与黄老思想》，第 284 页。

② 孟子、董仲舒为代表。

③ 慎到、韩非为代表。

④ 《黄帝四经·称》，余明光：《黄帝四经与黄老思想》，第 332—333 页。

刚为柔者栝（活），以柔为刚者伐。重柔者吉，重刚者灭”[①]、“卑约主柔”[②]、“凡人好用雌节”[③]等等。这些说法都是在论述为人主之术，明显受《老子》的启发。但这仅仅是在“术”的层面上对《老子》的继承，在其所论的圣王之道中不具有根本性的地位。这里的贵柔尚雌说终将通过慎到成为韩非子学说的重要来源，同时也是后世所言“黄老刑名法术”的理论雏形。

《黄帝四经》所构建的圣王与天道合一的主要关节大概如上所述，那么，如果人主不效法天道、不明阴阳大义的话，会造成什么样的后果？《黄帝四经》给出了自己的回答：“其时赢而事绌，阴节复次，地尤复收。正名修刑，执（蛰）虫不出，雪霜复清，孟穀乃萧（肃），此衬（灾）□生。如此者举事将不成……”[④]，亦即人主若不效法天（违反阴阳刑德之理），天即生灾害，进而导致政事不成。这里已经隐约现出后来“灾异说”的影子。由此可见，在《黄帝四经》的构造中，人（人主）与天并不是单向地仿效与被仿效的关系，而是有着双向的互动，在互动中达致天人的合一。能够与人互动的“天”已经不是单纯自然意义上的天了，而有了赏善罚恶（善政恶政）的功能，这个“天”最终将发展到董仲舒天人相副意义上的那个“天”。

三、《管子》对《黄帝四经》的继承和发展

在《黄帝四经》构造的天人合一模式中，对人主仿效天地阴阳之道而所行之法措意甚多，所谓“道生法”也。但《黄帝四经》更多只是在理论层面对这个“法”的论述和强调，而对人主如何具体地将这个“法”落实于现实政治的问题则言之甚少。在这个意义上说，《黄帝四经》并没有为田齐统治者给出有针对性的符合齐国实际情况的治国策略，因此其天人合

① 《黄帝四经·十六经·名理》，余明光：《黄帝四经与黄老思想》，第275页。
② 《黄帝四经·十六经·顺道》，余明光：《黄帝四经与黄老思想》，第313页。
③ 《黄帝四经·十六经·雌雄节》，余明光：《黄帝四经与黄老思想》，第303页。
④ 《黄帝四经·十六经·观》，余明光：《黄帝四经与黄老思想》，第286—287页。

一的构造更多停留在抽象的理论层面，对其进一步的完善与现实化就成为《管子》的努力方向。

尽管《管子》的成书情况极为复杂[①]，但我们还是能从中清晰看出大一统进程的加速和田齐国力的进一步强盛对稷下学者的学术需求。齐国到威宣之际，国势达至全盛，“最强于诸侯”[②]，实现大一统的愿望愈加强烈[③]。游士的进一步齐聚所带来的学术交流[④]，使得稷下学者在《黄帝四经》基础上进一步构造天人合一成为可能。《管子》依托被《黄帝四经》所极力拔高的“黄帝”，并进而依托曾使齐国称霸的贤相管仲，将《黄帝四经》所言的治道进一步具体化和现实化[⑤]。《管子》也在试图将阴阳学说与五行学说置于同一套天人合一系统之中，这对后世的影响极大。

（一）《管子》天人合一的基本架构

与《黄帝四经》一样，《管子》所构造的天人合一仍然是人主与天的合一。如前所述，《四经》将阴阳之理作为天地生化万物的核心环节，并以人主对阴阳之理的遵循而实现与天道的合一。《管子·宙合篇》将此进一步阐发为：

> 天不一时，地不一利，人不一事，可正而视，定而履，深而迹。夫天地一阴一阳[⑥]，若鼓之有桴，擿挡则击。天地万物之橐，宙合有

---

① 参白奚：《稷下学研究：中国古代的思想自由与百家争鸣》，第217页。

② 《史记·田敬仲完世家》。

③ 帝制运动正是在此背景下轰轰烈烈开展的。

④ 《史记·田敬仲完世家》记载：“宣王喜文学、游说之士，自如邹衍、淳于髡、田骈、接子、慎到、环渊之徒七十六人，皆赐列第为上大夫，不治而议论。是以齐稷下学士复盛，且数百千人。”

⑤ 依据现有的史料来看，《管子》中所论及的政治、军事、经济诸方面的治国方案并未在齐国施行，必定是有着多方面的原因，我们不去过多探讨。在讨论秦国的变法时，如果能够对《管子》中的方案与秦国具体实施的方案加以对比，应该可以从中得出一些启示。

⑥ 原文为“夫天地一险一易”，郭沫若先生认为当是“夫天地一阴一阳”之讹，郭先生的论证极为翔实可信，故从郭先生之说。参见郭沫若：《管子集校》，《郭沫若全集》历史编6，第274—275页。

橐天地。[①]

亦即人主行事应当履迹天时地利之理。天地之理本质上即是阴阳之理，“万物生存于天地之间，而宙合又包括古今言之，故以天地又递相变化于古往今来中也”[②]。我们看到，这里构造出了一个包罗万物往古来今的一个宇宙图景。在此图景中，以天地阴阳之理为至大。人主遵循此理方可达至天人的合一，后文即言“圣人参于天地”[③]。依前人之说，《宙合》篇为《管子》一书的关键[④]，而上所引文字又乃《宙合》篇核心论点。因此，《宙合》篇所构造出的天、地、人相参的天人合一模式可视作理解整部《管子》的枢纽。

《宙合》在篇首简要构画出这个模式之后，在其后有着极为详尽的解释，而对“天地万物之橐，宙合有橐天地”一句的解释尤为精密：

> 天地，万物之橐也，宙合有橐天地。天地苴万物，故曰：万物之橐。宙合之意，上通于天之上，下泉于地之下，外出于四海之外，合络天地以为一裹，散之至于无间，不可名而山，是大之无外，小之无内，故曰：有橐天地。其义不传，一典品之，不极一薄，然而典品无治也。多内则富，时出则当，而圣人之道，贵富以当。奚谓当？本乎无妄之治，运乎无方之事，应变不失之谓当。变无不至，无有应，当本错，不敢忿，故言而名之曰宙合。[⑤]

依此篇作者之意，则“宙合”就是囊括天地万物以为一体，其大无外，其小无内，与天地万物相表里相始终。“宙合”涵盖了天地间一切变化云为，而与天、地相参的圣人虽不可能穷尽“宙合”之理，但也要努力去认识“宙

① 黎翔凤：《管子校注》，北京：中华书局，2004年，第206页。
② 参石一参说。见黎翔凤：《管子校注》，第210页。
③ 黎翔凤：《管子校注》，第227页。
④ 黎翔凤：《管子校注》，第211页。
⑤ 黎翔凤：《管子校注》，第235—236页。

合”，使自己的行为得当。《宙合》篇尽管构筑了规模宏大的天地造化模式，但仍然落脚于圣人与天合一的治理之道上。因此，《管子》书中对政治、军事、经济等诸方面的详尽论述皆是这个天人合一之道具体而微的展示，而作为天地之道核心的“阴阳之理”则贯穿起了天人合一的始终。

（二）《管子》阴阳学说

《管子》中涉及阴阳五行的篇章大部分都只见阴阳不见五行，足见阴阳学说仍然是其作者关注的核心所在。《管子》对阴阳的讨论基本是在《黄帝四经》基础上的进一步细化和拔高，但因为有了更为精致的天地造化模式作为基础，《管子》中阴阳学说不仅其理论构造更为完美，且政治化更为彻底，完全范围了政治社会的方方面面。

前引《宙合》篇中言“夫天地一阴一阳”，虽然不能作“一阴一阳之谓道”[①]的解释，但终究是将“阴阳”上拔到“天地之道”的高度。《枢言》篇曰：“凡万物阴阳两生而三视”[②]，亦即阴阳相合而三以生万物，其实就是对《老子》“道生一，一生二，二生三，三生万物”[③]的创造性表达。我们知道，“阴阳”在《老子》里仅出现过一次，乃作为一对相对待的力量，且只是宇宙间诸多这种“对子”中的一种，并没有占据根本性的地位。到了《黄帝四经》中，“阴阳”已经可以作为其他“对子”的通称。但只有在《管子》这里，老子所说的生化万物的“二生三”才最终被明确为“阴阳两生而三视”。揭明此义之后，《枢言》紧接着说“先王因其三而慎所入所出”[④]，亦即先古圣王依阴阳化生万物之理而慎其行事。可见《枢言》对天地造化之理的探讨最终依然要落脚于人与天地的合一问题。那么，这个阴阳化生万物之理又是如何体现的？也就是说，人通过什么来认识此理？

《宙合》篇云：“春采生，秋采蓏，夏处阴，冬处阳，此言圣人之动静、

① 最早提出这一见解的是《系辞传》。

② 黎翔凤：《管子校注》，第 246 页。

③ 《老子》第四十二章。

④ 黎翔凤：《管子校注》，第 246 页。另外需要说明：注家认为“所入”当是衍文，我们暂且不去讨论，因为无论是否衍文都不会影响我们的理解。

开阖、诎信、涅儒、取予之必因于时也。时则动，不时则静。”[①] 先儒以“藏”为“藏”之误，依此则春为生、秋为藏。在此之前人们对四时特性较为普遍的认识为“春生夏长秋收冬藏”[②]，我们可看出《宙合》的说法与此相似但又明显不同。其不同乃是因为传统的说法强调的是万物在四时的生长状态，而《宙合》强调的是圣人在四时的行事。万物在四时的生长乃是天道，圣人的行事则是人道，人道与天道应当相符应，因此才说“圣人必因于时”。我们将此与之前探讨过的“先王因其三”放在一起，就可以回答上面提出的问题。“三”强调的是万物之“生化”，而万物之生化又是动态的变化过程，具体展现在四时中就具有不同形态。因此，圣人认识万物的生化实质上就是洞察万物在四时的生化，圣人之行事所应符合之道，即是四时之理。

那么，这个四时之理是什么？进而言之，圣人依据四时之理的具体行事又是什么？《四时》篇完整地回答了这些问题：

> 管子曰：令有时。无时则必视顺天之所以来。五漫漫，六惛惛，孰知之哉！唯圣人知四时。不知四时，乃失国之基。不知五谷之故，国家乃路。故天曰信明，地曰信圣，四时曰正。其王信明圣，其臣乃正。何以知其王之信明信圣也？曰：慎使能，而善听信之。使能之谓明，听信之谓圣。信明圣者，皆受天赏，使不能为惛。惛而忘也者，皆受天祸。是故上见成事而贵功，则民事接，劳而不谋。上见功而贱，则为人下者直，为人上者骄。是故阴阳者，天地之大理也。四时者，阴阳之大经也。刑德者，四时之合也。刑德合于时则生福，诡则生祸。[③]

这里依托管子，首先标举“时”义。王者之令必有其时，若不得其时，则必须从其本来处观察思索，以使其得时。因为时乃天道，所以推究到根源处也就是对天之所从来处即天地造化之初的思索。这样的思索非一般人而

---

① 黎翔凤：《管子校注》，第 218—219 页。

② 如《黄帝四经》里的说法。

③ 黎翔凤：《管子校注》，第 837—838 页。

能为之，故“唯圣人知四时”。作者将“知四时”提升至“国之基”的高度，若不知四时之理的话，国家的治理便失去了根基。由于“天之明有三光，地生万物”[①]，故天之义为“信明”，地之义“信圣”[②]。又因四时为天地所生，故天地之“明”“圣”决定了四时之“正”。具体落实到君臣关系上，只要人主“明”“圣”，其人臣自然就“正”。这里其实是将人主类之于天、地，将人臣类之于四时，依然是在强调天人应当合一。如果人主能努力效法天地的“明”“圣”之义，做到“慎使能而善听信”，就与天合一，受到“天赏”，反之则受“天祸”。我们看到，这里已经现出“祥瑞说”的影子，比《四经》里单讲“灾异”向前推进不少。人主与天之间存在这种赏罚的关系，而人主与臣民之间也本来存在这种关系。人主掌握着对其臣民赏罚的权柄，所以才能成其为人主，但人主却不能对这种权力肆意滥用，因为天掌握着对人主施行赏罚的大权。因此，人主应该合理使用自己的权力，而最恰当的方式自然是对天的效法。这样，就建立起了完整的天人合一构造。天地最根本之道乃是“阴阳”，而阴阳之理又展现为四时的更替。换句话说，阴阳之气的消长决定了四时的更替，而人主对天地阴阳的效法就成为依四时立政而施刑德的问题。这是对《黄帝四经》阴阳刑德说的重要推进，“刑”被明确为“罚”，“德”被明确为“赏”。《四时》篇紧接着对春、夏、秋、冬每一时的天道特征如天象、所生之物等做了详尽的解说，并以“德”来表示四时所涵具的人格性以及人主依此所当行之政。如此，“德”就将“刑德”的内容完全涵括，重“德”之意显然可见。人主在每一时都应当行与其时相符之政，若错行他时之政，则天以灾异见其殃咎，以警示人主及时改过。《四时》篇对每一时行其他时之政所见的灾异有极完整的论述，并且最后的总结语皆为“五政苟时”则可以风调雨顺得天之赏[③]。这样就使灾异说

---

① 黎翔凤：《管子校注》，第 840 页。

② 这里两“信”字皆作形容词，“圣”字作“生”解，因此，“信明”“信圣”可以理解为对天、地之明、生的造化之用的高度赞扬。参黎翔凤：《管子校注》，第 840 页。

③ 如“五政苟时，春雨乃来”“五政苟时，五谷皆入”等等，见黎翔凤：《管子校注》，第 843、852 页。

也涵具了祥瑞说的因素，为后世言灾异祥瑞者提供了完整的理论范式。

《四时》在篇末将自己的阴阳四时刑德学说完整地总结为：

> 道生天地，德出贤人。道生德，德生正，正生事。是以圣王治天下，穷则反，终则始。德始于春，长于夏。刑始于秋，流于冬。刑德不失，四时如一。刑德离乡，时乃逆行。作事不成，必有大殃。月有三政，王事必理。以为久长，不中者死，失理者亡。国有四时，固执王事。四守有所，三政执辅。①

这里完全没有谈及“阴阳”，只以四时论圣人之政。由此可以看出，无论“阴阳”被推尊到多么高的地位，它还是可以被更具现实效仿性的“四时”所替代。无论阴阳学说在《管子》中占据多么重要的篇幅，它始终只是用来构造天人合一的手段。在《管子》的天人合一构造中，同样作为手段的还有“五行”。

（三）《管子》五行学说

我们前面说过，阴阳学说和五行学说最初虽然都是对世界的解说方式，但却分属不同的解说系统。阴阳学说强调的是对世界“二分”，而五行学说强调“五分”。二分的优势在于适合解释世界的创生过程与生化原理。从《周易》古经到《老子》再到《黄帝四经》和《管子》，基本上都是以阴阳二分作为天地生物的基本原则。五分的优势在于对世界的复杂繁多加以归类从而便于理解。无论是自然性的“五星”“五数”“五方”“五风”“五色”“五味”等等还是社会性的“五官”“五政”“五工”等等，甚至兼具自然性与社会性的“五行”，都是基于“五”这个数本身的优势而逐渐成为普遍性的归类模式。但五分法也只是对世界中某一类物事的概括性归类，不像阴阳二分可以涵括所有事物。因此，二分的解说方式一直是处于主导地位。五分法要扩张自身的解说能力，唯一的途径就是将分散的各个物类以“五”为原则进行整合以使它们相配属，《洪范》五行说里将五行

① 黎翔凤：《管子校注》，第857—858页。

与五味相配就属于这样的努力。到了《管子》，凡以五数分类的诸多物事进一步被整合到一个大系统中去，最终形成政治性的五行说的初步形态。

《管子》中涉及五数的物事较多，但在大多数地方只是简单罗列，并没有将它们进行配属。比如《地员》篇、《宙合》篇、《禁藏》篇、《揆度》篇[①]等等。《水地》篇已在尝试将“五味”和“五藏”相配属。《管子》真正涉及五行的讨论并不多，集中于《四时》《轻重己》《幼官》《五行》诸篇，且呈现出逐步发展的态势，其五行说最终定型于《五行》篇。

在《四时》篇中，作为五行条目的“木”“火”“金”“水”被分别置于春、夏、秋、冬四时之中。同时相配属的还有“四种天体”“四气”等等。以春时为例：

> 东方曰星，其时曰春，其气曰风。风生木与骨，其德喜赢而发出节时。其事号令，修除神位，谨祷弊梗……是故春三月，以甲乙之日发五政……五政苟时，春雨乃来。[②]

我们看到，在这里的基本配属中，首先标举的是方位，其次是天体，再次是时，最后是气，而属于五行条目的“木”仅仅是由“春气”所生，与作为人体的“骨”处于同一层级。这里完成的最核心配属乃是方与时，其实也就是空间和时间的搭配，这是其他一切物事能够融入同一个系统中的基本前提。由此，我们便不难理解为何在《地员》诸篇中五数物事并未能实现配属。

不得不说，《四时》篇所构造的配属系统并非没有问题。最核心的困难在于，作者原本想要搭配的，其实是四时和五方。但由于“四”数和“五”数本来就不可能顺当搭配，因此“中”方被安置于夏时中讨论。其文曰：

---

① 《揆度》篇虽然将“正名五”与“五色”“五声”“五味”相配，但并没有标明其严格的对应，若依其罗列顺序以为对应，则其配法与《五行》篇中的配法极为不同，因此很难认定《揆度》篇已使这几样物事相配属。

② 黎翔凤：《管子校注》，第842—843页。

> 中央曰土，土德实辅四时，入出以风雨。节土益力，土生皮肌肤，其德和平用均，中正无私，实辅四时。[①]

这里所说的“土”我们不能即认为是五行之“土”，因为从“中央曰土”的行文逻辑来看，“土”当是与“日、月、星、辰”属于同一个层级的东西[②]。如果我们以“日月星辰”属“天”，那这个“土”很可能亦为某个天体，或即指“地”而言。因此，“土德辅四时”实际上是将“中央”融入其他四方之中，只是在表面上解决了四时与五方的配属。另外需要说明，虽然《四时》通篇都未有“五行”，很难说与四时相配的“木、火、金、水”以及与中央相配的“土”就是五行条目，而且除了“土”在这个配属中尚有重要地位之外，其他四种东西不过是由四时之气所附生之物。但无论如何，《四时》篇中的“木、火、土、金、水”等皆是由四时生出，仍然可视为后来阴阳学说与五行学说彻底融通之学理根基所在[③]。虽然不能认定《四时》已经彻底完成了五行与五方的配属，但其所作的努力为后来五行与五方的配属提供了基础性的借鉴，后来的“尚土说”当亦由此处吸取了养料。值得一提的是，这个图式已经容纳进了十天干（实际上只提到了八天干），为《五行》篇的理论先导。另外，关于四时的讨论最后都落脚于“五政”，可见这样的配属本质上还是要指向现实的政治，即天人的合一。

四时与五方难以相配的问题，依然存在于《轻重己》《幼官》《五行》诸篇之中，但每一篇解决此难题的方式截然不同。其中，《轻重己》篇将四时改作八时，每一时的长度为四十六日，以“二立二始四至”[④]作为八

① 黎翔凤：《管子校注》，第847页。

② “东方曰星”，“南方曰日”，“西方曰辰”，“北方曰月”。见黎翔凤：《管子校注》，第842—854页。

③ 笔者就此问题请教过李存山先生，李先生说：《四时》篇将五行作为四时之气所生之物的做法虽然将五行置于比较低级的地位，但仍是阴阳学说和五行学说实现连接的重要前提。李先生的开示对笔者此处的论述多有启发，特向李先生致以谢忱！

④ 即“立春”“春至”“立夏”“夏至”“秋始”“秋至”“冬始”“冬至”。见黎翔凤：《管子校注》，第1529—1540页。

时划分的节点。很显然的是，八数与五数仍然难以合理搭配，因此《轻重己》篇索性不提中方，实际上是以八时与四方相配。虽说以两时配一方正好配完，但其实与《四时》篇的配法并没有本质上的不同。《轻重己》对《四时》篇的重要推进乃试图将“五色”也纳入时方系统，但由于它实际上只有四方，因此五色中的“赤”未能配属，且其以“黄”配夏配南，与后世配法大异。更重要的是，此篇仍然未见“五行”字样，亦未以“水、火、木、金、土”与时方相配。因此，我们也很难说此篇已经有了五行说。但我们必须承认，八分的方法应可能与《易传》以八卦配四时八方有密切的关系。

《幼官》的思路是仍然与《四时》一致，将中央虚置。春对应“八举时节”，有九十六日（十二乘八），配东方；夏对应“七举时节”，有八十四日（十二乘七），配南方；秋对应“九和时节”，有九十六日（十二乘八），配西方；冬对应“六行时节”，有八十四日（十二乘七），配北方。剩下的“五和时节”配中央，但不与时间相配，因此时间和空间在这里都是虚置的。从《幼官》的四时所使用的这几个数来看，正好是五行之成数，所谓的《幼官图》[①]画出来也与后世的《河图》在取数上相似。此篇中未有五行字样（相反有“六行时节”），甚至连作为五行条目的“水、火、木、金、土”也未见到，不过由于已将五方与五味相配，只要能够确认《洪范》的著作年代在此篇之前，而《洪范》五行已与五味相配属，那就可以认定《幼官》篇已经实现了五行与五时、五方的配属。虽然《洪范》著作情况本身的晦暗不明很难让我们做出这样的断言，但我们无法否认此篇与《洪范》之间密切的关联，更无法否认此篇中五色、五味、五方、五数等等的配属与后来流行的五行图式并无二致。但我们必须承认，单就《幼官》篇的论述来看，并没有成功解决时方相配难题，对此难题的进一步探索正是《五行》篇的用意。

① 相传《管子》中本有此图，《幼官》篇实际上是对此图的注解，今本《管子》中也有《幼官图》篇，但基本是对《幼官》的简要抄写，且没有图。郭沫若先生据《幼官》作《玄宫图》，可资参考，见《郭沫若全集》历史编 5，第 252 页。

《管子》中明确述及“五行”的唯有《五行》篇。《五行》篇曰：

> 昔者黄帝得蚩尤而明于天道，得大常而察于地利，得奢龙而辩于东方，得祝融而辩于南方，得大封而辩于西方，得后土而辩于北方。黄帝得六相而天地治，神明至。蚩尤明乎天道，故使为当时。大常察乎地利，故使为廪者。奢龙辩乎东方，故使为土师。祝融辩乎南方，故使为司徒。大封辩于西方，故使为司马。后土辩乎北方，故使为李。是故春者土师也，夏者司徒也，秋者司马也，冬者李也。昔黄帝以其缓急作五声，以政五钟……五声既调，然后作立五行，以正天时，五官以正人位。人与天调，然后天地之美生。[①]

这里言黄帝得到明察于天地辩乎四方的“六相”使得天下大治。六相中，辩乎东、南、西、北四方的四相所执掌之事分属于春、夏、秋、冬四时，这样就以五官（实际上只有四官）为介整合了四时与四方。但是，明乎天道的“当时”与察乎地利的“廪者”二相既不属于四方也不属于四时，应该如何配属进这个系统中去？作者未遑论及，而是转言黄帝以声音之缓急作“五声”，并作“五钟”与五声相合。五声调和之后，黄帝乃作立“五行”与“五官”。这是五行在《管子》中第一次郑重出场，那这个“五行”究竟指的是什么？从“五行以正天时”以及《五行》篇后面的论述来看，这里说的“五行”其实是对于时间的一种划分方式， 是将一年之四时改作五时。所以“五行”即是“五时”，五行条目“木”“火”“土”“金”“水”是标记这五时的名号，说“木行”就相当于说“木时”，并没有多少特殊的内涵。

尤其需要注意的是，《五行》篇前后的论述很不一致。前面整合了四时与四方，到了后面，当具体论述作为五时的五行时，并没有相应地与五方相配。因为《五行》篇作者构建了两套时间系统，前一个强调四时的系统与《管子》其他相关篇目基本一致，但他所构建起的五时的系统则是全

① 黎翔凤：《管子校注》，第 865 页。

新的，虽则五时与五方可以实现顺利配属，但作者并没有走到这一步。以木行为例：

> 日至，睹甲子木行御。天子出令，命左右士师内御，总别列爵，论贤不肖士吏，赋秘赐赏于四境之内。发故粟以田数，出国衡，顺山林，禁民斩木，所以爱草木也。然则冰解而冻释，草木区萌，赎蛰虫，卵菱春辟勿时，苗足本，不疠雏鷇，不夭麑麇，毋傅速，亡伤襁褓，时则不凋。七十二日而毕。①

即是说，从冬至日之后的第一个甲子日开始为木行当时，木行长七十二日，至乙亥日结束，而从丙子日始到丁亥日为火行当时，火行亦长七十二日，"土行"次之，"金行"再次之，"水行"末之。五行各长七十二日，五行之和正好相当一年日数。在一年当中的每一"行"中，天子都有其必做之事，也有不能做之事。如果天子在特定的"行"施行了其他"行"当行之事，则必有灾异警示天子；反之，如果天子所行之事符合其"行"，便风调雨顺、五谷丰登，"人与天调，然后天地之美生"，实现天人的合一。

由此看来，《五行》篇中的"五行"，实际上只是《四时》篇中"四时"的改构，这里的五行学说也不过是阴阳四时刑德学说的进一步表达，其侧重点在于追求时、方的统一以容纳更多物事，目标依然是天人合一，但当作者新创的时间系统与旧有的时间系统面临冲突时，作者反而并没有将时、方的统一这一追求贯彻到底。但无论如何，这种将四时改构为五时的探索为后来人提供了全新的思路。在这里，木火土金水每一行都主七十二日，也对应一个方位，且都有一个天子所令之官来执掌此一时期内的重要政事，天子所令之五官即五行之官。在这里，以五官为中介，木火土金水最早被称作了五行。我们只能以五官所执掌来解释木火土金水这五种自然物事与五行这个概念发生关联的内在逻辑。直到董仲舒那里，五官和五行之间的内在关系仍然被极

① 黎翔凤：《管子校注》，第868—869页。

力强调，不仅明确讲“五行即五官”[①]，且五行相生又相胜的原理都是通过五官之间的相互依赖又相互制衡来阐发。但在《五行》甚至整部《管子》中，却远未能有五行相生或相胜的观念。必须指出的是，五行在这里的确是按所谓的相生序来排列，虽然《五行》通篇没有明确这个次序是否即是相生，但我们不能否认在时间上相次的这五行之间已经内含了五行相生的观念，后来的五行相生之说的确建基于此种观念。我们必须承认，无论是在《四时》还是在《五行》篇中，虽然五行皆处于附属性的地位，但它们已经为阴阳学说与五行学说在后来的合流进行了初步的理论探索。

我们看到，在《管子》中，无论是其阴阳学说还是其五行学说，其实都只是用来构建天人合一的手段。《管子》构造出比《黄帝四经》规模庞大得多的天人合一架构，依然是为了迎合大一统的需要。但坐拥最完善的天人合一之学的齐国，并没能成功统一天下，则充分表明历史的演进和现实政治的复杂程度也许远远超出了学者们的想象。

第三节　大一统进程与五行学说的政治化

稷下学者为齐国的一统创制了无与伦比的天人合一构造，既配合了田齐的称王[②]，又顺应了齐王的称帝。这个拥有得天独厚一统优势的东方大国，却一战而几灭于燕，后虽复地，然已元气大丧。稷下学宫之兴衰始终与齐国国运之隆替相应，国强则学者盛，国破则先生亡。复地之后，学宫亦得以重建，然此时的学宫已如齐之国运般，尽是破落的光景。稷下先生已难有舍我其谁的雄心豪志，反而更易对天下大势有切痛的体认。此时的天下，方务于合纵连横，秦灭六国已显无可阻挡之势[③]，稷下最杰出的先

① 详细论述见本书第四章第三节“五行与官制”。

② 齐国国君中，齐威王率先称王。

③ 无论是合纵还是连横，实质上都是以秦国和其他六国为对立的两方，其现实基础皆是秦国无敌于天下的战争实力和一统野心。

生邹衍正是在这样的情势中进行着他的运思。使邹衍极一时之盛的，是他在稷下学者基础上所构建的全新天人合一模式，而他对五行的创造性改构却更多受之于思孟的启发。

一、思孟五行说

思孟学派是否真实存在过一直是个问题。荀子在批评“十二子”时首次将思、孟并提，其文曰：

> 略法先王而不知其统，犹然而材剧志大，闻见杂博。案往旧造说，谓之五行，甚僻违而无类，幽隐而无说，闭约而无解。案饰其辞而祗敬之曰：此真先君子之言也。子思唱之，孟轲和之。世俗之沟犹瞀儒，嚾嚾然不知其所非也，遂受而传之，以为仲尼、子游为兹厚于后世，是则子思、孟轲之罪也。[①]

荀子并没有说子思唱而孟轲和的五行到底是什么，但依据《非十二子》中荀子对其他各“子”的批评皆能中其要害来看[②]，在荀子眼中，“五行”应该是思、孟学说的要点，即便不是，至少也是思、孟学说与荀子学说核心分歧所在。但让我们难以置信的是，传世文献中，不仅《中庸》[③]和《孟子》中不见五行的踪影，被认为与子思密切相关的《表记》《坊记》《缁衣》等《礼记》篇章中也未见五行字样，因此不能不说思孟五行是一大谜题。太史公未将思、孟合传，且叙述极为简略[④]。可见至少在太史公看来，思孟学派是否存在并不太重要，因为子思、孟子本身并不是思想史上很显

① 《荀子·非十二子》。

② 李学勤先生说：“《非十二子》对各家各派的批评，均能深中要害，并无枝节的指摘，因此五行说必定是思孟学说的一项中心内容。”见李学勤：《帛书〈五行〉与〈尚书·洪范〉》，《学术月刊》，1986 年 11 期。

③ 一般认为，《中庸》为子思所作，但依然有很多学者对此说持怀疑态度，且其持论皆有一定道理，我们暂且遵从传统的说法。

④ 在《孟子荀卿列传》中，对于孟子的叙述也极为简略。

赫的人物，所谓的“思孟五行”究竟为何不值得费心探究。到宋代，随着孟子升格与四书的极受推尊[①]，而四书中有两部书被认为出自思、孟，思、孟的地位便一下高涨起来。说子思作为“道统”[②]中两大高峰孔、孟的中间环节大概不错，但因为缺乏文献的支撑，思孟五行依然是个谜题。直到上世纪帛书《五行》和楚简《五行》的相继出土，才终于解开了思孟五行之谜。

楚简《五行》开篇即曰：

> 五行：仁形于内谓之德之行，不形于内谓之行。义形于内谓之德之行，不形于内谓之行。礼形于内谓之德之行，不形于内谓之行。智形于内谓之德之行，不形于内谓之行。圣形于内谓之德之行，不形于内谓之德之行。德之行五，和谓之德，四行和谓之善。善，人道也；德，天道也。[③]

简文意思极为明了，即以“仁、义、礼、智、圣”为五行。这里提出了“德之行”和“行”的区分，所谓“形于内”，当指“仁、义、礼、智、圣”五行内化为我们通常所说的“德行”，所谓“不形于内”，当指“仁、义、礼、智”四行呈现于外。这里所作的“内”“外”的区分其实是在强调“五行”与“四行”以是否有“圣”为区分的标志，因为“圣”之行无论形于内还是形于外都是“德之行”。如果能实现五行的和谐就是有“德”之人，如果实现了四行的和谐就是“善”人。“德”与“善”的区别仍然在于是否包含了“圣”行在内，而这里将“德”与“善”之别拔高到“天道”与“人道”之分。[④]那么，五行中如此重要的“圣”究竟是一种什么样的德行？

---

① 韩愈首启，朱熹完成。

② 此处借助韩愈“道统”的说法来安置子思的地位，也只是在四书地位高涨的语境中谈论，并非表明我们对“道统”说的赞同。

③ 李零：《郭店楚简校读记》，北京：中国人民大学出版社，2007 年，第 100 页。

④ 丁四新先生说：“德与善，各自所言之本原不同，有天人之分”，“简帛由人道、天道论善、德之分，其思想倾向是指向‘德’的一方，‘德’是人与天同一的根本。”丁四新：《郭店楚墓竹简思想研究》，北京：东方出版社，2000 年，第 134、135 页。

无此只是人道，有此即达天道。楚简《五行》在后面给出了答案：

> 君子之为善也，有与始，有与终也。君子之为德也，有与始，无与终也。金声而玉振之，有德者也。金声，善也；玉音，圣也。善，人道也；德，天道也。唯有德者，然后能金声而玉振之。[①]

这里说为善是有始有终，为德是有始无终。作者以“金声而玉振之”为喻：“金声”发出之后即会停止，而玉受“金声”的鼓动，所发出来的“玉音”则是无穷无尽不绝于耳。因为发声的“金”是确定或可说是有限的，即发即无，而受“金声”鼓动的“玉”却可能是无限的，“玉音”可以无穷还复。作者以“金声”喻善，即是说善行的发出是有限的，而以“玉音”喻圣（没有喻德），则是说圣人能通过对有限之善行的吸收涵化使之回环往复为无限的德行。孟子也有类似的说法：“金声也者，始条理也；玉振之也者，终条理也。始条理者，智之事也；终条理者，圣之事也。”[②]《五行》作者再一次强调“善，人道也”“德，天道也”，其实也是在说，只有圣人可以下通人道而上达天道。用《五行》中的话说，就是“圣人知天道也”[③]。因此，孟子才会说：“仁之于父子也，义之于君臣也，礼之于宾主也，智之于贤者也，圣人之于天道也，命也，有性焉，君子不谓命也。”[④]也因此，我们完全可以说，《五行》篇所论述的“五行”所强调的，实质上是天道与人道的关系。进一步而言，是圣人沟通天道与人道，使“五行和”而成其“德”。《孟子》中诸多对“圣人”的颂扬也应当在圣人沟通天人之道

① 李零：《郭店楚简校读记》，第 101 页。

② 《孟子·万章下》。

③ 李零：《郭店楚简校读记》，第 102 页。

④ 见《孟子·尽心下》。朱熹认为这里的“人”当为衍字，近世的学者为了使《孟子》与“五行”相匹配，多以朱熹此说为准。实际上，依陈来先生的看法，“即使在《五行》篇中也说‘圣人知天道’，则《尽心》中的圣人的人字是否衍字，还在未定”。参见陈来：《竹帛〈五行〉篇为子思、孟子所作论》，《孔子研究》，2007 年第 1 期。

的意义上来理解。孟子所说的“四端”，就是《五行》所谓的“四行”[①]。人人皆有“四端”，皆可能“四行和”，唯圣人能使“五行和”。但《五行》与《孟子》不同的是，《五行》所追求的天人合一仅仅是在道德行为层面而言，没有过多涉及人的内在心性。但到了孟子那里，则强调“尽心知性”以“知天”[②]，圣人在内在心性上即可以实现天人的合一[③]。《五行》强调圣人“知天道”而“集大成”，并未将圣人落实到具体的人，而到了孟子，集大成的圣人就非孔子莫属了[④]。

那么，思孟学派在道德层面实现天人合一的思路，其思想根源及要解决的问题在于何处？周式的天人合一崩溃以后，作为周人至上神的“天”到了孔子那里，既有生化万物的自然义，如说“天何言哉，四时行焉，百物生焉”[⑤]，又有作为道德最终的根据的道德义，如言“天生德于予”[⑥]。因此我们说过，孔子的天人观在后世开出了两大路向。其一是突出天的自然义，强调人对自然之天的效法，从《老子》到《黄帝四经》再到《管子》皆属这一路数。我们看到，自然性的天与社会性的人（人主）不可能直接实现合一，而必须通过某种中介。这个中介一方面得具备解释自然的超强能力，另一方面又必须能与人世政治进行合理的比附。因此，在建立一统的现实需要所迫求的重建天人合一的逼迫之下，“阴阳”实现了政治化，充当了沟通天人的最佳中介。另一大路向

① 王博先生在比较孟子与《五行》时，特别强调与论述了“五行”与“四端”之间的内在关联。参见王博：《孟子与〈五行〉》，《简帛思想文献论集》，台北：台湾古籍出版有限公司，2001 年，第 135—137 页。

② 《孟子 • 尽心上》。

③ 此处的论述对李景林先生多有参考，见李景林：《思孟五行说与思孟学派》，《吉林大学社会科学学报》，1997 年第 1 期。

④ 孟子曰：“伯夷，圣之清者也。伊尹，圣之任者也。柳下惠，圣之和者也。孔子，圣之时者也。孔子之谓集大成。集大成也者，金声而玉振之也。金声也者，始条理也；玉振之也者，终条理也。始条理者，智之事也；终条理者，圣之事也。”见《孟子 • 万章下》。

⑤ 《论语 • 阳货》。

⑥ 《论语 • 述而》。

则是坚持天的道德义，希望能在已被孔子德性化的周式“以德配天”的语境中重建天人的合一。具体而言，就是追求孔子所罕言的“性与天道”的合一。若坚持这样的路向，则对作为人道的“性”的探究自然成为迫切需要。我们看到，思孟一派正是顺着这个理路而来。孔子所言的道德意义上的天，到了思孟这里，实现了彻底化，已经可以不包含任何自然性的含义。

我们知道，荀子有所谓“天人相分”的说法。《荀子·天论》说：“唯圣人不求知天”，正是将孔子所言的自然性的天推向了极致[①]，完全剥落了天的任何道德内涵。因为天不再作为道德的终极来源，人的道德行为便失去了依靠，因此人性不可能为善。正是源于人性之恶，圣人才要制礼作法，“化性起伪”。荀子的核心主张即以此种方式整合了起来，而他对孟子“性善论”的批判，若追究到根源处，仍然是出于对思孟以道德化的五行说来整合天人的极力反对。由此，我们便不难理解为何荀子要对思孟五行说大加鞭挞了。

思孟以“五行”来作为五种德行的名称，一方面由于“行”本来就有“行为”的含义，另一方面，可能也和《洪范》五行五事有密切的关联[②]。无论如何，我们必须承认思孟五行说是在周式“以德配天”的天人合一崩溃以后，第一次在道德的意义上重建天人的可贵尝试。被思孟道德化之后的“五行说”，直接启发了邹衍的“五德终始说”，让邹衍得以彻底实现五行学说的政治化。

---

① 与荀子差不多同时的庄子也是坚持这个路向，不过其追求的目标极不相同。

② 章太炎先生认为子思将《尚书·洪范》中同“五事”并举的“五行”进一步同仁、义、礼、智、信关联起来，开启了“五行”道德化之先河，其言曰：“古者《洪范》九畴，举五行傅人事，义未彰著，子思始善傅会。旁有燕、齐怪迂之士，侈搪其说，以为神奇。耀世诬人，自子思始，宜哉荀卿以为讥也。”章太炎：《子思孟轲五行说》，《章太炎全集（四）》，上海：上海人民出版社，1999 年，第 19 页。李学勤先生进一步将《洪范》与《五行》进行了细致的对比研究，认为它们之间有密切的相关性。见李学勤：《帛书〈五行〉与〈尚书·洪范〉》，《学术月刊》，1986 年第 11 期。

二、邹衍五德终始说

在孟子那里，孔子作为“圣之时者”[①]，是圣人的楷模。孟子对“时”义的推崇，透显出此前所有天人合一构造的核心要义。《黄帝四经》的阴阳刑德学说，归根到底就是圣人依“时”而立政；《管子》以充分发展后的阴阳刑德学说为核心构建起的天人合一模式依然以“四时”为核心，极力强调“时德”。虽则思孟五行说弱化了阴阳刑德说的“时”义，但却将刑德之“德”明确为德性之“德”，并将“德”具体规定为“仁、义、礼、智、圣”，以“五行”名之。我们看到，无论是对“时”义的强调，还是对“德”义的肯认，虽然皆在自身的语境中构建起近乎完满的天人合一，但不仅田齐之主从未做到依时而立政，孟子也见绌于齐梁之君。可见以“四时”之“时”与“德性”之“德”所构筑的天人合一在当时的情境中皆不具备现实操作性，至少未能打动当时的人主。稷下学者邹衍对此当是体会最深，因此才能以其不世出的理论改铸力重整“时”“德”，构建起“五德终始”的全新天人合一，卓然为世所尊。

邹衍著作皆已亡佚，虽有辑本，然多为零碎，难见邹衍学说之全[②]。邹书太史公时尚在，其概叙邹衍之学最为精辟，太史公曰：

> 驺衍睹有国者益淫侈，不能尚德，若《大雅》整之于身，施及黎庶矣。乃深观阴阳消息而作怪迂之变，《终始》、《大圣》之篇十余万言。其语闳大不经，必先验小物，推而大之，至于无垠。先序今以上至黄帝，学者所共术，大并世盛衰，因载其禨祥度制，推而远之，至天地未生，窈冥不可考而原也。先列中国名山大川，通谷禽兽，水土所殖，物类所珍，因而推之，及海外人之所不能睹。称引天地剖判以来，五德转移，治各有宜，而符应若兹。[③]

① 《孟子·万章下》。

② 马国翰《玉函山房辑佚书》辑有《邹子》一卷。

③ 见《史记·孟子荀卿列传》。杜宝元先生说：“史迁的这段文章言出有据，其起落格局，转折比喻，皆有斟酌。后世之论邹者，皆不能逾越之。”见杜宝元：《邹衍研究》，《四平师院学报（哲学社会科学版）》，1982 年第 2 期。

太史公以邹衍立说之由为“有国者益淫侈，不能尚德”，此当为其时各国人主之常态，而以邹衍所侍奉之湣王尤甚。我们不能即以太史公所言的“德”理解为后世儒家意义上的“仁德”“德（仁）政”之“德”，而应当首先想到：虽然稷下学者一贯提倡“刑德并用”，从《黄帝四经》到《管子》越来越表现出“崇德抑刑”的倾向，但我们无法否认稷下学者所言之“德”更侧重于“赏罚”之“赏”的含义。加之，我们前面已经指出，在《管子》中“德”已经可以包含“刑德”的全部内涵。因此，邹衍所目睹的“不能尚德”之“有国者”更应该在人主不能合理施行赏罚的意义上来理解。稷下学者以“四时”的“生”“杀”所体现出的天道原则作为人主立政的核心依据，发展出了完善的“阴阳刑德”的天人合一模式。但这一模式的根本困难在于：其所依据的天道原则以一年为一周期，虽然四时的阴阳消息[①]具有显明的可观测性与实效性，但无法解释较长时间内天命的转移与朝代的更替。换句话说，此一天人理论无法解释历史。所以，即使有国者能够服膺于此种理论从而做到依时而立政，在大一统趋势愈加显明的竞争格局中，它依然无法为有国者提供可预期的政治前景。对于时君特别是田齐之君而言，更迫切需要的乃是一种类似于又根本上区别于周初“以德配天”式关于天命转移的历史解说，为田齐顺利取代周成为新的天命承继者提供根本依据，而以政治化的阴阳学说为内核的天人合一模式明显不具备这个功能。因此，邹衍“深观阴阳消息而作怪迂之变”成为无可奈何的选择。

“阴阳消息”一个周期为“四时”也就是一年。阴阳学说若要用来解说历史，有两个路向可以选择：一是将历史看作阴阳消息的“四时”无限循环的进程，二是将历史视作阴阳消息的一个整体过程。第一种方式实际上只能解说历史在一年中的发展变化，其无限循环的历史观让历史在大的时间跨度中不会有任何发展变化。因此这样的解说既与实情不符，也不能满足解释天命的需要。在第二种解说方式中，历史以“阴阳消息”为原则，

---

① 太史公对“阴阳消息”这个词的使用，更应该在汉初作为天道之根本的阴阳二气之“消息”的意义上来理解，至少今日文献所见可据信的邹衍佚说皆未见邹衍对“阴阳”有过论说。

经历如四时般“生、养、收、藏”[1]的一个整体过程。历史由“生”到“死”，实际上是一种历史终结论，更与实情及人主的需要不符。邹衍以“闳大不经”之“《终始》、《大圣》之篇十余万言”所要做的，正是要将“四时”之“时”无限扩展到包含整个过去、现在与未来之“时”。也就是说，邹衍要在阴阳消息的基础上，创制出一种全新的历史解说。邹衍创制新说使用的基本方法为“类推法”，即所谓“必先验小物，推而大之，至于无垠”。由此可见，邹衍的类推法之核心原则为“以小推大”“由近推远”。以此原则推衍历史则是由邹衍之时上推到其时所知的最古老圣王黄帝（如前所说，被稷下学者所极力拔高的那个黄帝）之时，从中抽绎出历史进展的普遍规律。由黄帝而上一直到天地未生之历史虽无所考见，但依据类推原则的普遍有效性，仍然可以推想其运展的一般情形。不过，邹衍的核心关切在于以历史关照现在与未来，为将来承继天命实现一统的新王提供理论根据。故不可考见之“史前史”（天地创生至黄帝）究竟如何并不重要，只需着眼于黄帝以来的朝代更替所透显出的历史规律所能给予意图实现一统之人君的启示。“五德终始说”正是应了这种种机缘而来。

太史公将邹衍“五德终始说”简述为“称引天地剖判以来，五德转移，治各有宜，而符应若兹”，料想邹衍《大圣》《终始》的核心论题当是如此。《史记·封禅书》裴骃《集解》引如淳曰：“今其书有《主运》。五行相次转用事，随方面为服”，“今其书有《五德终始》。五德各以所胜为行。秦谓周为火德，灭火者水，故自谓水德”。[2]邹衍之书虽佚，但我们仍能从《吕氏春秋·应同》中窥其大旨[3]：

---

① 用《管子·四时》的话说：“春嬴育，夏养长。秋聚收，冬闭藏。”黎翔凤：《管子校注》，第847页。

② 俱见司马迁：《史记》，北京：中华书局，1959年，第1369页。

③ 马国翰《玉函山房辑佚书》认为《应同》篇即是邹衍佚书，我们虽然不能骤然断定马说为确，但至少可以认定：即使《应同》篇不是邹衍佚书，相比于其他文献，《应同》篇最大程度上保留了邹衍五德终始说的内容。

> 凡帝王之将兴也，天必先见祥乎下民。黄帝之时，天先见大蚓大蝼。黄帝曰："土气胜。"土气胜，故其色尚黄，其事则土。及禹之时，天先见草木秋冬不杀。禹曰："木气胜。"木气胜，故其色尚青，其事则木。及汤之时，天先见金刃生于水。汤曰："金气胜。"金气胜，故其色尚白，其事则金。及文王之时，天先见火赤乌衔丹书集于周社。文王曰："火气胜。"火气胜，故其色尚赤，其事则火。代火者必将水，天且先见水气胜。水气胜，故其色尚黑，其事则水。水气至而不知，数备将徙于土。[①]

以上所引基本可以囊括"五德终始说"的大体，而最关键的问题在于：邹衍所说的"五德"究竟是什么？如淳所说之"五德"为"火德""水德"等[②]"五行"之"德"，而《应同》篇只言"土气""木气""金气""火气""水气"等"五行"之"气"。除了二说所共享的"五行"乃是旧物以外，"五德""五气"（五行之气）皆是新鲜物事。我们知道，政治化的阴阳刑德说正是经由"阴气""阳气"从自然性的"阴""阳"过渡而来。在《管子·四时》的构造中，作为天地之大理的阴、阳二气的轮转构成四时的交替[③]。春、夏、秋、冬皆各有其"气"，亦各有其"德"，如言："东方曰星，其时曰春，其气曰风，风生木与骨。其德喜嬴，而发出节时"，"南方曰日，其时曰夏，其气曰阳，阳生火与气。其德施舍修乐"，"西方曰辰，其时曰秋，其气曰阴，阴生金与甲。其德忧哀、静正、严顺，居不敢淫佚"，"北方曰月，其时曰冬，其气曰寒，寒生水与血。其德淳越、温怒、周密"。[④]我们看到，《四时》篇涉及的"德"与"气"很难说就是五行之"德"与五行之"气"，反而作为五行条目的"木、火、金、水"乃是由四时之"气"所

① 许维遹：《吕氏春秋集释》，北京：中华书局，2009 年，第 284 页。

② "土德""木德""金德"等虽未明言，实已涵括，因其前有言"五德"。

③ 所谓"阴阳者，天地之大理也。四时者，阴阳之大经也"。黎翔凤：《管子校注》，第 838 页。

④ 黎翔凤：《管子校注》，第 842—854 页。

生出[①]。由四时之“气”为“风”“阳”“阴”“寒”，以及四时之“德”为人主施政之刑德可以看出，《四时》所涉及的“德”与“气”更应该在阴阳刑德学说的意义上来理解。但我们也应该看到，虽然此时的“五行”并无特别的内涵，也没有超越《洪范》五行说的自然性含义，但作为五行条目的“木、火、土、金、水”已经在被作者努力置入此“时方系统”中去。这正是邹衍的“五德”可供借鉴的理论资源。

思孟五行说以五行为“仁、义、礼、智、圣”五种“德行”，方才使五行直接有了“德”的内涵。具备这种伦理性内涵的五行说已经初步具备了政治内涵，是一个政治性的天人合一架构，从而彻底放弃了之前的五行说（以《洪范》五行说为代表）所具有的自然性意涵。思孟不仅未让自己的五行说与“水、火、木、金、土”发生任何的关系，也没有将作为“德行”的五行置于稷下学者业已构建起的“时方”系统中进行讨论。因此，思孟五行是一种全新的构造。思孟对历史的演进有独特的看法。《中庸》曰：“至诚之道可以前知。国家将兴，必有祯祥；国家将亡，必有妖孽。”[②]《孟子》曰：“五百年必有王者兴，其间必有名世者”，“由尧舜至于汤五百有余岁……由汤至于文王五百有余岁……由文王至于孔子五百有余岁……”[③]。将思孟的历史解说合而观之，得到的将是一个以五百年为一周期[④]、以禨祥灾异为朝代交替兴亡之节点的历史演进模式。邹衍所做的工作，正是让历史的演进成为周期性的回环。邹衍将孟子的历史周期变为自己历史周期中的一个小阶段，并为每一个小阶段赋予其相别于其他阶段的特质，这个

① 前面已经论及，《四时》篇意在解决四时与五方的配属，但其努力并没有成功，因“中央”无法合理置入时方系统，故只能将“中央”虚置入四时之中，其文曰：“中央曰土，土德实辅四时入出，以风雨节，土益力。土生皮肌肤。其德和平用均，中正无私，实辅四时。”我们可明显看出，对“中央”与对其他四方的论述极不相同，中央没有与四时直接搭配，因此没有四时之“气”，其所言的“土德”就更不同于其他四时之“德”。黎翔凤：《管子校注》，第847页。

② （南宋）朱熹：《四书章句集注》，北京：中华书局，1982年，第33页。

③ 《孟子·公孙丑下》。

④ 很多学者认为，孟子以五百年为历史的周期，正是其五行说在历史观中的投射。

特质就是“五德终始”之“五德”。

在邹衍的历史演进模式中，每一朝代都有其“德”，如“火德”“水德”等等。孟子以具备无上道德之“圣人”的出现作为历史周期的节点，且其“五行”实质上就是五种“德行”。邹衍虽然以“五德”之转移作为历史周期的节点，但他极大地削弱了“五德”的道德性内涵，转而以自然性的五行条目作为其“五德”的名称。这样，就使得邹衍的历史解说可以避免由德性的不确定性[①]而来的天命转移的不确定。思孟五行说最终追求的是圣人在内在心性上与天的合一，但这种天人合一的“内在性”决定了其对天命转移的难以把握。邹衍以显见的具有“气”的特征的五行（五德）作为区分朝代的标志，正是对思孟五行说之“内在性”的改造，从而使得天命的转移具有确定性且易于被人（人主）把握。天命转移的确定性源自各不相同的“五德”之“盛衰”，五德之盛衰又表现为“符应”。因此，对天命的把握实际上就成为对“符应”的把捉与顺应。所谓“五德转移，治各有宜，而符应若兹”，正是在历史大转折时期每一个想要承继天命者所应明确把握的“真理”。

那么，五德转移的依据又是什么？这是邹衍必须认真回答的核心问题。否则，即使他已经对天命之转移有着超越前人的解说，仍然无法打动那些欲想承继天命的人主。使得邹衍“重于齐”[②]的，可能并非他的学说“闳大不经”，反而是因为他的历史解说更易为人（人主）所理解。荒诞的学说虽然可能为某个“淫佚”的世主所信从，但要获得普遍的信奉却几无可能。“重于齐”之后，邹衍“适梁，惠王郊迎，执宾主之礼。适赵，平原君侧行撇席。如燕，昭王拥彗先驱，请列弟子之座而受业，筑碣石宫，身亲往师之”[③]，即是明证。

---

① 这种不确定性源于对圣人德性之评判的不确定性，比如在孟子“当今之世，舍我其谁？”的豪言壮志中，已经明显暗示了自己就是那个承继天命的圣人，而时人却以孟子为“迂阔”。引语见《孟子·公孙丑下》。

② 《史记·孟子荀卿列传》。

③ 《史记·孟子荀卿列传》。

正因为邹衍放弃对天命转移作彻底的道德化解说，转而以自然性的五行所具有的“相胜”机理来解说历史的兴替，就使得他实现了原始五行说的彻底政治化。所谓“五行相胜”，即是说作为自然材质的“土、木、金、火、水”之间存在着相胜的关系。五行之间可以相胜的观念并非由来已久，《逸周书》等涉及五行相胜的文献中的五行并不能确认即是“土、木、金、火、水”①，而《左传》等涉及五行相胜的文献中的相关记载只能明确有“水胜火”“火胜金”②。在邹衍之前，我们目前所能见到的文献却没有一处将五行相胜的整体图式进行过明确阐发。邹衍把之前关于五行相胜的零散材料整合了起来，将原先只是在自然意义上有着明显相胜关系的“水胜火”“火胜金”等五行之间的相胜关系扩展为一个首尾相接的回环结构③，使得“五德”之“终始”成为可能。邹衍创制五德相胜的大图式，使之与历史的终而复始相对应，正好符合了天命转移在事实上的暴力法则。因此，天命转移的本质缘由在于五德相胜的自然机理。邹衍依据五行的自然特质对其所作的政治化改造，就使得“五德终始说”成为易被人理解并接受的天命转移之解说。

太史公对邹衍所受时君之尊礼感慨道：“其游诸侯见尊礼如此，岂与仲尼菜色陈、蔡，孟轲困于齐、梁同乎哉！”④正是邹衍以学说干世主的绝大成功。我们必须说，正是由于邹衍的五德终始说所构建起的天人合一

① 《逸周书·周祝解》有“陈彼五行必有胜”之说，但对五行间如何相胜没有具体的解说。见黄怀信等：《逸周书汇校集注》（下册），上海：上海古籍出版社，1995年，第1139页。《左传》文公七年中出现的“六府说”虽然以五行相胜次序排列，但同样的六府说仅见于伪古文《尚书·大禹谟》和《大戴礼记》等汉代文献，而《左传》的母本《国语》并未有六府说，因此六府说大概率是汉代所出。陈鼓应先生亦认为“‘六府’的次序，虽是后来五行相克的排列次序，但其原文的含义却与相克无涉”，见陈鼓应：《易传与道家思想》，第221页。

② 《左传》昭公三十一年有“火胜金”之说，《左传》哀公九年有“水胜火”之说。除了“水胜火”“火胜金”以外，其他文献中也并未见到其他关于五行相胜的说法。

③ 即“木胜土”“金胜木”“火胜金”“水胜火”“土胜水”“木胜土”……回环往复、终而复始的一个五行相胜的图式。

④ 《史记·孟子荀卿列传》。

的简易性使得世主如此地趋之若鹜。五德之终始既然有着天命般的必然性，并且五德终始图式中的每一“德”在时间上都与一个朝代相应，那么五德终始说的信奉者只需要在新“德”兴起时把捉到此“德”在人间的自然呈现即可。具体而言，人主只需要在服色度数上去顺应新“德”即可实现天命的转移。从《洪范》到《管子》，五行已完成了与五味、五色、五声、五数（《洪范》五行数）、五方的配属。人主需要做的，就是依据其“德”使与政治相关的所有这些物事皆能相配合。这样的工作往往一次就能完成，秦始皇对五德终始说的采用即是显例。相较于依时而立政的阴阳刑德说，这种天人合一的架构实在太容易遵循[①]，以致得到邹衍之后大部分新朝代的推尊[②]。

三、邹衍的学术志趣

与五德终始的历史观相应，邹衍提出了“大九州”的地理观。这实际上仍然是对稷下学者整合时方之努力的一种新改构。既然邹衍已将时间的一个周期由四时扩展为五德终始一周，那么，原本与四时相配属的模糊的“五方”便无法与之相配属。因此，邹衍将“五方”扩展为“九州”[③]，并使扩展后的“九州”成为一个更大的“九州”中的一“州”。那个更大的“九州”，实际上也只是整个世界中的一“州”。用太史公的话说：

> （邹衍）以为儒者所谓中国者，于天下乃八十一分居其一分耳。中国名曰赤县神州。赤县神州内自有九州，禹之序九州是也，不得为

① 徐复观先生说：“邹衍终始五德之说，如后所述，乃是在政治中原始天命的观念垮掉以后，重新提出的一种新说，以重建政治上的天人关系，因而即以代替古代天命之说。此说较古代天命的观念，更为具体，更为易于把握，其所以能掀动一时者在此。”见徐复观：《中国人性论史》，第 473 页。

② 尽管刘歆将五德相胜改造为五德相生，但基本理路依然是五德终始说。参顾颉刚：《五德终始说下的政治和历史》，《清华大学学报（自然科学版）》，1930 年第 1 期。

③ “五方”加上四维东北、东南、西南、西北即是“九方”。邹衍使用的是“九州”，我们这里用“九方”只是为了便于理解。

州数。中国外如赤县神州者九，乃所谓九州也。于是有裨海环之，人民禽兽莫能相通者，如一区中者，乃为一州。如此者九，乃有大瀛海环其外，天地之际焉。①

邹衍做这样的工作，无非是在使用“类推法”破除前人狭隘的时间观的同时，一并将其狭隘的空间观破除。虽然“其术皆此类也”，但相较于五德终始说，真正使得邹衍的学说显得“闳大不经”的，其实正是“大九州说”，因为这远远超出了一般人对于世界的理解。那么，邹衍扩展时空观念之目的究竟为何？用《盐铁论·论邹》的说法：“邹子疾晚世之儒墨，不知天地之弘，昭旷之道，将一曲而欲道九折，守一隅而欲知万方，犹无准平而欲知高下，无规矩而欲知方圆也。”②也就是说，邹衍实际上是希望能以天地之宏阔来规限世主之淫佚贪婪，正如太史公所言：“然要其归，必止乎仁义节俭、君臣上下、六亲之施，始也滥耳。”③由此可见，邹衍构筑闳大的时空图景，其着眼点仍然在于人伦政治的完善。邹衍虽然极大地限制了思孟五行说的道德性内涵，但他径直以“五德”来命名原本自然性的“五行”，还是能够看出他立说的深意所在。正如先前的稷下学者对天地化生模式之构筑，只是为了人主能够合理施行其赏罚，使人道与天道合一④。

作为稷下学者集大成的人物，邹衍的学术追求当然是建构天人的合一。邹衍的主要功绩是彻底实现了五行说的政治化，从而使得五行说第一次与

① 《史记·孟子荀卿列传》。

② 《盐铁论·论邹》亦有类似的说法：“邹子以儒术干世主，不用，即以变化始终之论，卒以显名。”

③ 《史记·孟子荀卿列传》。

④ 邹衍虽然没有用道德性的五行说来建构天人合一，但并不能表明他已经放弃了道德性的追求。邹衍对自己的核心术语的使用应该是有着极深考虑的，他用“五德”的指称“五行”，而他所受启的思孟却是以“五行”来指称“五德”，对于术语内涵的逆向使用可以让我们做出这样的推论：邹衍的最终追求与思孟是一致的，这也应该是太史公将邹衍置于《孟子荀卿列传》并使之成为实际上的“传主”的一大原因。

阴阳说同属于圣王实现天人合一可使用的理论资源。虽然后世多以邹衍为“阴阳家”的主要代表，但我们不得不说，邹衍学说的核心乃是五行说（五德终始说），且其五行说是为了改造阴阳说的不足而提出。邹衍对五行说的一大创造是对五行相胜所进行的完整论说，从现有的文献很难看出，邹衍有五行相生的提法或观念，更难说他已将阴阳说和五行说纳入到同一个理论架构中去①。

我们看到，稷下学者以阴阳、五行的政治化构建起了全新的天人合一

① 白奚先生认为邹衍也有四时教令的阴阳学说，五行的相生说即贯穿其中，因此在邹衍这里阴阳说与五行说是合而为一的。我们认为，因为文献的缺乏，很难说邹衍有明确的四时教令的阴阳学说，即便有，那也将使邹衍面临五行的相生与相胜何者更为优先的理论困难。因为在邹衍的学说中，对天命的转移只能有一个核心依据，邹衍对“五行相胜”所做的理论概说已经是一大创见，以他的理论构造力而言，他应该有能力在此基础上构筑出“五行相生”的完整图景，但构筑此说不仅不必要，相反还会造成自己学说本身的冲突。我们不否认邹衍并未完全放弃稷下学者依时而立政的思想，但依前所述，既然《管子》整合“时”“方”的努力并未成功，邹衍对“四时”与“五方”之间存在的理论困难当是有着深切认识，因此之所以我们在文献中难以见到邹衍关于这方面的论说，很可能与邹衍本人对此的刻意回避有关。至于白先生所提出的核心文献依据《管子·四时》我们已在前面详细讨论过，并没有严格意义上的五行说，更不可能有所谓的“五行相生”之说，至于《吕氏春秋·十二纪》则无法确证其思想来源是否即是邹衍。白奚先生所引据的其他文献则来自汉立以后，本身就很有商榷的余地。因此，白奚先生所引据的庞朴先生的说法也很值得商榷。其实不难看出，白奚先生立论的核心思想依据乃是他之前所说的《管子》已经实现了阴阳与五行的合流，只要此说确切可靠，《管子》之后的邹衍不仅可以使阴阳与五行并存，也可以使五行相生与五行相胜并行不悖。但我们前面的分析已经表明，《管子》中根本不存在后来意义上的“五行说”，因此，周桂钿先生与马勇先生的看法可能更近情实：“阴阳与五行的真正合流并不完成于邹衍。”实际上，真正在理论层面第一次完整论述五行的相生与相胜的乃是董仲舒的“五行比相生而间相胜”（《春秋繁露·五行相生》），而董仲舒之所以能使五行相生与相胜并存于自己的理论体系中，最核心的缘由乃是他已经放弃了以五德来解说历史的演进和天命的转移，转而新创“三统说”。我们可以进而推论，从“五德”到“三统”的转变，正是因为“五德”内在包含了相生与相胜同时并存的可能，这样就使天命的转移可能依照两种互相冲突的法则，而“三统”的循环只能遵从一种法则。参见白奚：《邹衍四时教令思想考索》，《文史哲》，2001 年第 6 期；白奚：《中国古代阴阳与五行说的合流——〈管子〉阴阳五行思想新探》，《中国社会科学》，1997 年第 5 期；周桂钿：《秦汉哲学》，第 92 页；马勇：《邹衍与阴阳五行学说》，《社会科学研究》，1985 年第 6 期。

模式，然而田齐并未因为学术的昌盛而实现一统。从这个历史悲歌中，我们不能骤然得出学术之繁荣无益于现实政治之促进这样的结论，不过我们仍然必须承认，尽管诸子“皆务为治”，但政治现实的惨酷可能真的被学者们所轻视，历史大势的走向可能真的被学者们所误读。邹衍以天才性的创造力构建出五德终始的历史演进模式，预言了水德对于火德之必然替代，我们不难看出此中对田齐代周而王的确信。从《黄帝四经》开始，稷下学者就从未停止对田齐承继天命之合法性的辩护与期待，只有到了邹衍，才以其极具说服力的历史解说构筑了具有划时代意义的“正统论”[①]。邹衍将已衰之周德明确为火德，其实就是在暗示田齐将承继正统。因为胜火者水也，而具备水德者非田齐莫属。《左传》昭公八年晋国史赵说：“陈，颛顼之族也”；昭公九年郑国大夫裨灶说：“陈，水属也”。陈国是颛顼之后，传说中颛顼乃水正。跟远绍黄帝为祖先神的故事一样，陈国后人田齐还继承了颛顼之水德。因此，于创制新说的邹衍而言，虽然他可以任意为之前的朝代赋予所具之“德”，但实际上他所构建的五德相胜系统还是有着深刻的考量，最终指向了田齐的一统[②]。

---

① 饶宗颐先生以邹衍五德终始说为历史正统论的开始，极富洞见。参饶宗颐：《中国史上的正统论》，上海：上海远东出版社，1996 年。

② 此处的论说直接受启于王博先生和蒋重跃先生的论述。参王博：《〈太一生水〉研究》，《简帛思想文献论集》，第 217 页；蒋重跃：《五德终始说与历史正统观》，《南京大学学报》，2004 年第 2 期。

第二章　阴阳五行与《春秋》大义

秦以无与伦比的战争实力结束了数百年的列国纷争，开创了中国历史上第一个大一统帝国。嬴政以“皇帝”作为自己的帝号，以与此等超绝前人之丰功伟业相匹配。但秦的基业并未如始皇帝所设想的可传之万世，相反二世即亡。对此问题的思索遂成为此后整个中国史的核心关切之一。从汉初贾谊的《过秦论》，直到清季姚鼐的《李斯论》，虽则学者们得出的结论不尽相同，但秦乃亡于其“暴政”大概能够获得普遍的同意。然而，尽管秦政在后世成为“暴虐”的代名词，我们仍然无法否认秦政在制度层面的诸多创制范围了其后的整个历史。我们应该看到，在周式政制已然崩溃的情况下，对礼崩乐坏乱局的有效解决历史性地归于了秦政。如果我们能够承认郡县制对封建制的替代乃历史的大势，那我们就应当肯认商鞅李斯们的努力不尽为了一己的富贵荣华。实际上，后世对秦政最激烈的批评大都来自儒生，然而他们大都忽略了大儒荀卿著名的“入秦”之论：“入境， 观其风俗，其百姓朴，其声乐不流污，其服不佻，甚畏有司而顺，古之民也。及都邑官府，其百吏肃然，莫不恭俭、敦敬、忠信而不楛，古之吏也。入其国，观其士大夫，出于其门，入于公门；出于公门，归于其家，无有私事也；不比周，不朋党，倜然莫不明通而公也，古之士大夫也。观其朝廷，其朝闲，听决百事不留，恬然如无治者，古之朝也。故四世有胜，非幸也，数也。是所见也。故曰：‘佚而治，约而详，不烦而功，治之至也，秦类之矣。’”[①] 虽然我们不能即以荀子所言为实，虽然我们仍可坚信秦的最终胜利主要依靠其坚甲利兵，但我们很难想象一个暴虐无比的国家所创的诸多制度竟能行之两千年而不废。事实上，“过秦”者们痛斥秦政虽然更富有道德感，却不一定比亲见秦政的荀子之说更加真切。因此，相比后世此起彼伏的反秦檄文，可能李斯与王绾的郡县封建之辨[②] 更具实质性的意义，而汉承秦制成了必然的选择。汉立之后，虽在政治设施上一仍秦旧，然封建与郡县并存的应时之策却成为汉初政治局势不稳的总根源。汉初刑罚之残酷丝毫不亚于亡秦，所谓的黄老无为之治更应该放在中央与郡国的关系之维度中来审视。到武帝之时，随着社会经济的完全复苏，重新确立大一统的中央集权遂成为一代英主的奋发“有为”。在此背景之下，无论怎样强调当时学者们的意见，我们仍然无法否认统治者的真实需求比普遍的道义诉求更具力量，至少董仲舒颇具代表性的遭遇可以让我们清楚地看到这一点。

我们将通过对班固的经典表述“董仲舒治《公羊春秋》，始推阴阳，为儒者宗”[③] 的逐层分析，来证明我们的结论，并力图通过对董仲舒生平志业的整体性回顾以及《春秋》董氏学的大致分析来展现他与他的时代之间的复杂互动所具有的象征性意义，以及传承久远的天人学说在那个时代所涵具的真实力量。

第一节　作为《春秋》学者的董仲舒

无论我们如何定义董仲舒的身份，《春秋》学者当是其他一切身份的基础。“天人三策”中，武帝的第一策可视作统治者层面的总体需求，规定了对策的基本范围与基调。武帝在表达完自己对圣王之道的种种渴望之

① 《荀子·强国》。
② 《史记·秦本纪》。
③ 《汉书·五行志》。

后，话锋一转：

> 子大夫明先圣之业，习俗化之变，终始之序，讲闻高谊之日久矣，其明以谕朕。科别其条，勿猥勿并，取之于术，慎其所出。乃其不正不直，不忠不极，枉于执事，书之不泄，兴于朕躬，毋悼后害。子大夫其尽心，靡有所隐，朕将亲览焉。[①]

即是说，武帝明确要求通于圣王之道的应策者当学有所本，“取之于术，慎其所出”之语更可看出所有应答必须在“先王之业”的范围内进行。董仲舒自是不能违逆武帝之意，第一策开篇在盛赞完武帝之后即言：“臣谨案《春秋》之中，视前世已行之事，以观天人相与之际，甚可畏也。”可见董仲舒所“谨案”的《春秋》必定符合武帝的要求，否则他不可能一开始便明确说自己的学问本之于《春秋》。

《史记》如是记述董仲舒早期的治学经历：

> 董仲舒，广川人也。以治《春秋》，孝景时为博士。下帷讲诵，弟子传以久次相受业，或莫见其面，盖三年董仲舒不观于舍园，其精如此。进退容止，非礼不行，学士皆师尊之。[②]

这里所重点强调的是董仲舒乃治《春秋》的学者，与前面的论述结合起来，就推涉出如下的问题：第一，《春秋》是什么？第二，董仲舒所治的《春秋》大义是什么？

一、孔子修《春秋》本旨

孔子对其后的整个中国历史所具有的意义，怎样夸张都不过分。但我们必须清醒的是，孔子在每一个历史时代所发挥的历史作用不尽相同，对于那个时代所具有的历史意义也就不同。时至今日，呈现在我们面前的孔

① 《汉书·董仲舒传》。

② 《史记·儒林列传》。

子，实在有着太多面相，每个人出于自己的立场和需要对这些面相进行取舍，我们很难给出一个能够获得普遍同意的关于孔子的真实图像。如果我们能够回到孔子的生活时代，那我们对孔子的一生志业大概能够得出三大关节点：孔子以复周（周礼）为志，以授徒讲学为业，以著作《春秋》为功。依据太史公的叙述[①]，这三大关节的发生逻辑为：孔子生逢乱世，早年以微贱之身[②]精研周礼，仰慕文武周公之盛德，立定“东周”之志。世人以博学多闻之孔子为大贤，故从学者日盛。孔子以六艺[③]相教授，所习所学以“为政”为旨归。孔子自信若能得君行道，三年即可复成王道，然而孔子并不为时君所用[④]，故孔子晚年居鲁以“吾道已矣”为叹，深知其道之不可行，退而作《春秋》，寓其万世不易之道于此书，以为将来圣主取法。

太史公说“后世言六艺者折衷于孔子”[⑤]，乃是对孔子晚年事业的一个总括。孔子的三大事业，实际上是一步一步向后退。因为无法得君行道，就退而教授六艺，实是将其志传于弟子。孔子晚年居鲁，进一步整理周代王官学文献，以作为教授弟子之“教材”。然而，当孔子最为喜爱的弟子颜回不幸早死、子路惨遭被戮之后，孔子哀叹“天丧予”[⑥]，正是以弟子完成其志的希望之彻底破灭。于是，孔子乃据鲁国旧史，发愤而作《春秋》，“笔则笔，削则削，子夏之徒不得赞一词”[⑦]，将其理想寓于这部至深至隐的书中，传之后世，寄望于未来。因此，对孔子而言，作《春秋》实在是最为悲凉的无奈之举，正所谓“孔子厄而著《春秋》”[⑧]。然而，在孔

---

① 见《史记·孔子世家》。

② 孔子虽以宋人居鲁，实际上仍属没落贵族。

③ 即礼、乐、射、御、书、数，皆为周代贵族子弟必修科目，也即周代王官学的核心内容。太史公记为：“孔子以《诗》、《书》、《礼》、《乐》教，弟子盖三千人，身通六艺者七十二人。”见《史记·孔子世家》。

④ 早年在鲁曾为大司寇，摄行相事，然旋即被迫出走，终无所成。

⑤ 见《史记·孔子世家》。

⑥ 见《论语·颜渊》。

⑦ 见《史记·孔子世家》。

⑧ （西汉）司马迁：《报任安书》。

子身后两百多年的汉代，这部书成了最为重要的“大经大法”，对历史产生了难以估量的影响。

二、孟子论《春秋》大义

汉以前的孔门后学中，大概孟子最为深得孔子作《春秋》之旨。在孟子看来，“自生民以来，未有如孔子者也”①，正是著《春秋》使得孔子与历代圣王相比肩甚至驾而上之：

> 昔者禹抑洪水而天下平，周公兼夷狄、驱猛兽而百姓宁，孔子成《春秋》而乱臣贼子惧。②

那么，究竟是什么让《春秋》具有如此大的力量呢？孟子给出了答案：

> 世衰道微，邪说暴行有作，臣弑其君者有之，子弑其父者有之。孔子惧，作《春秋》。《春秋》，天子之事也，是故孔子曰：“知我者其惟《春秋》乎？罪我者其惟《春秋》乎？”③

由于《春秋》乃是依据鲁史旧文笔削而成，因此它首先是一部史书。但在孔子之前，著史之权掌于史官，私家著史乃是僭越之举，实际上是比孔子所极力批判的“八佾舞于庭”性质更为严重的犯上作乱。因此，在孟子的叙述中，我们所看到的那个孔子已经对复兴周制没有了任何兴趣，孔子以私人身份著史的行为本身即宣告了他与旧时代的彻底决裂。孟子说《春秋》“其事则齐桓晋文，其文则史”④，也说孔子深知作《春秋》乃是“其义则丘窃取之”⑤，正是《春秋》所蕴含之“义”使得《春秋》成为“天子之事”，令孔子与古圣先王相比肩。无论孟子以及后来人所表达的是否即

① 见《孟子・公孙丑上》。

② 《孟子・滕文公下》。

③ 《孟子・滕文公下》。

④ 《孟子・离娄下》。

⑤ 《孟子・离娄下》。

是孔子之本意，我们只能沿着孟子而下的解释传统来理解孔子作《春秋》这一开天辟地的大事件。正如在孔子失却圣王地位的时代，即使不将“《春秋》三传束高阁”[①]，穷究《春秋》终始也只能是“断烂朝报”[②]。离开孟子所构造的基本语境，我们将无法理解《春秋》在董仲舒的时代为何具有那么高的地位。虽然我们目前难以提出坚实的学理依据，但《孟子》博士[③]与《春秋》博士相继立于文、景之世的事实还是能够引发我们对两事之间关系的猜想。

我们知道，《春秋》本是史书的通称，各国史书皆可称为《春秋》，正所谓“晋之《乘》，楚之《梼杌》，鲁之《春秋》，其实一也”[④]。在秦以前的所有以《春秋》命名的书中，唯独《吕氏春秋》不具备史书的特征。我们今天已经很难探知吕不韦将其书命名为《吕氏春秋》的究竟意图，但如果没有孔子以私人作《春秋》而寓王法的启示，这部希冀为秦的统一所创制的施政大典很可能就不以《春秋》来命名，而吕氏被戮多多少少与其私家著《春秋》的狂妄有关。后来淮南王刘安献于武帝的《淮南子》依然承袭并发展了《吕氏春秋》的大部分精髓，其用意大概也与吕氏相类，其结局更与吕氏如出一辙。可见无论是在何时，只要“《春秋》乃天子之事”能被普遍认可，私家绝无以作《春秋》或相似之书来创制立法之资格。

三、董仲舒《春秋》学主旨

孟子以后，虽然偶有学者称道孔子作《春秋》之“美意”[⑤]，但在景帝朝立《春秋》博士之前，《春秋》与其作者皆未获得尊贵的地位。即便

---

① （唐）韩愈：《寄卢仝》，《昌黎先生集》卷五，廖莹中世彩堂本。

② 王安石语，见《宋史·王安石传》。

③ 赵岐曰：“汉兴，除秦虐禁，开延道德，孝文皇帝欲广游学之路，《论语》、《孝经》、《孟子》、《尔雅》皆置博士。后罢传记博士，独立《五经》而已。”（东汉）赵岐：《孟子题辞》，见于（清）焦循：《孟子正义》，北京：中华书局，1987 年，第 17 页。

④ 《孟子·离娄下》。

⑤ 如《庄子·天道》《庄子·天下》《新书》《淮南子·泰族训》等。

得立博士之后，《春秋》与其他经典仍无高下之别，孔子亦不能越于诸子之上。甚至直到董仲舒以《春秋》博士的身份回答武帝策问，句句“谨案《春秋》”之文，虽然做到了“取之于术”，但武帝仍无一语及《春秋》与其作者孔子，可见孔子以匹夫之身著《春秋》立王法仍难以得到帝王的认同。因此，董仲舒必须强调孔子乃是“素王”①。“素”者，空也，“素王”即是说孔子有王者之德而无王者之位②。认孔子为“素王”一方面能拔高孔子的地位，另一方面也是在说孔子所作的《春秋》就是为王者立法。以此为前提，董仲舒就可丝毫不讳言孔子的卑微身份。为了勉励武帝行王道，董仲舒引孔子“凤鸟不至，河不出图，吾已矣夫！”之言并解释说：

> （孔子）自悲可致此物，而身卑贱不得致也。今陛下贵为天子，富有四海，居得致之位，操可致之势，又有能致之资，行高而恩厚，知明而意美，爱民而好士，可谓谊主矣。③

董仲舒将“卑贱”的孔子与“富贵”的武帝作了对比，虽然对武帝多有赞美，但还是能看出劝勉之意。卑贱如孔子尚且自信能致得祥瑞，以武帝之勤勉却仍然是“天地未应而美祥莫至”④，那就只有一个可能，武帝“王心未加焉”⑤。那么，武帝所未加的“王心”究竟是什么？董仲舒在解释孔子为何作《春秋》时说：

> 仲尼之作《春秋》也，上探正天端王公之位，万民之所欲，下明得失，起贤才，以待后圣。故引史记，理往事，正是非，见王公。史记十二

① 见《汉书·董仲舒传》。

② 王充《论衡·超奇》云：“孔子作《春秋》，以示王意。然则孔子之《春秋》，素王之业也。诸子之传书，素相之事也。”见黄晖：《论衡校释》，北京：中华书局，1990 年，第 609—610 页。苏舆云：“素犹空也，孔子自立素王之法耳，非敢自谓素王。”见苏舆：《春秋繁露义证》，北京：中华书局，1992 年，第 29 页。

③ 《汉书·董仲舒传》。

④ 《汉书·董仲舒传》。

⑤ 《汉书·董仲舒传》。

公之间，皆衰世之事，故门人惑。孔子曰："吾因其行事而加乎王心焉。"以为见之空言，不如行事博深切明。[①]

董仲舒的意思非常明白，正是因为孔子在作《春秋》时加入了"王心"，才使得这部记叙衰乱之世的史书成为"天子之事"。换句话说，正是"王心"使得《春秋》具备了为后王立法的资格。同样的意思在《太史公自序》里表达得更为明白：

> 上大夫壶遂曰："昔孔子何为而作《春秋》哉"？太史公曰："余闻董生曰：'周道衰废，孔子为鲁司寇，诸侯害子，大夫雍之。孔子知言之不用，道之不行也，是非二百四十二年之中，以为天下仪表，贬天子，退诸侯，讨大夫，以达王事而已矣。'子曰：'我欲载之空言，不如见之于行事之深切著明也。'夫《春秋》，上明三王之道，下辨人事之纪，别嫌疑，明是非，定犹豫，善善恶恶，贤贤贱不肖，存亡国，继绝世，补敝起废，王道之大者也。"[②]

如此看来，董仲舒所说的"王心"就是孔子为后王所立之法。董仲舒强调的孔子作《春秋》乃为后王制法的说法应当成为我们理解《春秋》的第一把钥匙。我们暂且如当时人一样信从这样的说法，那么我们必须追问，《春秋》所制之法究竟是什么？或者说，董仲舒所言的《春秋》之法究竟是什么？这就不得不涉及董仲舒《春秋》学的核心问题。

董仲舒说："《春秋》文成数万，其指数千"[③]，要在数千之旨中归纳《春秋》学的主旨甚为不易。近人康有为曾作《春秋董氏学》，对董仲舒的《春秋》学不仅有独到的阐发，更分门别类地将董氏言论归入各个条目之下。虽然康氏做此工作主要是为其"孔子改制"说作辅翼，不乏偏激之论[④]，但仍

---

① 《春秋繁露·俞序》。

② 《史记·太史公自序》。

③ 《史记·太史公自序》。

④ 徐复观先生以康氏之说极可怪，见徐复观：《两汉思想史》第二卷，第 206 页。

然能够对今日的我们理解《春秋》董氏学的主旨提供很多助益。康氏言曰：

> 吾以董子学推之今学家说而莫不同，以董子说推之周秦之书而无不同。若其探本天元，著达阴阳，明人物生生之始，推圣人制作之源，扬纲纪，白性命，本仁谊，贯天人，本数末度，莫不兼运。信乎！明于《春秋》为群儒宗也。然大贤如孟、荀，为孔门龙象，求得孔子立制之本，如《繁露》之微言奥义，不可得焉。董生道不高于孟、荀，何以得此？然则，是皆孔子口说之所传，而非董子之为之也。善乎！王仲任之言曰："文王之文传于孔子，孔子之文传于仲舒，故所发言轶荀超孟，实为儒学群书之所无。若微董生，安从复窥孔子之大道哉！"①

康氏以董仲舒独得孔子著作《春秋》之旨且超轶孟、荀，尚可商榷，但其对董仲舒《春秋繁露》之崇扬十分必要。今日的我们若要理解《春秋》本旨，舍《繁露》将无所从入②。康有为进一步指出："《春秋》言微，孔子未能自序，赖后学发明之。后学明于《春秋》者，莫如董子，《俞序》者，《春秋》之序云尔。"③若我们细读《俞序》，的确如康氏所言，可从中窥见孔子作《春

① （清）康有为：《春秋董氏学》，北京：中华书局，1990年，自序第2页。

② 尽管历史上及现今对于《春秋繁露》的真伪问题有很多讨论，而对《繁露》中各篇的真伪判定多是依据其思想的学派属性。但如果我们不抱持严整的学派之见，如果我们不过分看重各学派之间的思想冲突，还是能够从大体上将《繁露》认作是董仲舒的著作。事实上，今日我们普遍认同的学派分判标准正是由董仲舒之后的司马谈在《论六家要旨》中做出，且因为司马谈有明显的学派偏好，因此他所作出的分判并不一定适用于董仲舒。这就要求我们必须对董仲舒的思想有一个总体性的把握。如徐复观先生所言："（'天人三策'）是《春秋繁露》拔萃，或者可以说是一种浓缩本"。（徐复观：《两汉思想史》第二卷，第260页）如果我们能够确认"天人三策"的真实性，那我们将欣喜地看到，《春秋繁露》中的大部分篇章都可以获得妥当的安置。尽管"天人三策"与《春秋繁露》之间也表现出明显的差异，比如"天人三策"仅有阴阳学说，五行学说仅见于《春秋繁露》，学者据此判定五行诸篇为伪，但我们将在后面讨论"五德"与"三统"以及"官制"问题时表明，董仲舒对阴阳学说和五行学说各自的使用范围有严格限定，阴阳学说更多用来讲灾异和刑德，而五行更多用来论官制，甚至三统说与五行说没有丝毫关系。相关问题也可参看拙文：《阴阳五行视野下的董仲舒历史哲学》，《孔子研究》，2018年第3期。

③ （清）康有为：《春秋董氏学》，自序第2页。

秋》之旨。但《俞序》所言其实我们已在上节加以引述，可视作董仲舒对《春秋》的总体性定位。这个定位因董仲舒的提倡得到普遍的赞同，更因太史公作《史记》以效法《春秋》成为后世之定见。但这只能成为理解《春秋》董氏学的知识性基础，要方便把握董仲舒《春秋》学的内核，我们可以在“天人三策”为我们展现的君臣问答中来抽绎。

“天人三策”[①]中，武帝第一策问乃是其即位之后面对数百“贤良文学之士”而发，并没有专门针对董仲舒，因此我们在这一策中所看到的武

① 由于《史记》《汉书》记载上的些微差异，从司马光开始，关于“天人三策”的具体发生时间便成为学者争论的焦点。近代以来，有日本学者相继怀疑“天人三策”文本的真实性，有国内学者更将之视为班固伪作，这就使得当前对“天人三策”所进行的整体性研究更多注目于其文本真伪及其时间考辨上。学者们分析“天人三策”的发生时间更多依据的是其中的个别语句甚至字词，由于着眼点的不同从而得出诸多不同的结论。余建平先生对此有完整的综述。我们认为，历史文本在流传过程中难以避免会发生部分舛讹，因此零星的字词不足以成为判定整个文本发生或不发生于何时的坚实依据。我们认同余建平先生将“天人三策”的发生时间判定为数年之间的做法，但并不认同余先生为文本重排次序的做法，因为余先生忽视了文本的整体内在逻辑和论述理路。从内在逻辑看，“天人三策”为我们展现出三问三答的论说结构。“天人三策”所有论述的基调，是由汉武帝奠定的，而董仲舒在三篇对策中表现出的不同侧重，也是由汉武帝引导的。具体而言，武帝第一问是帝王对政治现实的一个基本确认以及对其政治理想的全面宣示，为后面的所有论说划定了基本范围、立下了基本限度，其中所展现的唯帝王才有的“欲”与“惧”则是学者能够对政治加以影响和改造的前提（后面讨论董仲舒《春秋》阴阳灾异说时将涉及这个问题）；董仲舒第一答是学者依据其所治的经典对其核心政治关怀的全面论说，在三策中具有纲领性质，其中所展现的对《春秋》学的独特改构乃基于帝王之欲与惧所作出的最具时代特色的经典阐释；武帝第二问既是对董第一答的基本肯定，又基于此提出了更深入的问题，涉及帝王理想的方方面面；董仲舒第二答却未能领会武帝的真实意图，从而引发了武帝态度极为严厉的第三问；武帝第三问与前两问相比风格大变，既有对董的严厉指责，又有对自己所关注问题的重新申说，是帝王现实理想的最明确表达；董仲舒在领会武帝意图的情况下，对武帝所关心的问题进行了非常深入详尽的论说，并在最后提出著名的“罢黜百家”之论。由于忽视了文本的内在理路，我们习惯于将之归为董仲舒的划时代贡献（或历史性原罪），但如果通过三问与三答之间交相往复的内在逻辑，即可看出此论在汉武帝连续追问中便已暗含，董仲舒言帝王所欲言实乃出于不得已（后面讨论董仲舒《春秋》学的三大面相时详细论述这个问题）。因此，从内在逻辑和论述理路而言，“天人三策”这一中国政治思想史上的典范性文本在文本次序上是完全可信的。参余建平：《“天人三策”文本顺序考辨——兼论董仲舒贤良对策之年代》，《北京社会科学》，2019 年第 6 期。

帝诸种困惑对于新即位的皇帝来说，应当皆是根本性的。董仲舒对策时，也根本无法预知武帝会有后面的第二次甚至第三次策问。按常理而言，董仲舒在第一策中应已尽可能将自己学说的主旨阐明。因此我们看到，无论从理论架构之整严还是从讨论主题之深远来看，第一策在三策中最为突出，恰可成为我们进入《春秋》董氏学的门径。董仲舒第一策开篇即言：

> 陛下发德音，下明诏，求天命与情性，皆非愚臣之所能及也。臣谨案《春秋》之中，视前世已行之事，以观天人相与之际，甚可畏也。国家将有失道之败，而天乃先出灾害以谴告之，不知自省，又出怪异以警惧之，尚不知变，而伤败乃至。以此见天心之仁爱人君而欲止其乱也。自非大亡道之世者，天尽欲扶持而全安之，事在强勉而已矣。[①]

董仲舒将武帝的问题总结为“天命”与“情性”，正是抓住了武帝策问的根本。武帝策问虽然表达了极大的野心[②]，也提出一连串的疑惑[③]，但最根本的仍然是对天命归属问题的不解。汉家天下至武帝即位已六十余年，用武帝自己的话说却依然“阴阳错缪，氛气充塞，群生寡遂，黎民未济，廉耻贸乱，贤不肖浑殽，未得其真”[④]，虽说其中可能有武帝很大的自谦成分，

---

① 《汉书・董仲舒传》。

② “朕获承至尊休德，传之亡穷，而施之罔极，任大而守重，是以夙夜不皇康宁，永惟万事之统，犹惧有阙。故广延四方之豪俊，郡国诸侯公选贤良修絜博习之士，欲闻大道之要，至论之极”，“伊欲风流而令行，刑轻而奸改，百姓和乐，政事宣昭，何修何饬而膏露降，百谷登，德润四海，泽臻草木，三光全，寒暑平，受天之祜，享鬼神之灵，德泽洋溢，施乎方外，延及群生？”见《汉书・董仲舒传》。

③ “盖闻五帝三王之道，改制作乐而天下洽和，百王同之。当虞氏之乐莫盛于《韶》，于周莫盛于《勺》。圣王已没，钟鼓管弦之声未衰，而大道微缺，陵夷至乎桀、纣之行，王道大坏矣。夫五百年之间，守文之君，当涂之士，欲则先王之法以戴翼其世者甚众，然犹不能反，日以仆灭，至后王而后止，岂其所持操或誖缪而失其统与？固天降命不可复反，必推之于大衰而后息与？乌乎！凡所为屑屑，夙兴夜寐，务法上古者，又将无补与？三代受命，其符安在？灾异之变，何缘而起？性命之情，或夭或寿，或仁或鄙，习闻其号，未烛厥理。”见《汉书・董仲舒传》。

④ 《汉书・董仲舒传》。

还是能看出雄心勃勃的新主对于上天不降祥瑞的焦虑，因为这指向了汉家天下是否得之于天命的根本问题。我们从武帝的焦虑中可看出从战国流传下来的祥瑞说在武帝时代具有相当的影响力。武帝相信，既然天命已经在事实上转移到刘汉，那么，上天必然应降下祥瑞以示刘汉承继天命的合法性。从《黄帝四经》到《吕氏春秋》，学者们解说天命转移多是着眼于圣王与天道的合一，如果人主能够在具体的政刑设施上实现与天道的合一，那么就可以成为一统天下的圣王，天命转移的时候上天会降下相应的祥瑞。到武帝时代，在事实上已解决了战国乱局，决意成为一代圣王的武帝对祥瑞的极度渴望正是在这个大背景之下。理解了这个前提，我们再来看董仲舒的回答就很容易理解。

董仲舒说“臣谨案《春秋》之中”，首先向武帝表明的乃是自己立说的根据，以合于武帝所要求的“取之于术”。董仲舒接下来说“视前世已行之事”，正是对《春秋》本身特征的描述。我们已经在前面说明，孔子作《春秋》所据的鲁史所记乃是“齐桓晋文之事”。孔子以对“深切而著明”之“行事”的记述让《春秋》成为可为后王立法之书，但对这个所立之法的解说权却并不在孔子，而在后世的解说者自身。我们看到，董仲舒在表明《春秋》的基本特征之后就说“以观天人相与之际”。也就是说，从记“前世已行之事”的《春秋》中可以看出“天人相与之际”。其实《春秋》经文极为质朴俭约，毫无对“天人”的讨论[①]。即便是以“非常异义可怪”[②]而著称的《公羊传》也仍然关注的是体现在《春秋》笔法中由“前世已行

① 这里我们不得不提及蒋庆先生的看法：“从《春秋》一经来看，灾异分布在二百四十二年间的各种行事之间，只要敬畏天命，一披览《春秋》，灾异与各种行事间的关系必历历在目，天人感应之迹必深察自得。所以孔子虽不明言应验之事，天人感应为《春秋》思想必无疑。”实际上，在董仲舒之前，并没有人如此解释《春秋》。此说明显是以董仲舒所理解的《春秋》逆推孔子作《春秋》之旨，这是董仲舒以后的学者较为流行的理解方式。因为经过董仲舒的解释，《春秋》之本旨乃是“究天人之际”已获得普遍的认同。见蒋庆：《公羊学引论》，沈阳：辽宁教育出版社，1995 年，第 208 页。

② （东汉）何休：《〈春秋公羊解诂〉序》，《春秋公羊传注疏》，中华书局聚珍仿宋版，第 6 页。

之事”所透显出来的褒贬之义，基本未涉及对“天人”的讨论[1]。在董仲舒之前对《春秋》的所有解说中，皆未涉及“天人”。那么我们只能认为，从《春秋》可以看出“天人相与之际”是董仲舒的发明，或可说，是董仲舒第一个从《春秋》中解读出了“天人相与之际”。由此进而推论，在董仲舒眼里，《春秋》承担着沟通“天人”的重要任务。尽管我们可以认为董仲舒在这里的回答完全是为了附会武帝对“天命”与“情性”的追问，但通观“天人三策”以及《春秋繁露》，董仲舒讲得最多的就是天人，说董仲舒《春秋》学的核心主旨是“究天人之际”一点也不过分。

“天命”自然是降之于天，但上天降命与否的关键却在于人的作为，确切地说是作为天子的那个人的作为。因此，天命观念已经内在蕴含了天人关系。董仲舒从《春秋》中读出的正是天与天子的关系。《春秋》经文有多处对灾异的记录，这本是史书记事的惯例，但董仲舒却相信孔子记录灾异一定有着深刻意涵。董仲舒说：“国家将有失道之败，而天乃先出灾害以谴告之，不知自省，又出怪异以警惧之，尚不知变，而伤败乃至。”这是对天人基本关系的认定。由此，董仲舒得出结论：“以此见天心之仁爱人君而欲止其乱也。自非大亡道之世者，天尽欲扶持而全安之。”也就是说，正是由于上天非常仁爱人君，不愿意轻易地放弃无道之君，因此它在人君稍有过失的时候降下灾害（灾），以此来警戒人君；如果人君不知反省，就会降下怪异（异）；倘若人君还是执迷不悟，那么上天就要剥夺曾给予人君的天命。简要说来，灾异充当了沟通上天与人君的桥梁。从《春秋》中得出的这个结论，是董仲舒对天人关系所规定的总原则，也是董仲舒《春秋》学的一大特色。我们看到，董仲舒解释出的天人关系更侧重于灾异，其实是对武帝所关心的祥瑞问题之逆向回答。通过从祥瑞到灾异的转换，董仲舒将自己“术之所出”的《春秋》与天人完美地结合起来，使得《春秋》成为沟通天人的最佳依靠。因此，董仲舒才会不止一次地说“《春

① 参徐复观：《两汉思想史》（第二卷），第 202 页。

秋》推天施而顺人理”[1]这样的话，而董仲舒对此所提供的最佳例证莫过于对《春秋》首句的独特解释。

《春秋》首句为“元年春，王正月”，这本是当时史书的通行写法。即便孔子的“书法”有特别的用意，从这几个字也很难解读出天人关系的含义，但董仲舒还是将这几个字作为了《春秋》乃是“究天人之际”之书的例证。董仲舒对策中，第二次“谨案《春秋》之文”时如是说：

> 臣谨案《春秋》之文，求王道之端，得之于正。正次王，王次春。春者，天之所为也；正者，王之所为也。其意曰，上承天之所为，而下以正其所为，正王道之端云尔。然则王者欲有所为，宜求其端于天。天道之大者在阴阳。阳为德，阴为刑；刑主杀而德主生。是故阳常居大夏，而以生育养长为事；阴常居大冬，而积于空虚不用之处。以此见天之任德不任刑也。天使阳出布施于上而主岁功，使阴入伏于下而时出佐阳；阳不得阴之助，亦不能独成岁。终阳以成岁为名，此天意也。王者承天意以从事，故任德教而不任刑。刑者不可任以治世，犹阴之不可任以成岁也。为政而任刑，不顺于天，故先王莫之肯为也。今废先王德教之官，而独任执法之吏治民，毋乃任刑之意与！[2]

这一段话既是董仲舒对策的核心主张，也可视作《春秋》董氏学的政治旨归。我们看到，单纯就阴阳刑德说而言，董仲舒的论述与自《黄帝四经》发轫而下经《管子》发展再到《吕氏春秋》成熟的依时而立政的天人合一模式相比并没有多少推进，可以说董仲舒正是延续了稷下学者们的一贯思路。但他的独特性就在于：为人主施政应当效法天道找到了经典的依据，而这个依据的得来正是源于董仲舒对《春秋》的创造性阐释。董仲舒说得非常明白，《春秋》中最能体现王道之始的是这个“正”字，“正”位于“王”之后，“王”又在“春”之后，那王就应该上承天道又下正人道，自为政

① 《春秋繁露·竹林》。

② 《汉书·董仲舒传》。

之始即实现天人的合一。董仲舒用《春秋》作为依据，再一次证明了人主施政应当效法天道这个古老的信念，用董仲舒自己的话说就是“王者欲有所为，宜求其端于天”。这既是对意图有所作为的武帝的鼓励，同时也是为武帝立下的基本原则。

在此基础上，董仲舒紧接着对《春秋》的第一个字“元”作出了特别的阐释：

> 臣谨案《春秋》谓一元之意，一者万物之所从始也，元者辞之所谓大也。谓一为元者，视大始而欲正本也。《春秋》深探其本，而反自贵者始。故为人君者，正心以正朝廷，正朝廷以正百官，正百官以正万民，正万民以正四方。四方正，远近莫敢不壹于正，而亡有邪气奸其间者。是以阴阳调而风雨时，群生和而万民殖，五谷孰而草木茂，天地之间被润泽而大丰美，四海之内闻盛德而皆徕臣，诸福之物，可致之祥，莫不毕至，而王道终矣。[①]

这是在立定天人关系的基本模式后，为前面所说的“王道之端”进一步寻找到的理论依据。“元”其实与“一”一样，都是本始的意思，那《春秋》为什么不用“一”而非要用“元”？董仲舒给出的解释为，这是对王道之始的重视。“大”有“重视”的意思，因为一是万物之从始，“元”又是用来表示“大”的辞，因此“谓一为元”即是让人主可以从这个“书法”中看出上天对本始的重视，并将此重始之义推及自己的立身行政。只有人君端正自己之“心”，才能够一步步地向下推扩，最后达到天下之人皆正，万事万物莫不各得其正，祥瑞即随之而降，最终实现王道。董仲舒说“天之所大奉使之王者，必有非人力所能致而自至者，此受命之符也。天下之人同心归之，若归父母，故天瑞应诚而至”[②]，“诚”是指人主实现王道的诚心，而这一切都从人主“正心”开始。我们看到，到了这里，董仲舒

① 《汉书·董仲舒传》。

② 《汉书·董仲舒传》。

终于正面回答了武帝最关心的祥瑞问题，可谓绕了一个大圈，从《春秋》中最终解说出武帝想要的答案。至于武帝或者其他帝王是否能够遵从《春秋》的教诲是另外的事情，无论如何，董仲舒从《春秋》中解说出的天人合一之旨涵盖了王道之始终。

董仲舒在坚持《春秋》乃是沟通天人之书的同时，对《春秋》作为圣人为后王立法之书的基本特征也没有放弃。史书本来就有鉴古以资今的特质，经圣人以所谓“春秋书法”笔削过后的《春秋》就更是如此。虽然《春秋》所记录的都是“前世已行之事”，但由于前世的盛衰治乱中蕴含着圣人治道的基本原则，因此只要能够深入体会圣人的良苦用心，就一定能够贯通古今之治道。正如董仲舒所说，“《春秋》之为学也，道往而明来者也。……天下虽大，古今虽久，以是定矣”[①]。在武帝看来，如果存在一个诸王皆可由之的“大道”，那么在“先王”立定此道之后，后王只需从之即可。但先前历史的一治一乱却让武帝不得不怀疑这条“大道”的存在。武帝说：“岂其所持操或誖缪而失其统与？固天降命不得复反，必推之于大衰而后息与？”[②]更是将历史的兴衰治乱归结于天命。既然天命如此，那帝王自然不需要任何作为，但这恰恰与年轻的武帝力图奋发有为的愿望相悖。因此，董仲舒必须要构建一条古今一贯的治道，他将此道定义为“所繇适于治之路”[③]，并且“道者万世之弊，弊者道之失也”[④]。既然董仲舒在对策开始就表明自己所言皆本之于《春秋》，那么，我们自然可以认为在董仲舒的观念中，《春秋》包藏着万世可由之道。前面的论述也表明，董仲舒正是从《春秋》中寻求王道之终始。因此，在董仲舒看来，古今之道其实就是天人之道，究通天人其实就意味着贯通古今，正所谓“《春秋》奉天而法古”[⑤]。我们看到，董仲舒在对阴阳刑德的讨论中，将自己的主要

① 《春秋繁露·精华》。
② 《汉书·董仲舒传》。
③ 《春秋繁露·王道》。
④ 《汉书·董仲舒传》。
⑤ 《春秋繁露·楚庄王》。

抨击对象瞄准秦政以及“今犹不改”的汉政，进而提出复古更化作为主要矫治手段，正是天人与古今在他的理论中的完美结合。董仲舒说：“天人之征，古今之道也。孔子作《春秋》，上揆之天道，下质诸人情，参之于古，考之于今。”[①] 也因此，学《春秋》于董仲舒的太史公在书写自己的“《春秋》”[②] 时才会立下如是志向：“究天人之际，通古今之变，成一家之言。”[③]

第二节 董仲舒《春秋》学的三大面相

自董仲舒高揭《春秋》大义，武帝立五经博士，《春秋》渐居五经之首，太史公作《儒林列传》即以《春秋》为核心统领六艺[④]。虽然太史公记录的传授《春秋》者有多人，但他不忘强调“唯董仲舒名为明于《春秋》，其传公羊氏也”。[⑤] 奇怪的是，通观董仲舒的所有论述，未见有论及“公羊”这样的字眼。加之我们也担心陷入长久以来三《传》之间无休无止的争长较短中难以自拔，故我们在论述董仲舒《春秋》学的主旨时只以《春秋》学名之，未涉“公羊”。但我们无法否认，太史公所记述的传《春秋》者皆为后来所谓的“公羊学”一脉。可见当时人所说的《春秋》更大程度上就是指《春秋公羊传》[⑥]，因为若离开《传》文的解释，《春秋》经文本身只能是“断烂朝报”。既然独明于《春秋》的董仲舒所传者为“公羊氏”，那么作为公羊家的董仲舒无论如何也不是一个可以绕开的问题。因此，我们尽量避免对历来盛行的公羊义理进行探讨，而是通过历史性地审视《春秋》公羊学在董仲舒身上所展现的种种复杂的特征，从中检别出《春秋》

---

① 《汉书・董仲舒传》。

② 参钱穆：《孔子与春秋》，《两汉经学今古文平议》，第 234 页。

③ 《史记・太史公自序》。

④ 《儒林列传》起于孔子作《春秋》之旨，终于“董仲舒子及孙皆以学至大官”，所论述最多者为《春秋》之传承与董仲舒行迹。

⑤ 《史记・儒林列传》。

⑥ 参钱穆：《孔子与春秋》，《两汉经学今古文平议》。

经世、《春秋》灾异、《春秋》决狱这三大董仲舒《春秋》公羊学的基本面相。

历史地看，董仲舒《春秋》学的这三大面相是学者理想向政治现实的一步步退让。就学理而言，《春秋》经世的核心并非“大一统”论，而是出于限制大一统下绝对君权的“大一为元”论，是董仲舒《春秋》学的核心关切；《春秋》灾异是在“大一为元”基础上进一步与作为天道的阴阳学说相结合而成的最具时代特色的学说，率先实现了经典的阴阳五行化，为身后学者纷纷效仿，是董仲舒“为儒者宗”的核心缘由；《春秋》决狱并不为董仲舒所重，但却因其与政治现实结合得最为成功，成为后世所理解的董仲舒《春秋》学的核心面相。

一、《春秋》经世

我们今日已经无法理清后学构造的公羊学授受体系之真伪，甚至连《公羊传》为何以此为名都难以辨明①。我们唯一能够确信的是，作为对《春秋》的解释，最早立于学官的《春秋》博士胡毋生与董仲舒所传都是《公羊传》，而《公羊传》最能体现《春秋》的经世之志。应该说，无论是“《春秋》灾异”还是“《春秋》决狱”，本质上都属于经世的范畴，但我们还是要在较为狭义的范畴上使用“《春秋》经世”这个术语，以它来表达《春秋》公羊学的一般面相。

根据孟子以来对《春秋》的诠释，无论如何定位《春秋》的主旨，始

① 在讨论《公羊传》的早期传承时，我们多信从徐彦《疏》引戴宏的说法：“子夏传与公羊高，高传与其子平，平传与其子地，地传与其子敢，敢传与其子寿。至汉景帝时，寿乃与其弟子齐人胡母子都著于竹帛，与董仲舒皆见于图谶。”（《春秋公羊传注疏》，第6页）但此说既难证实亦难证伪，徐复观先生认为这纯属编造，并提出公羊学应该是在战国时就已著于竹帛，否则无法单线传承至后世（徐复观：《两汉思想史》第二卷，第197—201页）。王葆玹先生认为“公羊”和“胡毋”皆为田齐王室之姓，故《公羊传》最初一定是在齐国写成，王先生并以汉初传《公羊》者皆为齐人为证（王葆玹：《今古文经学新论》，北京：中国社会科学出版社，1997年，第242—243页）。诸家之说皆可备一说。

终都离不开这部经典本身的经世追求。正是强烈而明确的改良现实政治之用心，让《春秋》得以成为董仲舒沟通天人古今的经典支撑，而《公羊传》对《春秋》更加明确而强烈的经世解说最是符合董仲舒改良政治的需要。在《公羊》学的所有经世主张中，最具代表性的即是“大一统说”。我们说过，《春秋》首句为“元年，春，王正月”，董仲舒从中解说出了“天人合一”的《春秋》主旨。《春秋》中另有多处“元年，春，王，正月，公即位”这样的记载[①]，本来只是对于诸公即位时的一般叙述，但是《公羊传》却从《春秋》首句中读出了《春秋》“大一统”的经世之旨：

> 元年者何？君之始年也。春者何，岁之始也。王者孰谓？谓文王也。曷为先言王而后言正月？王正月也。何言乎王正月？大一统也。公何以不言即位？成公意也。[②]

我们看到，这里的解说明显不同于董仲舒。《公羊传》强调的是“大一统”，而董仲舒钟情的是“大一谓元”，二者之间的差异恰能体现董仲舒以《春秋》经世的理论及现实之间的张力。

整部《春秋繁露》中未见“大一统”字样，唯在“天人三策”第三策的结束处，董仲舒建言：

> 《春秋》大一统者，天地之常经，古今之通谊也。今师异道，人异论，百家殊方，指意不同，是以上亡以持一统；法制数变，下不知所守。臣愚以为诸不在六艺之科孔子之术者，皆绝其道，勿使并进。邪辟之说灭息，然后统纪可一而法度可明，民知所从矣。[③]

这段话基本上是后世人理解董仲舒的核心根据，既成为董仲舒“罢黜百家”的“大德”，又成为董仲舒“独尊儒术”的“原罪”。如果我们将这段话

---

① 分别见于桓公元年、文公元年、宣公元年、成公元年、襄公元年、昭公元年、哀公元年。
② 《公羊传》隐公元年。
③ 《汉书·董仲舒传》。

放在“天人三策”的整个论述架构中，可看出更多真意。董仲舒第一策将自己学说本旨悉数道出，故武帝“异焉”而复下第二策。但当董仲舒于第二策中满心欢喜将自己对现实政治的诸种改良意见娓娓道来时，武帝的态度却大变：

盖闻“善言天者必有征于人，善言古者必有验于今”。故朕垂问乎天人之应，上嘉唐虞，下悼桀、纣，寖微寖灭寖明寖昌之道，虚心以改。今子大夫明于阴阳所以造化，习于先圣之道业，然而文采未极，岂惑乎当世之务哉？条贯靡竟，统纪未终，意朕之不明与？听若眩与？夫三王之教所祖不同，而皆有失，或谓久而不易者道也，意岂异哉？今子大夫既已著大道之极，陈治乱之端矣，其悉之究之，孰之复之。《诗》不云乎：“嗟尔君子，毋常安息，神之听之，介尔景福。”朕将亲览焉，子大夫其茂明之。[①]

武帝说“善言天者必有征于人，善言古者必有验于今”，并批评董仲舒文采未极、条贯靡竟、统纪未终等等，可见他认为董仲舒所言并不能沟通天人古今，当他质问董仲舒“意朕之不明与”时，语气已经极为严厉。尽管此时皇权专制并未稳固到一言以定死生的程度，但皇帝对臣子的策问出现如此多责备之语所表达出的不满还是会让臣子胆战心惊。因此第三策在称赞武帝圣德并承认自己“浅陋之罪”之后，基本上是小心翼翼逐条逐句地回答武帝的问题。董仲舒在对策结束时相当突兀地提出《春秋》大一统之论，其实正是对武帝第二策所提问题的正面回应：

今子大夫待诏百有余人，或道世务而未济，稽诸上古之不同，考之于今而难行，毋乃牵于文系而不得骋与？将所繇异术，所闻殊方与？各悉对，著于篇，毋讳有司。明其指略，切磋究之，以称朕意。[②]

---

① 《汉书·董仲舒传》。
② 《汉书·董仲舒传》。

武帝将待诏者对于古今治道的不同回答归结于“所繇异术，所闻殊方”，已经暗示了整齐百家的意向。可惜董仲舒在第二策时并未能领会，才险些触逆圣意，但他还是最终明白了武帝的真实意旨，所以在第三策的最后，终于依据《公羊传》的“大一统”说提出了“罢黜百家”的著名经世意见。此论一出，“对既毕，天子以仲舒为江都相”，君臣各得其便。

我们必须得说，尽管“大一统”说是公羊家的核心主张之一，备受尊崇，但在董仲舒对《春秋》首句的解释中，更为强调的乃是王道重始的含义：

> 《春秋》何贵乎元而言之？元者，始也，言本正也。道，王道也。王者，人之始也。①

因为王乃是人之始，所以王道政治应该首先从人君正己开始，这明显是对人君所提出的高标准要求。为了提高王道对人君的约束力，董仲舒将王道置于天道并进而置于作为天之根本的“元”的约束之中：

> 是故《春秋》之道，以元之深正天之端，以天之端正王之政，以王之政正诸侯之即位，以诸侯之即位正竟内之治，五者俱正而化大行。②

这里表达的正是董仲舒反复申说的“《春秋》大一为元”之义，他以对“元”这一概念的创造性使用将《公羊传》“大一统”论加以巧妙改造，正是出于经世的目的。《公羊传》宣传大一统，在列国纷争的时代，自然是所能提出的最具根本性的改造意见，其核心乃是对政治权力集中的强调。大一统论即使在汉初郡县与封建并存的政治局势下仍然有其实质性意义，因此强调“大一统”的公羊家得以在景、武之世迅速崛起。董仲舒当然不反对大一统，他清醒汉家政治的首要问题乃是中央与地方的关系问题，因此他极力赞同削弱侯国的实力，屡次建言对横行暴戾的侯王要“忍而诛之”。但与其他公羊家不同的是，董仲舒在赞成大一统的同时，更加清醒伴随大

① 《春秋繁露·王道》。

② 《春秋繁露·二端》。

一统而来的君权独大无可约束的问题，因此他的《春秋》“大一为元”论无论是对天道还是对元的尊崇，从根本上皆指向了对君主的约束。

我们看到，依据同样的文本，《春秋》大一统论是为了经世，《春秋》“大一为元”论也是为了经世，不过此中所现的诸种紧张正与董仲舒《春秋》公羊学作为一门经世学说在汉世的发展流变相切合。武帝立五经博士后，《春秋》居五经之首，公羊学更是一枝独秀。武帝以后，汉家天下渐显颓势，但当公羊学者据《春秋》之义，数次要求汉帝退位让贤时，得来的只能是杀身之祸。在《春秋》学内部，《谷梁》以其“尊君”之义备受人君偏爱，石渠阁会议所谓“平《公》《谷》异同”实际上是要以人君的喜好与需要来裁制经典。在公羊学自身，随着说经渐趋利禄之途，公羊经世义理之学遂让位于记诵章句之学，当勇于求真的学者愈发垂青于笃实朴质的左氏学，公羊学最终没落。

我们也看到，当董仲舒高举“《春秋》大一为元”之义时，皇帝并未积极回应；当董仲舒激烈批评时政并热情建言的时候，得到的是皇帝严厉的责问[①]；当董仲舒并不情愿地说出“《春秋》大一统”时，其实已经无法在理论上继续坚持“《春秋》大一为元”之义。董仲舒不得不另辟蹊径以图限制君权，因此他将立论的重心放到对“《春秋》灾异”的解说上去，从而形成了最具时代特色的董仲舒《春秋》阴阳灾异学。

二、《春秋》灾异

班固说“董仲舒治《公羊春秋》，首推阴阳，为儒者宗”，可谓对董仲舒一生行谊的最精辟概括。但是，无论董仲舒治《公羊春秋》还是首推阴阳，皆不足以为“儒者宗”。治《公羊春秋》者，在董仲舒之前有胡毋生，

① 董仲舒提出的立学校、广太学等等主张皆是在另一公羊学者公孙弘的极力推动下得以实现，而后世对董仲舒的“正直”评价与对公孙弘的“阿谀”定性中更可看出以公羊经世的诸种困难。

其人不仅最早将《公羊传》“著于竹帛”[①]，“仲舒著书称其德”[②]，且我们今日所能见到的对《公羊传》最权威的注本《春秋公羊解诂》即号称“略依胡毋生《条例》”[③]。可见单纯以治《公羊春秋》而言，董仲舒不足以为儒者宗。首推阴阳者，《周易》古经即已暗含“阴阳”观念，后经《老子》将之明确为“阴阳”，在《黄帝四经》中实现了阴阳与刑德的相配，并进而形成以阴阳刑德为核心的依时而立政的基本天人合一模式，董仲舒的阴阳刑德学说依然在此范围当中。因此，董仲舒根本算不上“首推阴阳”之人。那么，班固所说的“首推阴阳”必定另有他指。太史公说：

> (仲舒治国，)以《春秋》灾异之变推阴阳所以错行，故求雨闭诸阳，纵诸阴，其止雨反是；行之一国，未尝不得所欲。[④]

太史公这段叙述被班固原封不动地挪到《董仲舒传》中，而“首推阴阳”这个提法正好可以在这段话中得到印证。依此，则“首推阴阳”指的就是董仲舒第一个用阴阳学说来分析《春秋》所记录的灾异。我们说过，董仲舒为了证明《春秋》是沟通天人古今之书，特别强调《春秋》中所记的灾异。但天人之间具体的沟通方式除了沿袭以往的阴阳刑德学说以外，主要就是这里所说的“以《春秋》灾异之变推阴阳所以错行”。则我们可以推知，这是以自然性的阴阳学说为根据来分析灾异的成因，并进而达到用阴阳学说来治理甚至预防灾异的现实目的。

太史公主要举了“求雨”和“止雨”这两个例子，因为这是作为王国之相的董仲舒最常遇到的颇具代表性的政治难题。《春秋繁露》中有专门的《求雨》《止雨》之篇详述其具体方法，但并不见得即是董仲舒亲著[⑤]。董仲舒对“求雨”“止雨”的总原理概述为：

---

① （东汉）何休：《〈春秋公羊解诂〉序》，《春秋公羊传注疏》，第5页。

② 《汉书·儒林传》。

③ 《春秋公羊传注疏》，第9页。

④ 《史记·儒林列传》。

⑤ 参江新：《〈春秋繁露《求雨》、《止雨》〉作者考》，《中国哲学史》，2012年第1期。

> 大旱者，阳灭阴也。阳灭阴者，尊厌卑也，固其义也，虽大甚，拜请之而已，敢有加也。大水者，阴灭阳也。阴灭阳者，卑胜尊也，日食亦然，皆下犯上、以贱伤贵者，逆节也，故鸣鼓而攻之，朱丝而胁之，为其不义也。此亦《春秋》之不畏强御也。故变天地之位，正阴阳之序，直行其道而不忘其难，义之至也。①

我们看到，董仲舒以阴阳互灭来解释大旱与大水，正是利用阴阳的自然性意涵来解说自然现象。同样是自然现象，董仲舒却认为大旱是“义”，只要拜请就能止，而大水是“不义”，得攻之胁之才能止。究其原，乃因董仲舒坚持阳尊阴卑的尚阳说的基本思路。我们知道，这个思路的阴阳学说在《黄帝四经》就已发其端，而在《易传》中得以光大。尚阳说表现在政刑关系上，乃是尊德而抑刑；表现在君臣关系上，则是君尊而臣卑。太史公说董仲舒“行之一国，未尝不得所欲”，可见董仲舒对阴阳学说的使用非常得心应手。但正是对理论的过分自信，或可说对以理论改良政治的过分执着，让董仲舒险些丢了命。太史公继续说：

> 中废为中大夫，居舍，著《灾异之记》。是时辽东高庙灾，主父偃疾之，取其书奏之天子。天子召诸生示其书，有刺讥。董仲舒弟子吕步舒不知其师书，以为下愚。于是下董仲舒吏，当死，诏赦之。于是董仲舒竟不敢复言灾异。②

这里所记实在是董仲舒一生的最关键转折。其实在当时的政治环境中，阴阳学说本来就是较为普遍的理解世界的基本理论，而董仲舒以阴阳学说推灾异之变业已获得相当程度的认同。

那么董仲舒所写的《灾异之记》究竟为何连自己的弟子也“以为愚”？《灾异之记》已久佚，从《汉书·五行志》可以看到，在对辽东高庙灾的

① 《春秋繁露·精华》。

② 《史记·儒林列传》。

分析中，董仲舒对这次灾害提出的具体解释及应对方案为：

> 武帝建元六年六月丁酉，辽东高庙灾。四月壬子，高园便殿火。董仲舒对曰："《春秋》之道举往以明来，是故天下有物，视《春秋》所举与同比者，精微眇以存其意，通伦类以贯其理，天地之变，国家之事，粲然皆见，亡所疑矣。……不时不见，天之道也。今高庙不当居辽东，高园殿不当居陵旁，于礼亦不当立，与鲁所灾同。其不当立久矣，至于陛下时天乃灾之者，殆亦其时可也。昔秦受亡周之敝，而亡以化之；汉受亡秦之敝，又亡以化之。夫继二敝之后，承其下流，兼受其猥，难治甚矣。又多兄弟亲戚骨肉之连，骄扬奢侈恣睢者众，所谓重难之时者也。陛下正当大敝之后，又遭重难之时，甚可忧也。故天灾若语陛下：'当今之世，虽敝而重难，非以太平至公，不能治出。视亲戚贵属在诸侯远正最甚者，忍而诛之，如吾燔辽东高庙乃可；视近臣在国中处旁仄及贵而不正者，忍而诛之，如吾燔高园殿乃可'云尔。在外而不正者，虽贵如高庙，犹灾燔之，况诸侯乎！在内不正者，虽贵如高园殿，犹燔灾之，况大臣乎！此天意也。罪在外者天灾外，罪在内者天灾内，燔甚罪当重，燔简罪当轻，承天意之道也。"①

从这里的叙述中可看出董仲舒《春秋》阴阳灾异学说的一般原则。董仲舒通过对《春秋》所记灾异的深度分析，得出了"不时不见"这样的"天之道"。我们看到，在对"辽东高庙灾"的分析中，董仲舒侧重于阴阳学说的尊卑之义。因为董仲舒立论的目的是要对治当时王侯的骄奢淫逸问题。董仲舒认为，正是由于王侯们违背了基本的上下尊卑，所以上天才降下灾异，让本来就处在不恰当位置的辽东高庙起火，以警示武帝要"视亲戚贵属在诸侯远正最甚者，忍而诛之"。我们也看到，董仲舒对时政的批评可谓是相当激烈，直指当时的核心政治问题。这对已废为中大夫的故江都相而言，无疑是极不恰当的。这就是武帝以为其有讥刺之意且董仲舒弟子吕步舒以

① 《汉书·五行志》。

为其下愚的根本缘由。所幸武帝法外开恩，免董仲舒死罪，从此董仲舒再也不敢谈论灾异。这也意味着，董仲舒从此再也不敢轻易谈论时政[①]。

其实单就对灾异的分析而言，阴阳学说有其优势，因此董仲舒得以“首推阴阳”论《春秋》灾异，但过于强调阴阳学说的政治含义也是以阴阳论灾异的劣势，很容易就会陷于以实际政治需求来调适理论。最终决定理论效果的，并不是理论本身，而是人君的真实需要。故从《春秋》阴阳灾异学本身而言，董仲舒之后再无发展。但正是由于董仲舒的示范作用，让其他经典也纷纷开始尝试以阴阳来推灾异，其中最具代表性的乃是《易》。自孟喜而下的卦气说将阴阳学说论灾异的模式到京房被推扩到极致，经过《易纬》将五行学说引入以《易》论灾异的基本方法，《易》遂逐渐取代《春秋》而成“五经之首，大道之原”[②]。

三、《春秋》决狱

我们说过，《春秋》阴阳灾异学说是董仲舒《春秋》学的最大特色。正是从“不敢复言灾异”开始，为“儒者宗”的董仲舒彻底丧失了作为《春秋》公羊学者的本色，但同时也开示出以《春秋》决狱的另一个面相，而这虽非董仲舒着重之处，却是《春秋》公羊学本有之意。

《汉书·五行志》在讨论完董仲舒论辽东高庙灾之后，遂转入此事的后续：

---

① 其实不唯董仲舒如此。贾谊以不世出之少年英才深得文帝赏识，其《治安策》所建言深切世弊，直指当时最核心政治问题，遇权贵构陷即遭贬黜，不久郁抑而终。在董仲舒哀叹“士不遇”前，在政治舞台上昙花一现般的贾谊早已奏响了士不遇之悲歌。

② 这里原有的表述是：到京房将五行与阴阳共同作为《易》占的核心方法，《易》遂取代《春秋》而成“五经之首，大道之原”，因为传统上一直认为京房是将五行引入《易》占的第一人，但这取决于《京氏易传》的作者是否即是京氏。现在我更认同陈侃理先生的看法，由于《京氏易传》并不见于唐以前的著录，且与之前著录的京房著作无法对应，找不到传承分合的线索，故对此书高度存疑。也因此，目前能完全确定的《易》与五行最早的结合就只能归之于《易纬》了。参陈侃理：《儒学、数术与政治：灾异的政治文化史》，北京：北京大学出版社，2015 年，第 89 页。

> 先是，淮南王安入朝，始与帝舅太尉武安侯田蚡有逆言。其后胶西于王、赵敬肃王、常山宪王皆数犯法，或至夷灭人家，药杀二千石，而淮南、衡山王遂谋反。胶东、江都王皆知其谋，阴治兵弩，欲以应之。至元朔六年，乃发觉而伏辜。时田蚡已死，不及诛。上思仲舒前言，使仲舒弟子吕步舒持斧钺治淮南狱，以《春秋》谊颛断于外，不请。既还奏事，上皆是之。[①]

可见班固认为董仲舒对辽东高庙灾提出的对策并无大错。不管侯王谋逆之事是否属实，只要侯国仍然拥有较大的势力，“七国之乱”的威胁始终存在。董仲舒面对这个问题倡言“强干弱枝”[②]的《春秋》大义，并将此义配合以灾异说，希望武帝能解决好中央与侯国的权力问题。武帝先以其为愚，后又思其言，可见董仲舒的不幸正在于时机把握不够恰当。当董仲舒弟子吕步舒以《春秋》之义专断淮南狱并且武帝“皆是之”的时候，标志着董仲舒《春秋》学彻底转入了《春秋》决狱，实现了统治者层面对《春秋》公羊学现实价值的最高认同。

我们在《春秋繁露》中唯一能找到的与决狱直接相关的材料为：

> 《春秋》之听狱也，必本其事而原其志。志邪者不待成，首恶者罪特重，本直者其论轻。[③]

据此，则董仲舒以《春秋》决狱的核心原则乃是“原其志”，这当是由董仲舒反复申说的“《春秋》贵志”原则在具体的决狱问题上的落实。汉初的刑罚设施皆袭秦旧。秦法以严苛著名，其核心原则乃是循名责实，实质上是只以事实来定罪。推扩到庆赏层面，则是以实际的战功来定赏。这是典型的唯后果论，秦自商鞅变法以来一贯遵循这样的思路。正是依靠其明确而强效的律法，秦国一步步走向强大，最终实现一统。然而，

---

① 《汉书・五行志》。
② 《春秋繁露・十指》。
③ 《春秋繁露・王道》。

这种唯后果论的律法原则并非没有问题。陈涉因天雨误期，依秦律误期当斩，而不论误期是否由于一些不可控的因素。也就是说，在这种律法原则里，不仅要排除人为因素的干扰，也要杜绝任何非人力可控的因素，因此陈涉揭竿而起实在是被这种只论后果而丝毫不考虑缘由的律法逼迫而出[①]。但《春秋》特别是《公羊传》所解释出的圣人褒贬，一定不会简单地以事件的实际后果来定是非善恶，而是必须“原其志”。比如为《公羊传》和董仲舒所极力称道的宋华元和楚子反，若单纯来看，二人皆在事实上有叛国之行，但作为敌对双方的二人之所以坦诚相见、互吐实情，乃是不忍于遭围困的宋子民“人相食”，因此《公羊传》和董仲舒都以这二人作为大德的典范[②]。可见如果《春秋》之义落实于律法，一定会反对流行的唯后果论。董仲舒所强调的“必本其事而原其志”原则从理论上来讲，可以部分地消解掉严刑酷法的残酷，而这正是董仲舒不断批判的“汉承秦法”的实情。可惜的是，《春秋繁露》没有留下具体的断案实例，我们从中仅能看到《春秋》决狱的原则。《汉书·艺文志》记载董仲舒著有《春秋决狱》十六篇，但此书已亡佚。根据今人程树德在《九朝律考》所辑录的几条董仲舒决狱实例[③]，正能看出董仲舒以《春秋》决狱的核心原则即是“原心定罪”。

公允地讲，“原心定罪”或“原志定罪”并非没有问题，其最大的弊端就是定罪的任意性。“原心”之人即判案者，他们所原之心并无统一的标准。即便所有判案者皆是《春秋》大家，皆能深明《春秋》大义，但就在《春秋》学内部，诸家对《春秋》大义本身的阐释也是众说纷纭，可见以《春秋》来决狱其实就是以判案者本身依据自己所理解的《春秋》大义来“原心定罪”。因此，董仲舒的正传弟子吕步舒成为著名的酷吏就在情

① 详见《史记·陈涉世家》。

② 见《公羊传》宣公十五年、《春秋繁露·竹林》。

③ 程树德：《九朝律考》，北京：中华书局，1963 年，第 164—165 页。

理之中。后世有人以《春秋》为“法家”也并非毫无根据[1]。但我们必须得说，这一切皆非董仲舒本意。作为《春秋》公羊家的董仲舒对自己的这个《春秋》决狱的面相，一定不情愿引以为荣，这大概才是我们在《春秋繁露》中看不到决狱实例的根本理由。

太史公讲完董仲舒不敢复言灾异之后转入对董仲舒后半生的记述，着重于对董仲舒个人品格的赞美以及将董仲舒与同为公羊学者的公孙弘作比较，并未提及董仲舒以《春秋》决狱之事。班固紧接着太史公的记述说：“仲舒在家，朝廷如有大议，使使者及廷尉张汤就其家而问之，其对皆有明法。”[2]《春秋繁露》中，唯一记录廷尉张汤向董仲舒请问的乃是《郊事对》中的“以郊事问故胶西相”，正好符合所谓的“朝廷大义”，可见酷吏张汤所问不一定即是刑法之事。那么《汉书·艺文志》所载的董仲舒《春秋决狱》十六篇，不一定即是董仲舒亲作，而更多地反映了董仲舒以后秦法与《春秋》决狱相融合而成的汉家刑法实践的真相。到《后汉书》的创作，就将整个故事完整地串联到一起，从而形成了我们今天对董仲舒《春秋》决狱学的一般印象。其文曰：

> 故胶西相董仲舒老病致仕，朝廷每有政议，数遣廷尉张汤亲至陋巷，问其得失。于是作《春秋决狱》二百三十二事，动以经对，言之详矣。[3]

观此，则董仲舒晚年最重要的事迹就是《春秋决狱》的创作。但无论如何，我们不能即以《春秋》决狱为公羊家董仲舒晚年的核心面相，也不应忽略这个面相在董仲舒的整个《春秋》学中的地位。董仲舒即便有天大的抱负

---

① 令狐澄《大中遗事》云：“大中时工部尚书陈商《立汉文帝废丧议》、《立春秋左传学议》以孔圣修经，褒贬善恶，类例分明，法家流也；左丘明为鲁史载述时政，惜忠贤之泯灭，恐善恶之失坠，以日系月，修其职官，本非扶助圣言，缘饰经旨，盖太史氏之流也。举其春秋，则明白而有实，合之左氏，则丛杂而无征。”《说郛》卷七十四，中国书店1986年据涵芬楼1927年版影印。

② 《汉书·董仲舒传》。

③ 《后汉书·应劭传》。

与才情，也不能不受限于他所生存的时代本身，他所能得到的，只能是那个时代所能给予的。

我们也看到，董仲舒《春秋》学的三大面相正是学者的理想一步步下落为现实，代表了学者以学术预政治的一般模式。作为一个以改良政治为旨归的学者，相比“学士靡然乡风”①的公孙弘，董仲舒并没有多少实质性的建树。董仲舒能够实现的目标极为有限，更多地取决于政治博弈的实际需要甚至是帝王的个人喜好。但同样作为公羊学者，董仲舒却比公孙弘更值得且在事实上“为儒者宗”，不仅因为他更加清醒地触碰到了时代的核心问题，也因为他提出了独特的解决方式。虽然董仲舒的方式并不见得有效，却是真正想解决问题的学者不得不采用且被后来者乐于效仿的。

第三节　董仲舒《春秋》阴阳灾异说

如果不是因为有着高度的思想原创性，如果不是因为其理论的无限开放性，董仲舒不足以“为儒者宗”，更不可能对其身后的时代产生持续的影响。作为《春秋》学者，让董仲舒值得成为学者楷模的，正是他的“始推阴阳”。从思想史的演进脉络来看，董仲舒实现了《春秋》的阴阳灾异化之后，为经典与政治的互动立下了基本的范式，治其他经典的学者纷纷效仿。《诗》有“四始五际说”，《书》有“《洪范》五行说”，《礼》有“明堂阴阳说”，《易》有“卦气说”。②当具备最优势先天条件的《易》发展到《易纬》时，五行与阴阳共同成为解释经典的核心方式，《易》后来终于取代《春秋》而成为“五经之首”。在这个思想史脉络中，决定经典地位的并非经典自身，而是与作为时代共法的“阴阳”“五行”所能结合的程度。于董仲舒自己而言，也许“始推阴阳”仅仅是一种尝试，但这个尝试让古老的经典重新获得力量，焕发了生机。这种尝试所连接起的，

① 《史记·儒林列传》。

② 参徐复观：《两汉思想史》第二卷，第221页。

实际上是帝王与学者，其有效与否取决于帝王的需要与学者的理想之间的张力。进而言之，这种尝试的效力最终决定于学者调整自己的学说以合乎帝王需要的程度。无论是从《春秋》到《易》，还是从经书到谶纬，皆是在学者经世致用的需要中历史性地完成了经典地位的转换。那么，对学者来说，经典作为寓含理想的载体，其本身有着多重的解释维度，正应了董仲舒所言的“《诗》无达诂，《易》无达占，《春秋》无达辞”[①]。解说经典的现实成就来源于学者对帝王需要与时代共法的体贴，董仲舒、京房、刘歆等人是其中的典型代表。对帝王而言，无论学者们所依托的经典寓含了何种理想，其对经典的选择只和自身的需要有关，从董仲舒“始推阴阳”，到谶纬被尊为“内学”，有力证明了经典于帝王而言很难真正地成为至高真理的化身[②]。我们尝试从董仲舒与武帝的互动中，以董仲舒的《春秋》阴阳灾异说来展现这个问题。

一、《春秋》阴阳灾异说的立论前提

“天人三策”中，武帝策问开篇即说：

> 朕获承至尊休德，传之亡穷，而施之罔极，任大而守重，是以夙夜不皇康宁，永惟万事之统，犹惧有阙。故广延四方之豪俊，郡国诸侯公选贤良修絜博习之士，欲闻大道之要，至论之极。[③]

这里所表达的，是对皇帝“惟予一人”的至尊身份及其所承担的职分之高度认肯。对武帝来说，帝位象征着无上尊荣，承继大统的分内职责乃是将此尊位万世传续，使汉家天下绵延无穷。正是肩负着如此重任，武帝战战兢兢，惧怕有所闪失。当武帝表明自己作为帝王所具之“欲”的时候，同

① 《春秋繁露·精华》。

② 如若帝王死守着经典的教诲，那最终毁灭的不仅是自己的慕古理想，无数人的性命也将为之陪葬。号称圣人的王莽赢得了学者们最倾心的拥戴，但“发得《周礼》”最终沦为历史的一声哀叹。

③ 《汉书·董仲舒传》。

时也道出了唯帝王才有之“惧”。帝王之“欲”决定了当朝政治可能到达的边界，而帝王之“惧”决定了学者对现实政治施加影响的可能限度。武帝将自己对“大道之要，至论之极”的渴望进一步具体化为：

> 盖闻五帝三王之道，改制作乐而天下洽和，百王同之。当虞氏之乐莫盛于《韶》，于周莫盛于《勺》。圣王已没，钟鼓管弦之声未衰，而大道微缺，陵夷至乎桀、纣之行，王道大坏矣。夫五百年之间，守文之君，当涂之士，欲则先王之法以戴翼其世者甚众，然犹不能反，日以仆灭，至后王而后止，岂其所持操或詩缪而失其统与？固天降命不可复反，必推之于大衰而后息与？乌乎！凡所为屑屑，夙兴夜寐，务法上古者，又将无补与？三代受命，其符安在？灾异之变，何缘而起？性命之情，或夭或寿，或仁或鄙，习闻其号，未烛厥理。伊欲风流而令行，刑轻而奸改，百姓和乐，政事宣昭，何修何饬而膏露降，百谷登，德润四海，泽臻草木，三光全，寒暑平，受天之祜，享鬼神之灵，德泽洋溢，施乎方外，延及群生？①

从“盖闻”到“又将无补与”，其实武帝关注的只是一个问题。历史呈现出一治一乱的循环，每一个圣王兴起的时候都有制作之事，却总是无法摆脱圣王殁而大道缺的命运。于武帝而言，如果历史的盛衰治乱皆是天命注定，那承继天命的帝王只需要顺应即可，无须也无能有任何作为。但对“天命”的这种认识首先和武帝将汉家天下传之万世的大欲相冲突，也和学者希图改良现实政治的愿想相抵牾。因此，董仲舒在应策时叮咛反复“强勉”之义，而言“治乱废兴在于己，非天降命不得可反，其所操持詩谬失其统也”。② 如是，方将治乱废兴的历史循环与天命相剥离，既给了武帝实现其大欲以希望，也为学者影响武帝提供了可能。武帝所理解的天命，不仅仅是表现为上天对历史进程的掌控，也表现为上天对承继天命之

① 《汉书·董仲舒传》。

② 《汉书·董仲舒传》。

人的实时赏罚，因此武帝才会如此焦虑于祥瑞不得而灾异屡现。最让武帝感到惧怕的，并非汉家天下是否能传之万世，而首先是武帝自己的统治是否能够获得上天的承认。

从“伊欲风流”到“延及群生”所展现出的武帝的理想，分明是学者们醉心不已的上古大治之世。但我们不能就此即以为武帝和学者分享了共同的理想。正如汲黯所清醒指出的，“陛下（武帝）内多欲而外施仁义，奈何欲效唐、虞之治乎！”[①] 汲黯所言的“内多欲”实有所指。《史记·孝武本纪》记述的多是武帝求仙问鬼神之事，当武帝听说了黄帝成仙的故事后动情地感慨道：“吾诚得如黄帝，吾视去妻子如脱躧耳。”[②] 可见相比于上古治世，成仙的上古圣王更让武帝钦羡。其实不独武帝如此。从始皇帝开始，大一统帝国的帝王既已实现了合一天下的古老理想，成仙升天便成为更进一步的追求。因此我们看到，无论是始皇帝还是汉武帝的时代，真正获得无上荣耀与尊宠的往往都是方士。

大致说来，方士与汉初那些有着强烈经世追求的学者分享的是同样的学术传统，只是致力的方向有所区别而已。当稷下学者力图以阴阳、五行重建天威以干世主的时候，燕、齐“怪迂之士”在这条路上走得更远。方士们将已被稷下学者极力拔高的圣王黄帝一步步神化，为人间帝王树立了更为辽远却又更“值得”效法的榜样。但与稷下学者们改造现实的希冀不同，方士们更多地只追求富贵荣华。无论始皇帝还是汉武帝，当一次次发现被骗之后却又更愿意相信方士们编织的更大谎言。可见在成仙升天的大欲面前，理性脆弱得不堪一击。[③] 但同样是在稷下的学术传统中，却有一位学者沿着理性化的道路走向了极致，这就是三为稷下祭酒的荀子。

---

① 《史记·汲郑列传》。

② 另外需要说明，《史记·孝武本纪》本由后学依《史记·封禅书》补缀而成，故也可同时参考《史记·封禅书》中的孝武故事。

③ 当始皇帝被方士所骗，为了泄愤而降怒于诸生，导致了著名的“坑儒”事件的发生，至少证明了对帝王而言，根本就没有必要费心来区分方士与学者，也从另一个侧面可看出二者的同源。

稷下学者构建天人合一时，使用的最核心理论为阴阳和五行，这两种学说以其优异的解说自然的能力成为天命解说的佼佼者。当阴阳、五行既被用来解说天道的运行又被用来推演历史的运展时，它们获得了时代共法般的无上殊荣。但是，荀子并没有将天道和历史交与这一时代共法，而是将本属于自然的阴阳、五行限定于其自然性的含义之中，进一步对天作了最自然的解说：

> 天行有常，不为尧存，不为桀亡。应之以治则吉，应之以乱则凶。强本而节用，则天不能贫；养备而动时，则天不能病；修道而不贰，则天不能祸。故水旱不能使之饥，寒暑不能使之疾，祆怪不能使之凶。本荒而用侈，则天不能使之富；养略而动罕，则天不能使之全；倍道而妄行，则天不能使之吉。故水旱未至而饥，寒暑未薄而疾，祆怪未至而凶。受时与治世同，而殃祸与治世异，不可以怨天，其道然也。故明于天人之分，则可谓至人矣。[①]

荀子特别强调天人之分，是为了破除时人特别是时君们重天意而轻人事的普遍风气。时人所尊的天，并非稷下学者语境中的那个以“四时代御，阴阳大化”[②]为核心特征的天，而是“怪力乱神”[③]意义上不可理解的天。稷下学者强调尊天，因为天道可为人理解并进而可效法。时人也会尊天，因为天行无常不可理解只能畏惧。既然天行无常，那么天道所掌控下的人事定也无常，人主无须考虑治乱与否，只要恭敬地祈求上天，就可以消灾免祸。无疑地，在荀子的时代，事鬼敬神本来就是人主们在大动荡时代寻求慰藉的最佳方式。即便到了大一统的时代，帝王仍然以成仙升天为至上追求。因此，荀子对天的理性意见虽说是稷下学者以阴阳、五行解说天道之理路的最终成果，却并不为人所重。对人君而言，自己的享乐可能远比

---

① 《荀子·天论》。

② 《荀子·天论》。

③ 语见《论语·述而》，原文为：“子不语怪力乱神。”

臣民的安乐更为真切，长生不老以永享荣华比所谓的圣王之道更具现实诱惑。对学者而言，天道与人事本来相分是清醒的学者最终应该不得不承认的事实，却会让原本就很难对政治施加影响的学者更感乏力。“内多欲”的人主以其掌握的无上权力很容易就能满足自己的私欲，但成仙升天的大欲却只能求助于难以捉摸的上天。作为有着改造现实强烈愿望的学者，董仲舒只能将所有的希望寄托于仍然对人主有约束力的上天，即在坚持天道“有常”的前提下建立起天道与人道的连接。这样就使得他面临着来自两方面的困难，一方面是学者必须具备的对天的理性态度，另一方面是人主对于非理性之天的迷恋。

董仲舒从自己学术所归本的经典《春秋》出发，面对武帝对天命问题的疑惑，而言“臣谨案《春秋》之中，视前世已行之事，以观天人相与之际，甚可畏也”。[①] 这个“畏”字是他为“天人之际”找到的最恰当连接点，既是对天人相分之理性态度的巧妙消解，也是对帝王之“欲”与“惧”的现实应对。如果坚持理性的态度，原本主要记录人事兴衰治乱的《春秋》中所记录的灾异完全可以得到理性的说明，用荀子的话说就是：“夫星之队，木之鸣，是天地之变，阴阳之化，物之罕至者也；怪之，可也；而畏之，非也。”[②] 但董仲舒相信，或者说他不得不相信，圣人记录灾异是要以人主对上天的敬畏实现天人之道的贯通。正如圣人对灾异是有意记录的，灾异的发生也是上天有意为之，体现了上天仁爱人君之心：

> 国家将有失道之败，而天乃先出灾害以谴告之，不知自省，又出怪异以警惧之，尚不知变，而伤败乃至。以此见天心之仁爱人君而欲止其乱也。自非大亡道之世者，天尽欲扶持而全安之，事在强勉而已矣。[③]

① 《汉书·董仲舒传》。
② 《荀子·天论》。
③ 《汉书·董仲舒传》。

如此，董仲舒以对“天心”的道德化解说，让无常的天意变为有常。这是在充分认识到人主对无常之天的敬畏的情况下，以理性化的方式让天意变得可以为人所理解，并且以上天对人主的仁爱使天披上了一层温情的面纱，使天意乐于为人主所接受。也就是说，灾异的发生乃是因为上天对人主的仁爱。出于对体现了天意的灾异之“畏”，人主就应该恰当地行事，努力使自己的作为符合于天意，若此方能实现帝王的大欲。因为“天之所大奉使之王者，必有非人力所能致而自至者，此受命之符也。天下之人同心归之，若归父母，故天瑞应诚而至”。[①] 不难看出，董仲舒实际上是对帝王之欲与学者的理想进行了调和。一方面以对帝王所欲想的祥瑞的肯定来加强帝王对上天的敬畏，同时又弱化帝王对“怪力乱神”之天的迷恋；一方面又以对天的意志化解说为学者找到与帝王相连接的桥梁，同时也弱化了学者对理性之天的过分崇扬。那么，在董仲舒对灾异的具体解说中，学者的理想究竟如何得以现实化？

二、《春秋》阴阳灾异说的基本原理

我们知道，阴阳、五行逐渐实现政治化是在战国中后期出于大一统的实际需要而逐渐完成的，孔子所作的《春秋》经文中丝毫无阴阳、五行的痕迹。当大一统真正实现以后，出于约束君权的需要，董仲舒“始推阴阳”以治《春秋》，成功实现了经典的阴阳化。在这项工作中，第一步乃是选取《春秋》与阴阳的连接点。《春秋》中唯一可与自然性的阴阳学说相连接的即是灾异，但记录灾异本为史书通则，董仲舒首先需要做的即是说明《春秋》所记灾异的特殊性，以体现圣人笔法之深意。在此基础上，方能进入到第二步，即解释灾异究竟是如何发生的。董仲舒选择用当时被普遍信奉的阴阳学说来完成这项任务。如此，以灾异为枢纽，《春秋》与阴阳学说顺利完成了对接，董仲舒的《春秋》阴阳灾异学说基本成型。

① 《汉书·董仲舒传》。

为了体现《春秋》记灾异之深意，董仲舒说："《春秋》至意有二端，不本二端之所从起，亦未可与论灾异也，小大微著之分也。"[①] 也就是说，只有明了《春秋》之"至意"才有资格讨论灾异。同时也意味着，讨论灾异是《春秋》"至意"的"至意"。那"小大微著之分"这"二端"究竟如何体现"《春秋》至意"？

董仲舒详细列举了《春秋》所记录的灾异后说："孔子明得失，差贵贱，反王道之本。讥天王以致太平。刺恶讥微，不遗小大。善无细而不举，恶无细而不去，进善诛恶，绝诸本而已矣。"[②] 在他看来，孔子不厌其烦地记录灾异，于细微处体现讥刺之意，最终是为了达致太平，因为"孔子作《春秋》，上揆之天道，下质诸人情，参之于古，考之于今。故《春秋》之所讥，灾害之所加也；《春秋》之所恶，怪异之所施也"[③]。董仲舒说："夫览求微细于无端之处，诚知小之将为大也，微之将为著也。吉凶未形，圣人所独立也，虽欲从之，末由也已，此之谓也。"[④] 任何事情皆是由微至显、由小而大，圣人将天所降下的灾异详细书之《春秋》，就是要告诉后来的王者要防微杜渐，"圣人能系心于微而致之著也"[⑤]。不了解大小微著的深刻道理，不足以探知孔子志灾异的用心。那么，形形色色的灾异除了遵从由微至著这个基本原则以外，有没有更具系统解说力的法则来说明每一次灾异的发生？

董仲舒在回答武帝"灾异之变，何缘而起"的疑惑时，说：

> 及至后世，淫佚衰微，不能统理群生，诸侯背畔，残贼良民以争壤土，废德教而任刑罚。刑罚不中，则生邪气；邪气积于下，怨恶畜于上。上下不和，则阴阳缪盭而妖孽生矣。此灾异所缘而起也。……

① 《春秋繁露·二端》。

② 《春秋繁露·王道》。

③ 《汉书·董仲舒传》。

④ 《春秋繁露·二端》。

⑤ 《春秋繁露·二端》。

> 春者天之所以生也，仁者君之所以爱也；夏者天之所以长也，德者君之所以养也；霜者天之所以杀也，刑者君之所以罚也。繇此言之，天人之征，古今之道也。①

这里首先将春秋时代礼崩乐坏的现实归因于人主“废德教而任刑罚”，再进一步将灾异的发生归结于由“刑罚不中”所生的“邪气”与“怨恶”导致的“上下不和”。“邪气”与“怨恶”既然由“刑罚不中”而来，那应该皆是就人而言。上下不和应该指的是在上位之人与在下位之人的不和，亦是在人事的意义上谈论。阴阳既然是“缪盭”，则此处的阴阳应该是就阴阳二气而言，要不然无法因为阴阳的错缪而生出自然性的妖孽也就是灾异。如此，就涉及从人事向自然的过渡问题。最根本的问题在于，如果没有相应的理论预设，很难由人事的不调和导致自然的紊乱。那我们就只能认为，当董仲舒在自然性的意义上使用“阴阳”这个字眼时，已经默认了阴阳也具有政治性的含义，而在此之前的阴阳学说的确已经实现了政治化，也就是我们仔细梳理过的阴阳刑德学说。正因为有阴阳刑德学说作为基本的立论背景，人事与自然才能实现合理的对接。因此，董仲舒在给出灾异发生的缘由之后，才会以四时之政来进一步证明，而圣人依四时立政正是阴阳刑德学说的核心要义。与前人对四时基本的定义“生、长、收、藏”大致相同，董仲舒以春为生为仁为爱，以夏为长为德为养，以霜（秋）为杀，以刑（冬）为罚。董仲舒为春、夏各自赋予了天道与人道，却将秋、冬合在一起为之共同赋予天人之道，且用刑来直接作为冬的代称，可见在此作为天之道的四时与作为圣人之道的仁德杀罚相互对应的系统中，董仲舒有明显的尊德而抑刑之意。而之后进一步将“天人之征”等同于“古今之道”，则是董仲舒在灾异的基础上进一步对其《春秋》学主旨的论证式的返归。这也意味着，在董仲舒的理论视域中，灾异与天人古今之道是可以互证且同一的。但是，仅仅用阴阳刑德学说来解说灾异的发生，还是只能获得一

① 《汉书·董仲舒传》。

个极为粗疏的总体性说明。面对各式各样的灾异，董仲舒不得不求助于阴阳学说的其他内涵。

作为一种从自然性的含义上发展起来的学说，阴阳学说本来就可以直接解说某些自然灾害。比如著名的伯阳父对地震的讨论，他说“阳伏而不能出，阴迫而不能蒸，于是有地震”①，明显是在作为向上升腾之气的阳气和作为向下沉降之气的阴气的意义上来探讨。我们知道，阴阳可以引申为冷暖寒温，还可以在此基础上与水火（自然性而非五行意义上的水火）相对应。那么，在解释最为常见也对人事影响最为重大的水灾与旱灾时，完全可以用自然性意义上的阴阳学说来解释。董仲舒正是这样做的。我们说过，太史公在概括董仲舒《春秋》阴阳灾异说时言“以《春秋》灾异之变推阴阳所以错行，故求雨闭诸阳，纵诸阴，其止雨反是”②，明显是在自然性的含义上谈论阴阳。董仲舒自己对旱灾和水灾的基本原理的说明也是在这个意义上来使用阴阳。他说“大旱者，阳灭阴也”，又说“大水者，阴灭阳也。日食亦然”③，可见用自然性的阴阳学说来解释灾异还可以不断进行引申，比如“夏大雨水”“冬大雨雪”“霣霜不杀草”“正月不雨，至于秋七月”“梁山崩，壅河，三日不流”④等等。我们看到，其实大部分的灾异皆可用自然意义上的阴阳学说来解释。因为从最根本的意义上而言，灾异本来就是自然现象。荀子为了证明灾异与人事之无涉，在解说灾异时说“夫星之队，木之鸣，是天地之变，阴阳之化，物之罕至者也”。⑤其实荀子也是不自觉地在自然性的意义上使用阴阳学说，而且他将“阴阳之化”作为灾异的一个总体性解释，可见阴阳学说在荀子时代已经成为解说自然的核心方式。到了董仲舒的时代，使用这种时代共法来解说灾异自然在情理之中。但如果董仲舒停留于此，则仍然与他所力图超越的荀子无

① 《国语·周语》。

② 《史记·儒林列传》。

③ 《春秋繁露·精华》。

④ 以上所引皆是董仲舒在《王道》篇中所列举的灾异，并不能包括《春秋》所录灾异的全部。

⑤ 《荀子·天论》。

从区别。事实上，阴阳学说的自然性意涵仅仅是被董仲舒作为论灾异的基础，他从来不会简单地将阴阳学说仅在自然性的意义上使用，他更为钟情的乃是由阴阳自然性意涵而来的与人事的比附。

我们知道，最早论说阴阳刑德学说的《黄帝四经》表现出明显的尚阳倾向，由此固然可以便利地推出尊德而抑刑的主张，但仍然可以从中开出更多的理论方向。《黄帝四经》说：

> 凡论必以阴阳[明]大义。天阳地阴。春阳秋阴。夏阳冬阴。昼阳夜阴。大国阳，小国阴。重国阳，轻国阴。有事阳而无事阴。信[伸]阴[阳]者(而)屈者阴。主阳臣阴。上阳下阴，男阳(女阴)。(父)阳(子)阴。兄阳弟阴。长阳少(阴)。贵(阳)贱(阴)。达阳穷阴。取[娶]妇生子阳，有丧阴。制人者阳，制于人者阴。客阳主人阴。师阳役阴。言阳黑[默]阴。予阳受阴。诸阳者法天，天贵正，过正曰诡□□□□祭乃反。诸阴者法地，地(之)德安徐正静，柔节先定，善予不争。此地之度而雌之节也。①

当《黄帝四经》将阳与天相配、将阴与地相配，并进而将人世间万事万物与阴阳相配时，固然是在表达尚阳的观念。但我们也看到，在天尊地卑的主导原则下，万事万物正是以尊卑上下为原则分别与阴阳相对应。也就是说，这里的配属体现的乃是整个世界的井然有序。这个尊卑上下秩然分明的世界是《黄帝四经》作者的理想，同时也是对春秋战国混乱无序的批判。

自孔子以来，对时代的批判就集中于以下犯上的僭乱，孔子最终的解决办法是作《春秋》，寄望于后世。因此，当董仲舒高倡《春秋》大义时，实际上将《春秋》对秩序的追求也同时继承。从孔子一直到荀子，虽说都在强调上下有等尊卑有序，但除了给出政治上的理由以外，并未像董仲舒那样，同时也给出了宇宙论的依据。既然人伦关系皆可放入天阳地阴的大系统中以二分的方式安置，那么处于此系统中的所有人伦皆相应地获得了

① 《黄帝四经·称》，余明光：《黄帝四经与黄老思想》，第332—333页。

尊卑，因为阳尊阴卑乃是毋庸置疑的“阴阳大义”。再进而言之，既然同处于一个系统之中，那么以“阴阳”为核心解说原则的灾异自然可以找到人事上的对应。或者说，自然性的灾异完全可能由人伦关系的紊乱导致。这是董仲舒探讨灾异起因时更为惯常的方式。当董仲舒详细列举《春秋》灾异之前，正是给出了这种更为本质的起因：

> 周衰，天子微弱，诸侯力政，大夫专国，士专邑，不能行度制法文之礼。诸侯背叛，莫修贡聘，奉献天子。臣弑其君，子弑其父，孽杀其宗，不能统理，更相伐锉以广地。以强相胁，不能制属。强奄弱，众暴寡，富使贫，并兼无已。臣下上僭，不能禁止。日为之食，星霣如雨，雨螽，沙鹿崩……[①]

如果不是看到后面所连接的一大串灾异，这段话很容易就能被理解为对周衰所导致的礼崩乐坏之描述，这是自孔子以来最为常见的方式。在这种描述中，无论是子弑父，还是臣弑君，一切皆因周衰而起，而周衰之具体表现同时即是犯上作乱不可止。用较为抽象的方式来表达，造成了A的原因是B，而B的具体表现是A。这其实就是同义反复。也就是说，这种描述方式其实最终既没有为A找到最终的根源，更无法说明它所认为的根源B到底是怎么发生的。如果是在孔子的语境中，那他也许会说最终的原因乃是上下皆失其德，不安守本分。到了孟子的解说中，《春秋》既然可以使“乱臣贼子惧”，那作为“天子之事”的《春秋》解决问题的方式仍然停留在道德甚至是心理的层面。只要不从政治制度本身来探寻一种政制的瓦解，那只能得出这种无关痛痒的结论。董仲舒超越前人的地方就在于，他虽然继承了这种对周式政制崩溃的基本描述方式，但他对一统的认可却无意中应和了对周制崩溃做出最终解决的大一统政制。董仲舒本身就生存于大一统已然实现的时代，他将人事的僭乱与自然的灾异合理地连接了起来，用人事来解说灾异，进而用灾异来规范人事，本质上还是为了解决大一统

① 《春秋繁露·王道》。

政制本身的问题。这是董仲舒的灾异学说最为特别的地方。

《汉书·五行志》保留了大量董仲舒对灾异的探讨，其立论的基础无外乎阴阳学说，既有单纯用阴阳的自然意涵来解释，又有在人事意义上使用阴阳学说来解释[①]。总体来看，其实董仲舒对阴阳的这两种意义并不是截然分明地在使用，而是在自然意义上使用时仍然暗含了其与人事的对应，在人事意义上使用时更是预设了作为其理论基础的自然意义。因此，董仲舒才会将大旱进一步解释为“阳灭阴者，尊厌卑也”[②]，将大水和日食进一步解释为“阴灭阳者，卑胜尊也。日食亦然，皆下犯上、以贱伤贵者，逆节也”[③]。我们通常所说的“天人感应”，也应首先置于这个视域中来理解。只有在这个意义上，我们才能说董仲舒解说灾异的理论基础是天人感应。因此，董仲舒的《春秋》阴阳灾异说最核心的问题就在于阴阳学说视野中自然与人事能否互相影响。至少于董仲舒自己而言，他不会认为天人之间的感应是不可理解的“怪力乱神”。即便要说董仲舒的理论中有宗教神学的成分，那也是以理性的方式构建起的，因为他的根本目的是为了让帝王能够有所“畏”，由对不可置疑的自然之理的“畏”进至对人伦政治之理的“畏”，从而实现善治。如果董仲舒的理论真的可以让帝王信服进而“畏”，那么，如何避免灾异发生？再进一步，当灾异发生的时候，如何有效应对？

由于所有灾异的发生都是由微至著、由小及大，因此防微杜渐成了预防灾异的基本方式，董仲舒强调“《春秋》至意”正是基于此种目的。董仲舒在提出《春秋》至意有小大微著之二端后说：

> 故圣人能系心于微而致之著也。是故《春秋》之道，以元之深正天之端，以天之端正王之政，以王之政正诸侯之即位，以诸侯之即位正竟内之治，五者俱正而化大行。故书日食、星陨、有蜮、地震、夏

① 参江新：《〈春秋繁露《求雨》、《止雨》〉作者考》，《中国哲学史》，2012年第1期。

② 《春秋繁露·精华》。

③ 《春秋繁露·精华》。

> 大雨水、冬大雨雹、陨霜不杀草、自正月不雨至于秋七月、有鸜鹆来朝，《春秋》异之，以此见悖乱之征。是小者不得大，微者不得著，虽甚末，亦一端。孔子以此效之，吾所以贵微重始是也。因恶夫推灾异之象于前，然后图安危祸乱于后者，非《春秋》之所甚贵也。然而《春秋》举以为一端者，亦欲其省天谴而畏天威，内动于心志，外见于事情，修身省己，明善心以反道者也，岂非贵微重始、慎终推效者哉！[①]

这段话包含了董仲舒《春秋》阴阳灾异说的根本关切。董仲舒将“大一为元”的《春秋》大义与阴阳灾异说整合了起来，将阴阳灾异说指向了《春秋》“五始”说所强调的“贵微重始”之义，实现了《春秋》与阴阳灾异在理论上的深度融合。在董仲舒看来，圣人详细记录灾异，与其“元年，春，王正月”的书法追求的是同样的目标，皆是为了让人主深明其职责所在，以修身正己作为其行政的第一要务，因为正己是正人的基本前提。从阴阳灾异说的角度来说，则人主对天降灾异的畏惧促使其反省自己的心志，并在此基础上推之于具体的行事，从而明善反道，促成王道。因此，预防灾异的核心原则或者说首要方法即是人主的“贵微重始”，正己以治人。联系董仲舒立说的时间，这正好是对初即位的武帝之殷殷规劝。董仲舒给武帝提出的具体方法是“受命改制”，这将成为武帝之世改元与封禅的理论先声。但是，“贵微重始”若体现在现实政治中，其必要性往往只存在于王者即位之初，即是说此方法无法预防和解决王者即位之后所发生的灾异。

既然董仲舒首先以阴阳刑德学说来解释灾异的发生，则我们完全有理由推论，如果人主在政刑结构和日常行政中能够真正地做到尊德而贱刑，那么就能从根本上杜绝灾异的发生。若我们要在“天人三策”及董仲舒的相关论著中寻找董仲舒在现实政治层面的核心主张，尊德而贱刑无疑是他最根本的关切。然而武帝时代不仅未实现这一“善治”，酷吏反而日多，可见以尊德而贱刑来预防或消除灾异更多只能停留在理论或是理想的层

① 《春秋繁露·二端》。

面。太史公的记述让我们看到，武帝时代发生的灾异何其之多[①]。因此，对政治的常态而言，有效地应对已然发生的灾异更显重要。

我们知道，在导致董仲舒“不敢复言灾异”的事件中[②]，当他将辽东高庙灾的远因归结为其居于“不当居”[③]之地、“于礼亦不当立”[④]时，正是用阴阳说所要求的尊卑有序来解释灾异，而当他将此灾的近因归结为“又多兄弟亲戚骨肉之连，骄扬奢侈恣睢者众”[⑤]时，依然贯彻的是阴阳灾异说的尊卑原则。作为宗庙之大者，尊贵的高庙不应该建在偏远的辽东。诸侯王骄奢淫逸，无视上下尊卑之序，挑战中央权威。所有这一切悖乱礼制之事都导致阴阳失和而天降灾异于高庙。据于此，董仲舒向武帝提出了他的应对之策：

> 故天灾若语陛下：“当今之世，虽敝而重难，非以太平至公，不能治也。视亲戚贵属在诸侯远正最甚者，忍而诛之，如吾燔辽东高庙乃可……”云尔。在外而不正者，虽贵如高庙，犹灾燔之，况诸侯乎！[⑥]

从中可以看出，灾异的基本应对方式是促使不正者改正，或消灭不正者。既然高庙在外不正，那天就降下大火；既然诸侯在外不正，那就应该选择其最甚者“忍而诛之”，以促使其他不正者自行改正。无论是促使不正者改正还是消灭不正者，皆是由灾异的发生原理向上逆推，从灾异发生的根源上去解决问题，依据的是阴阳学说所要求的上下尊卑秩然有序之原则。确切地说，是阴阳二分且阳尊阴卑的整个世界所体现出的礼制原则。

我们在《汉书·五行志》里看到，董仲舒在探讨灾异的起因时，无论是天文异象，还是自然灾害，最终都会被归结为人伦政治的失序。这些失序，

① 参《史记·孝武本纪》。
② 参《史记·儒林列传》。
③ 《汉书·五行志》。
④ 《汉书·五行志》。
⑤ 《汉书·五行志》。
⑥ 《汉书·五行志》。

要么导致阳气过甚，要么引发阴气过盛，合在一起说就是阴阳失调。因此，要对治由阴阳失调所产生的灾异，基本的方式就是调和阴阳。如果阳气过甚则损阳补阴，如果阴气过盛则抑阴助阳。具体到辽东高庙灾的问题，正是诸侯骄奢所导致了阳气过盛，因乎“阳失节则火灾出”[①]，则诛杀其最甚者可以起到损阳益阴的功效，从而避免此类灾异的再次发生。诛杀之事虽是人主方能为之，但其他诸侯也应以此为戒，努力端正自己的行为。如此，对治灾异就不仅仅是人主一人之责，而是要求处在人伦政治秩序中的每个人皆应安其职分。但是，并非所有灾异只须调和人伦政治意义上的阴阳即可对治，阴阳学说的自然性意涵仍然可以有效对治灾异。

试以较具代表性的求雨、止雨为例：

> 大旱者，阳灭阴也。阳灭阴者，尊厌卑也，固其义也，虽大甚，拜请之而已，敢有加也。大水者，阴灭阳也。阴灭阳者，卑胜尊也，日食亦然，皆下犯上、以贱伤贵者，逆节也，故鸣鼓而攻之，朱丝而胁之，为其不义也。此亦《春秋》之不畏强御也。故变天地之位，正阴阳之序，直行其道而不忘其难，义之至也。[②]

由于立定了阳尊阴卑的基本前提，阴阳的调和也并非绝对的平衡，而是在处理阳灭阴和阴灭阳的问题时各有其侧重。因乎阳对阴本来就应该具有优势地位，在对治阳灭阴所导致的大旱时，只需要拜请即可，无须其他辅助。但阴灭阳所导致的大水和日食却极不符合阴阳本来的尊卑地位，是以下犯上的大逆不道，因此必须要以强力攻之胁之，以压制阴的不义。

《春秋繁露》中的《求雨篇》不是董仲舒的作品，但还是能看到他的一些思路。《止雨篇》所记录的董仲舒在江都相任上所发布的止雨命令是他对治灾异的具体实例：

---

① 《汉书·五行志》。
② 《春秋繁露·精华》。

> 二十一年八月甲申，朔。丙午，江都相仲舒告内史中尉：阴雨太久，恐伤五谷，趣止雨。止雨之礼，废阴起阳。书十七县，八十离乡，及都官吏千石以下，夫妇在官者，咸遣妇归。女子不得至市，市无诣井，盖之，勿令泄。鼓用牲于社。祝之曰："雨以太多，五谷不和，敬进肥牲，以请社灵，社灵幸为止雨，除民所苦，无使阴灭阳。阴灭阳，不顺于天。天意常在于利民，愿止雨。敢告。"鼓用牲于社，皆一以辛亥之日，书到即起，县社令长，若丞尉官长，各城邑社啬夫，里吏正里人皆出，至于社下，餔而罢。三日而止。未至三日，天暒亦止。[①]

我们看到，虽然董仲舒很强调止雨之礼中对"社灵"的祷告，但止雨活动中最重要的仍然是阴阳学说指导下的"废阴起阳"。在这次止雨活动中，董仲舒首先要求各级官吏遣归妇人，同时下令女子不得出门，并将所有水井盖紧。完成这些"废阴起阳"的基本举措后，才开始向社灵献祭祈祷。祷词的核心是"无使阴灭阳"，因为"阴灭阳，不顺于天"。虽然董仲舒将天意归于"利民"，万民受大水之苦并非天意，但"阴灭阳"而引发的灾异所违逆的"天意"实质上为阴阳调和且阳尊阴卑的"天之道"。因此，单就此次止雨活动而言，董仲舒更为重视的是在作为天道的阴阳学说指导下依靠人自身的努力消除灾异。

董仲舒对祈祷活动本身的重视，并不超出荀子以来学者的理性态度。荀子说："日月食而救之，天旱而雩，卜筮，然后决大事，非以为得求也，以文之也。"[②]并不认为祈祷活动真的能实现对灾异的补救，而只是将祈祷活动定义为一种必要的礼仪文饰。董仲舒在此基础上，主动发挥人自身顺应和补救作为"天道"的阴阳之理的能力，让祈祷活动最终变为"自救"。当武帝道出自己对"灾异之变"的困惑时，董仲舒回答：

> 国家将有失道之败，而天乃先出灾害以谴告之，不知自省，又出

---

① 《春秋繁露·止雨》。

② 《荀子·天论》。

> 怪异以警惧之，尚不知变，而伤败乃至。以此见天心之仁爱人君而欲止其乱也。自非大亡道之世者，天尽欲扶持而全安之，事在强勉而已矣。强勉学问，则闻见博而知益明；强勉行道，则德日起而大有功：此皆可使还至而有效者也。《诗》曰“夙夜匪解”，《书》云“茂哉茂哉！”皆强勉之谓也。[①]

因此，在论述灾异发生的总根源时，无论董仲舒多么强调似乎具有人格性的天意和天心，若要实现国家的大治，最终依靠的只能是人自身的努力。具体到对治灾异的问题上来，最终依靠的是人们对作为天道的阴阳之理的把握与顺应，正所谓“事在强勉而已矣”。荀子所说的“从天而颂之，孰与制天命而用之”[②]，大概也可以在这个意义上来理解罢。

三、《春秋》阴阳灾异说的理论及现实困难

纯就理论自身来看，董仲舒的《春秋》阴阳灾异说无疑是一大开创性的学说，因为它有效弥合了帝王需要与学者理想之间的巨大鸿沟。后来的学者只要仍然对改良政治有所期望，就很乐于或可说不得不借鉴由董仲舒所率先实践的这一理论范式。然而我们必须指出，尽管董仲舒“始推阴阳，为儒者宗”，不过他对后世学者的示范效力并非来自《春秋》阴阳灾异说本身，而更多地在于一种学说构造方式。从现实层面来看，《春秋》阴阳灾异说也并未如董仲舒所预想的，实现对政治的改造，反而他并非钟意的《春秋》决狱学为世所重。所有这一切，都和《春秋》阴阳灾异说本身存在的理论和现实困难相关。

无论董仲舒的《春秋》阴阳灾异说以何面目呈现，都是依托于《春秋》经以及《公羊传》而立论。既然董仲舒论灾异是以阴阳学说为主要手段，那《春秋》经及《公羊传》本身的特质决定了阴阳灾异说的限度。若单纯

---

① 《汉书·董仲舒传》。

② 《荀子·天论》。

从阴阳论灾异，则其有效性取决于阴阳学说的解释力。但《春秋》经与《公羊传》不仅毫无阴阳学说的痕迹，且无论是对灾异的记录还是解说皆只针对具体的人事，因此《春秋》阴阳灾异说的核心问题就是《春秋》是否即是沟通天人之书。董仲舒当然以“究天人之际”为其《春秋》学的核心追求，但此种解说的有效性仍然取决于孔子著《春秋》之本意是否也是如此。所以，无论董仲舒做出多么巧妙的连接，他的成就仍然取决于别人对孔子著《春秋》乃为了沟通天人这一信念的认同度。我们不能不承认子贡对孔子学说之关注点的定位“性与天道，不可得而闻也”其实也是《春秋》经的真实写照。因此，当朴质的左氏学愈发为人所认同时，《春秋》阴阳灾异说就逐渐失去其最终的依靠。而且，同样坚信经典沟通天人之用心，但其他经典援阴阳、五行而论灾异兴起之后，《春秋》阴阳灾异说逐渐衰落。因为与其他经典相比，身先示范的《春秋》虽然最早实现了阴阳五行化，但其本身与阴阳五行相结合的能力实在不高。“五经之首”由《春秋》到《易》的历史性转变最能说明这个问题。

单就以阴阳论《春秋》灾异这一理论方式而言，除《春秋》经本身的不足之外，阴阳学说也有自身问题。我们知道，阴阳学说的核心是对世界之二分，这种划分方式有利于解释世界的斗争变化，但却不利于展现万事万物的复杂繁多。因此，以阴阳学说为据来解说灾异时，所有的灾异最终不得不被归入阴灭阳或阳灭阴这两种发生模式中去。我们看到，很多灾异比如大旱、大水、日食等的确可以用阴阳学说合理解释，但有的灾异比如虫灾、山崩、瘟疫、彗星、陨石、多麋等却很难获得让人信服的解说，所以《汉书·五行志》中所见的这类灾异之解说更多会取刘向的解释，可以见到的董仲舒的解释要么过于牵强，要么失之荒谬。另外必须提及，从本质上而言，无论是以阴阳、五行或阴阳五行相结合论灾异，所采取的皆是一种类似于形式逻辑中“类比逻辑”的思维模式，这种方式虽然能够极大地扩展认知边界，但只要被类比的认知要素无法在根本上被证实具有一致性或完全的相关性（相反，这种一致性或相关性极易得到证伪），则其类比的有效性是可疑的。[①]

从《春秋》阴阳灾异说整体而言，董仲舒提出的预防灾异的方案都是对帝王的苛刻要求，只要帝王不切实践行，这种方案的有效与否就无法得到证明。而董仲舒提出的对治方案，要么是严于律己，要么是诛杀亲贵，都很难被帝王遵行。因此，当董仲舒针对辽东高庙灾提出“视亲戚贵属在诸侯远正最甚者，忍而诛之”的解决方案时，无怪乎被帝王视为大逆不道之言，连董仲舒自己的弟子也认为“大愚”。加之，董仲舒《春秋》阴阳灾异说要么着眼于对灾异的预防，要么切就于对灾异的治理，并不能给更信奉“怪力乱神”的帝王提供神秘的政治预言或长生成仙的具体方法。因此，董仲舒的《春秋》阴阳灾异说无论在当时还是在其身后，远远比不上方士的大行其道与谶纬内学的无上尊荣。

虽然有着种种难以解决的困难，但我们必须看到，在董仲舒自己的理论体系中，《春秋》阴阳灾异说是完全自洽圆满的。理论上的完满并不代表现实中可以取得的成就。更多的时候，帝王的真实需要往往与学者的理想相冲突。我们不能一味地苛责帝王的贪婪或学者的迂腐，而要看到在“一统乎天子”的政治环境中，帝王与学者（以改造政治为抱负的学者）虽然可以有自己的鲜明特性，但最终都是处在一种深度紧张之中。这种紧张构成了秦以后中国政治的基本特质，只要大一统的政治结构不发生大的变动，这种紧张始终难以消除。作为有理想的学者之优秀代表，董仲舒以学术预政治之艰苦卓绝的努力也最为典型。

① 此处的论述得益于《哲学与文化》审稿专家的指点，诚致谢忱！

第三章 阴阳五行与究天人之际

作为《春秋》学家，也许董仲舒并不成功，但他依托于《春秋》学所构建起的贯通天人、古今的大系统是我们不得不加以认真探讨的，因为这个系统所要实现的目标不仅是古代政治理论的核心关切，也奠基了董仲舒以后学术与政治进行互动的基本图式。

我们说过，董仲舒《春秋》学的核心主旨是“究天人”与“通古今”。虽然在董仲舒看来，“究天人”即意味着“通古今”，但我们还是要将这两者区别对待。因为在天人未究和古今未通的状态下，这两者并不能等同。也就是说，天人与古今的同一皆是就其已完成状态或可说圆满状态下而言。若非如此，武帝不会强调“善言天者必有征于人，善言古者必有见于今”[①]，后来的太史公更不会将《史记》的目标明确定性为“究天人之际，通古今之变”。对董仲舒而言，“究天人”侧重于天道与人道在理论上的贯通，而“通古今”更侧重于古今政制在实践上的选择。与构建最具时代特色的《春秋》阴阳灾异说一样，作为时代共法的阴阳（准确地说是阴阳五行）学说仍然在实现《春秋》学的核心主旨中发挥了关键性作用。在太史公以《史记》“成一家之言”之前，董仲舒早以阴阳五行为主要手段，对天人古今问题立下了自己的一家之言。历史地看，董仲舒的一家之言在古代政治学说的进展中是划时代的，包括太史公在内的后来人皆不脱董仲舒的影响。

① 《汉书·董仲舒传》。

当董仲舒将武帝的策问总结为“天命”与“情性”时，恰好为自己的天人学说找到了最切适的进路。天命降之于天受之于人（人主），情性得之于天赋之于人。可见无论是在武帝的关切还是在董仲舒的应答中，天与人已经难分难解地成为共生性的概念，很难单独地讨论天或讨论人。这种共生性既是董仲舒天人理论的背景，也是其突出特征。我们也必须看到，无论是对天命还是对情性的认知，武帝和董仲舒明显存在着一种紧张。武帝对天命的理解更倾向于天的层面，他对天命问题的不解实质上指向了帝王之有为、无为的现实选择，而董仲舒却必须将天命归结于人事的努力，强调“勤勉”。武帝对性情的理解偏重于现实中人性的善恶（仁鄙）与寿命的长短（寿夭），联系他对长生的追求，武帝可能更加关心的是寿命的长短问题。董仲舒对此避而不谈，一定要将现实的人性善恶上推到天道的层面，为教化的必要性作论证。从这种紧张中，我们看到的仍然是帝王对神秘之天的需要与学者对天的理性解说之间的鸿沟。在这个鸿沟中，能够获得帝王与学者共同尊信的，就是流传已久的阴阳五行（主要是阴阳）学说。因此，董仲舒用阴阳五行来沟通帝王的需要与学者的理想，进而沟通天人，仍然是顺理成章之事。

第一节　天人之际

当荀子将学者的理性发挥到极致时，天的自然性意涵得到了完全贯彻，不仅其道德性意涵丧失殆尽，天最初所具的神圣性也被彻底剥落。在此思路下，天人相分成了必然的理论结果。尽管在帝王与大多数世人眼中，天的形象混杂难辨，天的神秘力量更为他们青睐，但学者却不得不认真对待荀子的探索。因此，天人相分既成为汉初学者的思想资源，更是关注天人合一的学者必须面对的思想难题。当《春秋》学者董仲舒初以学术预政治，对帝王说“以观天人相与之际”[①]时，“天人之际”所显示出的天、人之间的距离正是董仲舒不得不面对的，这是“究天人之际”的前提[②]。与荀子的天人相分将天、人化属于截然不相干的两个领域不同，董仲舒的天人之际只表明了天人之间存在距离，并不意味着天、人难以沟通。所以，当荀子由天人相分合理地推出“唯圣人不求知天”时，“知天”以及在此基础上推导出的（人）“可以”“知天”就成为董仲舒反对荀子的基本理论前提。董仲舒说“夫王者不可以不知天”[③]，正是对荀子天人观在根源上的逆转。但与孟子“尽心知性”以“知天”大为不同，董仲舒仍然遵循了稷下以来尤其是荀子的理性态度，将“天”首先作为外在于人之心性的客观之物，承认天有着自己的运行方式，用董仲舒自己的话说就是“天数”或“天道”。

一、十天端与天人之际

在可作为董仲舒天人学说总纲领的《天地阴阳》[④]中，他开篇即言：“天、地、阴、阳、木、火、土、金、水，九，与人而十者，天之数毕也。”这里将“十”作为“天之数”，但“天之数”表达的并不仅仅是“数字”的含义，而是更侧重于由“天、地、阴、阳、木、火、土、金、水、人”这十种物事所构成的天的最核心面相，因为董仲舒在表达同样的意思时还说：

> 天有十端，十端而止已。天为一端，地为一端，阴为一端，阳为一端，

① 《汉书·董仲舒传》。

② 《说文解字》云：“际，壁会也。”段玉裁注曰：“两墙相合之缝也。引申之，凡两合皆曰际。”“际”引申义为两合，那天人之际也当指天人两合。但是，董仲舒并没有单独说“天人之际”，而是说“天人相与之际”，太史公也强调“究天人之际”。因此，天人之际还是在际的本义上说天人之间的缝隙或距离，缝隙无论大小，仍然存在。见段玉裁：《说文解字注》，上海：上海古籍出版社，1988 年，第 736 页。

③ 《春秋繁露·天地阴阳》。

④ 参江新：《天道、王道与汉道——董仲舒春秋公羊学与汉代更化》，北京大学博士学位论文（未出版），2012 年，第 64 页。

火为一端，金为一端，木为一端，水为一端，土为一端，人为一端，凡十端而毕，天之数也。[①]

这里虽然也用了“天之数”，但董仲舒在同篇文章中将三、四、十二、百二十等亦称为“天之数”[②]，可见这里的“天之数”只是泛指，更偏重表达与天道有关的一些特定“数字”，其中以“十”最为核心。所以董仲舒既以“天、地、阴、阳、木、火、土、金、水、人”为“天之数”，又以它们为“天之端”。在董仲舒的文本中，“数”在很多地方通“术”，义为“道”；“端”有本始之义。我们暂先不对董仲舒的“天之数”或“天之端”的概念作细致的分疏，而首先关注董仲舒以“十端”来特别标示出的这十种物事在董仲舒的天人学说里所具有的基础性地位。

董仲舒在解释为什么要选出十种物事作为“天之数”或“天之端”时说：“故数者至十而止，书者以十为终，皆取之此。”[③]说“数者至十而止”，大概主要出于古代记数法的“十进制”，以及使用已久的“十天干”观念。也就是说，十代表着完满，意味着终极。《系辞上传》云：“天数五，地数五，五位相得而各有合。”[④]又云：“天一，地二，天三，地四，天五，地六，天七，地八，天九，地十。”[⑤]即是说天数、地数之和共有十个，从“一”到“十”这十个数涵盖了天地的始终。虽然《系辞上传》讲天地之数是为了论证“大衍之数”，但以“十”作为天地之数的基本数量却与古人对“十”数的极力推崇密切相关，并在此基础上衍生出了后世的所谓“河、洛之数”。董仲舒将“十”作为“天之数”，即已将天、地之数合而称之。因此，“天之数”或“天之端”意义上的“天”，实际上是涵括了天、地在内的天。与稷下以来以天道涵括天、地之道的通行做法相一致，这个“天”可称为

① 《春秋繁露·官制象天》。

② 《春秋繁露·官制象天》。

③ 《春秋繁露·天地阴阳》。

④ 黄寿祺、张善文：《周易译注》，上海：上海古籍出版社，2004 年，第 513 页。

⑤ 黄寿祺、张善文：《周易译注》，第 519 页。

广义的天。

那么，董仲舒的“天”为何要以“天、地、阴、阳、木、火、土、金、水、人”这十种物事作为“天之端”呢？他进一步说：

> 圣人何其贵者？起于天，至于人而毕。毕之外谓之物，物者投所贵之端，而不在其中。以此见人之超然万物之上，而最为天下贵也。[①]

这段话论证了“圣人何其贵”与“人之超然万物之上”。如果我们暂且不注意这里“圣人”与“人”的区分，那么我们看到的将是对“十天端”与“万物”所作的区分。十天端起于天，毕于人。“毕”在这里表“完成”或“结束”之义。如此，就以“人”为分界将天之端与万物区分开来。既然十天端中处于最末端的“人”超然于万物，那么其他九端亦超然于万物。因此，从天到人的十天端并不包括在万物之内。但十天端超然于万物并不意味着与万物没有任何关系，而是作为万物的本源或根基。所谓“物者投所贵之端，而不在其中”，表达的正是此意。虽然我们很难说这里讲述的就是万物生成的原理，但以万物在十天端中的投射将十天端与万物做出“贵”与“贱”[②]的区分，正是表明十天端相比于万物有着理论优先性，并且正是与十天端的某种关联使得万物获得妥当的安置。那么，十天端为何能获得超然于万物之上的理论优先性呢？这就需要我们对这个起于“天”而毕于“人”的系统进行更深入的推阐。

既然“人”是十天端与万物的分界，我们首先来看十天端中的“人”究竟具备什么样的特性。董仲舒在论说人超然于万物时，使用了“圣人”与“人”两个概念。设问时，董仲舒说“圣人何其贵者”；作答时，董仲舒说“人之超然万物之上，而最为天下贵也”；进一步论证时，则说“人，

① 《春秋繁露·天地阴阳》。

② 其实从“物者投所贵者之端”很难推出十天端与万物的贵贱之分，但如果联系上“圣人何其贵者”以及“人之超然万物之上”，则能清楚看出董仲舒对二者在理论上的贵贱之分的判定。

下长万物，上参天地。故其治乱之故，动静顺逆之气，乃损益阴阳之化，而摇荡四海之内”。人与天地相参的观念自《黄帝四经》即已萌始，至《易传》而大发其皇。正如稷下以来论说天人合一皆是就圣人（人主）与天的合一而言，天地人相参即“三才”的观念也是在“圣人”的意义上使用“人”这个概念。董仲舒完全继承了这个论说传统。我们可以设想，能够决定“治乱之故”，并且其“动静顺逆之气”能够“摇荡四海之内”的“人”，除了主掌天下的人主而外，别无他人。董仲舒亦云：“圣人之道，行诸天地，荡诸四海。”[①] 因此，董仲舒也是在圣人（人主）的意义上使用“人”这个概念。十天端中的“人”首先即指圣人（人主）。那么，在十天端的系统中，作为天之端的圣人（人主）的主要任务是什么？董仲舒说：

> 《春秋》举世事之道，夫有书天[②]，之尽与不尽，王者之任也。《诗》云：“天难谌斯，不易维王。”此之谓也。夫王者不可以不知天。[③]

我们看到，董仲舒依托自己《春秋》学者的身份，从经典中得出“王者不可以不知天”的结论。那么，王者必须知的那个“天”是否即是十天端中的那个“天”？

如果说“天之端”或“天之数”中所说的“天”是广义上的天，包含了天、地以及处于天地之间的万事万物，可以用“宇宙”来表示，那作为“十天端”之第一端的这个“天”一定是在较为狭窄的意义上使用“天”这个概念。首先，由于“十天端”都是超然于万物之上，这个“天”并不属于万物之一，因此它就不具备物质形态。其次，既然列于“天”之后的第二个“天端”为“地”，那么这个“天”就不是通常意义上涵括了“地”的那个天，它仅仅是“天”而已。再次，通常意义上可作为天道的阴阳与五行都并列于“天端”之中，

① 《春秋繁露·基义》。

② 前辈学人已明白指出此处有脱误，然并不太影响我们对整段话的理解。参苏舆：《春秋繁露义证》，第467页。

③ 《春秋繁露·天地阴阳》。

可见这个“天”并不包含天道的内涵。综而论之，这个“天”既不是宇宙间所有物事的总括，也不具备丝毫的物质义；既不是宇宙运行原理的描述，也没有任何的精神性意涵。毋宁说，这个“天”就是在最单纯的意义上对“十天端”之第一端所作的描述或指称，只能被认为是“十天端”之初始。因此，王者所当知的“天”就不能局限于作为天之端的“天”，而应该是“天之数”或“天之道”意义上的“天”，这样的“天”才能够与人相参。也因此，“十天端”的系统才可以与三才观念并行不悖。

但我们必须指出，十天端中的任何一端都不是静态地被平行罗列于此系统中，而是随着每一端的次第出现而逐渐丰富着“天”的内涵。到“人”的最终出场，圣人以知天的方式实现了对“十天端”的完整把握，从而使得最初在内涵上极为空洞的作为天之一端的那个“天”成为有着十端的那个“天”。如此，在十天端之中，从第一端的“天”到最后一端的“人”之间就存在着相当的距离，这个距离就是我们所说的“天人之际”。董仲舒紧接着说：“知天，诗人之所难也。天意难见也，其道难理。”也就是说，天人之际的距离很难沟通。但难以沟通并不意味着无法沟通。董仲舒说：

> 是故明阴阳、入出、实虚之处，所以观天之志。辨五行之本末顺逆、小大广狭，所以观天道也。①

在三才观念中，天人之际没有距离。十天端比三才多出来的，正是阴阳和五行。所以，圣人的知天就意味着对阴阳之道和五行之理的把握，因为从阴阳五行中可以得到“天志”“天道”。也因此，阴阳和五行成为董仲舒天人学说中最为核心的内容。

二、阴阳之道

作为“始推阴阳”之人，董仲舒最具特色的学说为其《春秋》阴阳灾异说。

---

① 《春秋繁露·天地阴阳》。

然而，抛开经典的阴阳五行化这个论题，我们必须看到，董仲舒所使用的阴阳学说隶属于阴阳学说的整个发展进程之中。董仲舒既吸收和利用了阴阳学说在此前的一切发展成果，又有所创造，进而形成了具有鲜明董氏特色的阴阳学说。我们知道，在阴阳学说发展中具有里程碑意义的事件乃是阴阳与四时的结合。在这一结合中，以“岁”为基本单位，阴阳二气之消息促成了四时的轮转，而四时各自所具的特征又成为以阴阳学说构建天人合一的核心依据。董仲舒在此基础上，进一步详细构画了阴阳在一岁即四时之中的运行之道，并将此作为自己究天人之际的首要依据。

作为十天端中的两端，阴阳本身即是天道。董仲舒说：“天地之常，一阴一阳。”[①]正是对《系辞传》“一阴一阳之谓道”的化用，也是对十天端的进一步阐发。作为天道的阴阳同时又表现为“气”，董仲舒说：

> 天地之间，有阴阳之气，常渐人者，若水常渐鱼也。所以异于水者，可见与不可见耳，其澹澹也。[②]

也就是说，作为“气”的阴阳乃充塞于天地之间，不过不为人所能见。但正如鱼生存于水之中，被水所包裹，人也是生存于阴阳之气中，被其包裹。这样说来，似乎董仲舒所言的阴阳之气具备物质形态，已经不能等同于作为天端的阴阳。但是，正如人超然于万物，同为天端的阴阳亦当如此。因此，人不可见的阴阳之气更应该被看作超然于万物。其实，如果阴阳不是“气”的流转，那么阴阳概念本身就是空洞的，这是传统的阴阳学说与四时相连接的根基。这就意味着，作为天端的阴阳正是以“气”的特征从而获得其天道内涵。传统的阴阳学说将阳气视作向上蒸腾的温暖的气，将阴气视作向下收缩的寒冷的气，一岁之中的寒暑状况取决于这两种气各自所占的比例，作为四时之区分标志的“二分”“二至”正好体现了一岁之中阴阳二气的四种特殊分布状况。春分为阴阳相半，夏至为纯阳无阴，秋分又回复

① 《春秋繁露·阴阳义》。

② 《春秋繁露·天地阴阳》。

为阴阳相半，冬至则纯阴而无阳。董仲舒正是在此基础上，对阴阳在一岁之中的消息状况进行了更为细致的描画。

《阴阳出入上下》[1]说：

> 天道大数，相反之物也，不得俱出，阴阳是也。春出阳而入阴，秋出阴而入阳，夏右阳而左阴，冬右阴而左阳。阴出则阳入，阳出则阴入；阴右则阳左，阴左则阳右。是故春俱南，秋俱北，而不同道；夏交于前，冬交于后，而不同理。并行而不相乱，浇滑而各持分，此之谓天之意。

我们知道，一岁中每一确定之时的寒暑只表现出一种状况，阴阳二气的流转实际上只是一气的消息。但是，如果不将这一气分作相互反对的二气的话，无法具体探究每一时的寒暑之成因。

---

① 江新先生以《春秋繁露》中涉及阴阳的各篇存在着互相矛盾的宇宙论为据，将此篇以及大多数篇目断定为非董仲舒本人所作。江先生提到，有的篇目中认为阴阳是一气，有的认为是二气，因为最可靠的《雨雹对》中认为阴阳是一气，因此其他所有以阴阳为二气的篇目都不可能是董仲舒亲著。实际上，说阴阳是一气侧重的是对一岁之中每一特定之时的寒暑状况之描述，说阴阳是二气则是对构成每一时之寒暑状况的成因之具体分析，一气与二气并不构成显明的矛盾。江先生也说，董仲舒本人认为一岁之中阴气和阳气是相半的，因此所有那些认为一岁之中阳气多于阴气的篇目就不可能是董仲舒所作。实际上，我们在前面已经提过，在《黄帝四经》中已经有两种四时与阴阳的配法，基本的配法是春夏配阳、秋冬配阴，但以春夏秋主生、以冬主杀乃是为了突出天道重生不重杀的观念，这两种配法其实并不构成矛盾。到了董仲舒这里，只要他以阴阳二气的消息来解说天道的运行，那他必须承认阴阳二气在一岁之中是等量的，但是，董仲舒仍然要说天道以三时生成而以一时肃杀，也是为了突出天道重生不重杀。甚至在有的地方，为了合于天数，董仲舒明确说万物十个月生成两个月收藏。其实这些都不能构成矛盾，如果非要认为董仲舒力主阴阳相半，那董仲舒的尚阳观念就失去了根据。因此，我们认为，若是在整体上把握董仲舒学说的话，这些所谓的矛盾不通之处还是能够得到较为合理的说明，以此为据来判定《春秋繁露》之真伪也就更需斟酌。当然，我们也没有十足的证据来表明所有篇目的作者一定是董仲舒，因此，只要与董仲舒的学说不发生明显矛盾的篇目，我们就倾向于是董仲舒所作。不过，我们仍然要视具体情况加以判断，例如《天辨在人》与《阴阳位》两篇所构建的阴阳循环模式不仅与其他各篇都矛盾，其自身也存在着无法调适与解说的问题。参江新：《天道、王道与汉道——董仲舒春秋公羊学与汉代更化》，第63—76页。

董仲舒在《天道无二》里表达了同样的意思：

> 天之常道，相反之物也，不得两起，故谓之一。一而不二者，天之行也。阴与阳，相反之物也，故或出或入，或右或左，春俱南，秋俱北，夏交于前，冬交于后，并行而不同路，交会而各代理，此其文与？天之道，有一出一入，一休一伏，其度一也，然而不同意。

这里说作为天道的阴阳不得两起而只能是一，但不能同道并行，似乎又只能认作是两气。要理解这段话的意思，一定得将其放入四时与四方相配的背景中。我们试以图来表示：

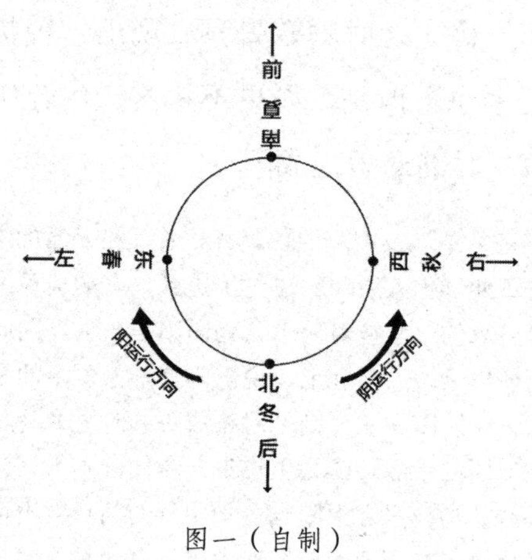

图一（自制）

我们知道，这个四时与四方相配的方法是由《管子》发其端，到董仲舒的时代已经固定为春配东方、夏配南方、秋配西方、冬配北方。支撑这个配属的基础是四时的寒暑状况以及四方给人的基本寒热感受，而这正是自然意义上之阴阳的本质内涵。我们在这幅图里面看到，阴阳以北方为起点，朝相反的方向运行，在南方时相交，继续朝相反方向运行，最后又回到北方，由始点到终点正好历时一年。那么，既然阳气代表温暖、阴气代表寒冷，当春季（实际上为春分，下同）时阳气在东方而阴气在西方，秋季（实际上为秋分，下同）时阳气在西方而阴气在东方，如果阴阳二气各为独立的一种气，为何这两季体现出相同的寒暑状况？另外，冬季时阴阳二气皆在北方，夏季时阴阳二气俱在南方，也就是说，在冬夏的时候阴阳二气俱在一处，为何阴阳二气各自交会时又体现出完全不同的寒暑状况？因此，在这个图式里运行的阴阳二气一定是有更深的内涵。其实，所谓阴阳二气在一年中的运行实质上只是一气的消息。这个气在一年中的每一时都只表现出一种固定的寒暑状况，这就是董仲舒所谓“一而不二”的“天之常道”。从阳气的角度来看，阳气在北方（冬季，实际上为冬至，下同）初生，然后逐渐息长，到南方（夏季，实际上为夏至，下同）时达到顶峰，随后开始消减，到北方（冬季）时消弱至无，从而又开始一个新的循环。若从阴气的角度来看，阴气在北方（冬季）从顶峰开始消减，到南方（夏季）时消弱至无，随后开始息长，到北方（冬季）时再次息至顶峰，从而又开始一个新的循环。因此，无论从阳气还是从阴气的角度都可以理解一年之中不同时间的寒暑状况。这幅图也可以看作是将阳气运行图和阴气运行图合而为一。但是，无论是阳气还是阴气之消息，其背后的本质原因都是相对待的两种力量相激荡。也就是说，作为两种力量的阴、阳共同造成了天道终而复始的循环。所以，我们不能将阴、阳视作单独的二气，而是相与共生的一气，这一气所表现出的寒暑状况实际上取决于此时阴阳各自所占的比重。若我们将这一气视作“一”，那么，在冬至时，这一气纯阴而无阳；在春、秋二分时，这一气中的阴阳也正好相半；在夏至时，这一气纯阳而无阴。此运行模式被董仲舒细化为：

> 天之道，初薄大冬，阴阳各从一方来，而移于后。阴由东方来西，阳由西方来东，至于中冬之月，相遇北方，合而为一，谓之曰至。别而相去，阴适右，阳适左。适左者其道顺，适右者其道逆。逆气左上，顺气右下，故下暖而上寒。以此见天之冬右阴而左阳也，上所右而下所左也。冬月尽，而阴阳俱南还，阳南还出于寅，阴南还入于戌，此阴阳所始出地入地之见处也。至于仲春之月，阳在正东，阴在正西，谓之春分。春分者，阴阳相半也，故昼夜均而寒暑平。阴日损而随阳，

阳日益而鸿，故为暖热。初得大夏之月，相遇南方，合而为一，谓之日[①]至。别而相去，阳适右，阴适左。适左由下，适右由上，上暑而下寒，以此见天之夏右阳而左阴也。上其所右，下其所左。夏月尽，而阴阳俱北还。阳北还而入于申，阴北还而出于辰，此阴阳之所始出地入地之见处也。至于中秋之月，阳在正西，阴在正东，谓之秋分。秋分者，阴阳相半也，故昼夜均而寒暑平。阳日损而随阴，阴日益而鸿，故至于季秋而始霜，至于孟冬而始寒，小雪而物咸成，大寒而物毕藏，天地之功终矣。[②]

这里所论述的阴阳之运转其实正可看作对图一的进一步解说，但又多出了很多新内容。与图一最大的不同是，这里构造的乃是一个由十二辰（包括四时）与十二方（包括四方）所构成的动态立体的时空图式中的阴阳二气年复一年之流转，我们同样以图来表示：

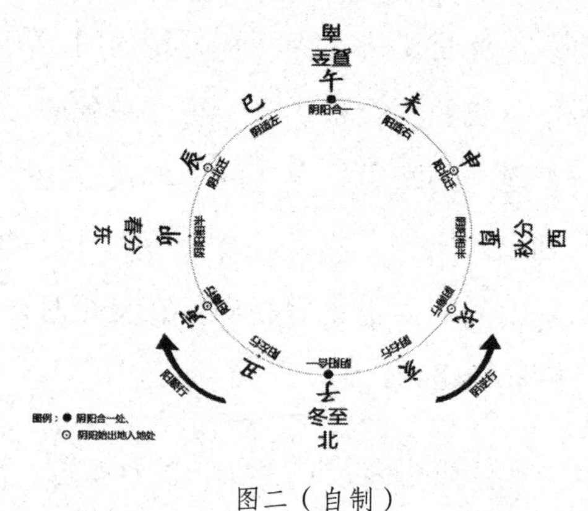

图二（自制）

所谓“初薄大冬”，指的是天道始于仲冬之月也就是子月，这是阴阳在一年之中运行的开始。在此之前，阴由东向西运行至北方，阳由西向东运行至北方，这实际上描述的是阴阳在上一年运行的结束。所谓“天道终

① “日”疑为“曰”之讹。

② 《春秋繁露·阴阳出入上下》。

而复始”，北方既是阴阳在一年运行的终点，同时又是起点。阴阳在此交会，相交的那一天就是冬至。之后随即分离，继续朝各自的方向运行，大体线路与前面所述相同。但是，因为阴是向右行，为逆行；阳是向左行，为顺行。所谓“逆气左上”，指的是阴气向左上方运行，这样讲似乎与方才所说的阴气右行相矛盾。实际上，若我们将此图看作一个平面图，则自然是阴气左行而阳气右行。但我们一开始就已指出，这里构建起的是一个立体的时空图式。因此，若我们将此图看作是一个球形的图，以子位（也就是正北方）作为原点，则阴气向正西方向的运行正好就是左上。同理，“顺气右下”指的是阳气向正东方向运行。因为阳气代表暖，阴气代表寒，又阳气右下，阴气左上，所以“下暖而上寒”。

在此基础上，董仲舒得出了更进一步的结论：“以此见天之冬右阴而左阳也，上所右而下所左也”。这句话颇为难解。如果说“天之冬右阴而左阳”义为冬季时阴气右行而阳气左行，虽与前面所言不发生冲突，但董仲舒论述夏季时说“天之夏右阳而左阴”，不仅与此相反，且与夏季时的阴阳运行方位也相反。因此，无论是说“右阴而左阳”还是“右阳而左阴”，“左”和“右”皆应该有独特的含义，而且必须和“上所右而下所左”放在一个语境中来分析。这里所说的“左”和“右”，其实指的是“卑”和“尊”。我们知道，西汉时，除了谈及座次时的特殊情况[①]，皆以“右”为“尊”，以“左”为“卑”。因此，“天之冬右阴而左阳”就是指天道在冬季（也可以扩展为冬半年）表现出尊阴而卑阳的特征。但这里的“尊”“卑”却只是表达阴阳二气在此时是否占据了优势地位或者说是否居于主导地位，并不包含价值判断。同理，在“上所右而下所左”这个句式中，与前面出现过的“上”“下”绝然不同。这里的“上”“下”也不是指位置或方位的“上”与“下”，而基本上与“右”“左”同义。因为在“上所某”和“下所某”这种句式中，表达的是以“所某”为“上”和以“所某”为“下”

① 当时有所谓“虚左”的说法。

这样的含义，这里的“上”“下”也可解为“尊”“卑”。也就是说，这句话可以完整地解释为：天道在冬季以阴为主导，以阳为辅从；占据主导的阴为尊，处于辅从地位的阳为卑。对照图二，在冬季甚至在整个冬半年，阴气皆处于优势地位，正是董仲舒所谓的“太阴”[①]。

冬月结束之后，阴阳皆向南行。所谓“阳南还出于寅，阴南还入于戌，此阴阳所始出地入地之见处也”，这句话里特别难解的是“出”与“入”。由于这里的阴阳运行是结合了时间与空间的立体图式，十二辰同时也代表了十二位。因此说“阳出于寅”就意味着阳在寅月出于寅位，“阴入于戌”意味着阴在戌月入于戌位。董仲舒说“寅”和“戌”是“阴阳之所始出地入地之见处”，因之，“寅”和“戌”应当更侧重的是方位的含义，但也包含时间义。在“此阴阳之所始出地入地之见处”这句话中，如果我们将“地”解为地表，那“出地入地之见处”就可以被理解为阴阳二气溢出或沉入于地面而被人所见或显现的地方。不过，董仲舒明确说过，阴阳充塞于天地之间却不被人所见。所以这个“地”就应该只在较为模糊的意义上具备“地方”或“位置”的含义，而更应与“出”“入”放在一起理解。“见”既然不能被解释为“看见”或“显现”，那么更应被理解为“显明”或“占据优势”。“出地”“入地”表达的意义正好相反，可理解为“占据优势”或“居于弱势”，其实与前面我们分析过的“上”“下”大致同义。如此，则“阴阳始出地入地之见处”就可以解释为：阳在“寅”开始要扭转弱势地位，阴在“寅”开始要丧失其优势地位。董仲舒在后面还说“阳北还而入于申，阴北还而出于辰，此阴阳之所始出地入地之见处也”，因此，我们必须将“寅”“辰”“申”“戌”共同视作“阴阳之所始出地入地之见处”。在这个意义上，“寅”既为阳开始要占据优势之地，同时也是阴开始失去优势之地；“辰”既为阳完全占据优势之地，也为阴完全失去优势之地；“申”既为阳开始要失去优势之地，也为阴开始占据优势之地；“戌”既为阴完

① 董仲舒将春、夏、秋、冬分别称为“少阳”“太阳”“少阴”“太阴”，见《春秋繁露·官制象天》。

全优势之地，也为阳完全失去优势之地。当然，我们不能完全排除“见”有“显现”而被人所见的含义。虽然阴阳不可见，但阴阳的运行所引起的万物的变化依然可以被人所见。但是，即使这样来理解，也不与我们前面对“阴阳之所始出地入地之见处”的解说相冲突。所以，我们在图中只是将“寅”“戌”“申”“辰”笼统地标示为“阴阳之所始出地入地之见处”，就是为了保留各种解释的可能性。

“寅”“戌”之后，阴阳继续南行。到仲春之月也就是卯月，阳在正东，阴在正西，这时候就是“春分”。实际上，说仲春之月是春分只是一个相对笼统的说法，实际上春分只是仲春之月中的一天。在这一天时，阴阳相半，等分了这时的天道之“一气”。这一天昼夜等长而寒暑相平，因此称之为春分。春分之后，阴阳继续南行，阳越来越强，阴越来越弱。阳在辰月完全占据了优势，到午月时与阴相遇于南方，合而为一，阴阳相遇的那一天就称为夏至。在夏至这一天，阳达到了顶峰，而阴归于无，虽说是阴阳合一，实际上是至阳而无阴，因此，这一天的寒暑状况恰可代表阳的本来含义。夏至过后，阴阳继续向各自相反的方向运行，阳向右行，阴向左行。与冬至后的阴阳运行情况正好相反，阴是向左下方运行，阳是向右上方运行，这个时候的寒暑状况正好以暑占优势，因此天道在夏时以阳为主导而以阴为辅从，体现出阳尊而阴卑的特征。

夏月也就是午月结束以后，阴阳皆向北行。阴由夏至时的“无”逐步息长，到“辰”位时开始要获得优势地位；阳由夏至时的至极逐步消减，到“申”位时开始要丧失其优势地位。到了中秋之月也就是酉月，阳运行至正西，阴运行至正东。这时阴阳相半，因此称为“秋分”。与春分一样，在秋分这一天昼夜等长而寒暑持平。秋分之后，阳日渐消弱，阴愈加增强并完全占据主导地位。因此，到季秋也就是戌月时霜降，到孟冬也就是亥月时小寒，到小雪时节万物都已长成，到大寒时万物皆藏，天地生物之功完成。完成之后再终而复始，开始下一轮的天道循环。

可以说，董仲舒构建起的阴阳运行图式集合了自然意义上的阴阳学说在先前的一切发展成果。我们看到，仅从阴阳在一年中总体的运行情况来看，董仲舒的图式基本上体现了阴阳等分的原则，并没有表现出对于阴或阳任何一方的偏爱。但是，如果停留于此，董仲舒只是展现了阴阳学说在最自然意义上的运行法则，无法使他与其他仅对宇宙运行法则有偏爱的思想家区分开来。因此，董仲舒绝不会满足于此，而是在这个图式中蕴含了他更深的关切。

我们首先得指出，在这个圆环式的天道循环中，其实可以选取任何一点使它成为阴阳运行的起点并同时成为终点。但是，董仲舒在展示这个图式时，却一定要以子为起点。这不仅是出于方便的考虑，而是有着深刻的考量。我们知道，冬至时至阴而无阳，从这一天开始，阳逐渐息长，阴却日渐消弱。因此，天道的开始与阳的息长是同步的。所以我们才看到，仲春之月也就是卯月时阳在东方而阴在西方；仲夏之月也就是午月时阳在南方，阴虽然也在南方，却已消减至无；仲秋之月也就是酉月时阳在西方而阴在东方；仲冬之月阴阳皆在北方，但阴处于鼎盛而阳消弱至无。我们也知道，从《管子》开始的统合四时与四方之努力得到的最终成果正是春与东相配、夏与南相配、秋与西相配、冬与北相配。在董仲舒的阴阳运行图式中，阳的运行正好与此完全符合。所以我们不得不说，从总体上而言，董仲舒的天道运行模式实际上是以阳为主导，而以阴为辅从。我们无法详究《管子》在立下四时与四方相配属的基本图式时是否也有尊阳而卑阴的考虑，无论如何，董仲舒在《管子》基础上而来的这个图式很明显地为我们开示出阳尊而阴卑的思路。那么，仅就这个图式而言，既然阴阳在一年中是等量的，阳尊而阴卑的内在根据又是什么？

天道始于冬至，冬至之时阳开始生息。寅月时阳“始出地”，正好与万物的生长同时。午月时，阳生息到极盛，万物的生长速度也臻于极盛。但是，夏至之后，万物的生长却并没有因为阳气的消弱而停止生长。直到亥月时，万物的生长才全部完成，此时阴虽早已处于优势，但其运行方位却在丑。因此，万物的生长与阳的运行完全一致。我们知道，从最原初的意义上而言，阳乃是代表宇宙间生发的力量，而阴是肃杀的力量。但在一年当中，万物从生到成却占据了大部分时间，正好体现了天道的生物成物原则，与《易传》所谓“生生之谓《易》”正是同一意趣。所以，正是天道的生物成物原则决定了阳尊而阴卑。正如董仲舒所说：

> 故阳气出于东北，入于西北，发于孟春，毕于孟冬，而物莫不应是。阳始出，物亦始出；阳方盛，物亦方盛；阳初衰，物亦初衰。物随阳而出入，数随阳而终始。[①]

董仲舒在描画完阴阳运行的完整图式之后，说“天地之功终矣”，对照他在这句之前所说的“物咸成”和“物毕藏”，这里的“天地之功”乃指天地生物成物之功无疑，而天地正是以尊阳卑阴得以成其功。

三、五行之理

虽然占据了十天端中的五端，但五行在十天端中居于阴阳之后，这是我们理解董仲舒五行学说的第一个要点。虽然同为“十天端”，但相比于“阴阳”，“五行”在董仲舒的天人学说中并不占有显赫的地位，也因此，董仲舒的五行学说就成为长久以来争论不息的一大问题，至今仍无定论。争论的焦点在于《春秋繁露》中涉及五行诸篇的真伪，大致有两派意见。第一派认为诸篇即使不尽为董仲舒亲作，也是其弟子门人所为，因此基本可以作为论述董仲舒五行学说时的核心材料[②]；另一派或认为诸篇皆不是董仲舒所作，或认为只有部分乃董仲舒所作，因此五行诸篇“是《春秋繁露》

---

① 《春秋繁露·阳尊阴卑》。

② 这一派以徐复观先生、韦政通先生、周桂钿先生、刘国民先生等为代表。徐复观先生在其《两汉思想史》第二卷中对此有较为提纲挈领的论证，可视为此派的典型代表。韦政通先生虽然并没有做辨伪的工作，但在论述董仲舒的五行学说时对《春秋繁露》中五行诸篇皆有引用，可认作韦先生不以这些篇目为伪作。周桂钿先生大体如是。事实上，大部分讨论董仲舒阴阳五行的学者皆是此种做法。

中最有问题的部分”[①]。也有学者力图调和这两派的冲突，在两派的基础上对五行诸篇进行了分别探讨，指出只有《五行对》与《五行之义》乃董仲舒亲作，并为其余各篇论证出最有可能的作者，可视为目前为止对这个问题最全面深入的论述[②]。然而，当我们仔细地审视这几派的各自意见时，则会发现其理据实际上都不充分，最终更多地归之于信念[③]。事实上，无论是坚信还是怀疑诸篇真实性的学者，其立足的最根本依据都是“天人三策”与《汉书·五行志》。也就是说，立足于同样的文本，但基于不同的信念，最终得出截然相反的结论。而且，这两篇较董仲舒极为后出的文献本身可靠与否也不是不可以怀疑。我们固然不能不加鉴别地对《春秋繁露》的文本进行引用，但是当我们进行辨伪的材料本身也需要辨伪时，我们最好还是抱持一种温和的怀疑态度，即在没有充分理由的情况下就不怀疑文本的真实性，这种“疑罪从无”的态度用在《春秋繁露》这样的文本中极为适当。因此，在论述董仲舒的五行学说时，只要能够在学理上讲通，我们就尽可能不对文本加以怀疑。不过，当文本出现自身难以圆通的矛盾时，我们仍然要详加论析。

在十天端的论说系统中，董仲舒为五行设置了两种次序，第一种是“木、火、土、金、水”[④]，第二种是“火、金、木、水、土”[⑤]。我们知道，第一种次序虽然在《管子》中已经出现过，但《管子》并没有表明依次出现的这五行之间有何关系，我们只能从《管子》中得出这种相次的顺序可以

① 这一派以庆松光雄先生、戴君仁先生、桂思卓女士、房德邻先生等为代表。庆松光雄先生、戴君仁先生等认为诸篇皆非董仲舒所作，桂思卓女士、房德邻先生、田中麻沙巳、近藤则之先生等则认为部分乃董仲舒所作，上引桂思卓女士的言论最能代表此派学者的看法。引文见桂思卓：《从编年史到经典——董仲舒的春秋诠释学》，北京：中国政法大学出版社，2010 年，第 120 页。这一派学者的各自意见也可参看江新先生所作的综述，见江新：《天道、王道与汉道——董仲舒春秋公羊学与汉代更化》，第 48—62 页。

② 以江新先生为代表，实际上仍然属于桂思卓女士这一派。

③ 例如徐复观先生和周桂钿先生坚信诸篇为董仲舒所作，并未作考辨工作。

④ 《春秋繁露·天地阴阳》。

⑤ 《春秋繁露·官制象天》。

内在蕴含后来的五行相生说的结论。在董仲舒之前或约略同时，只有《淮南子》[①]明确地指出了五行之间完整的相生模式[②]，《淮南子·天文训》说："甲乙寅卯，木也。丙丁巳午，火也。戊己四季，土也。庚辛申酉，金也。壬癸亥子，水也。水生木，木生火，火生土，土生金，金生水。"[③]《淮南子·坠形训》说："木壮水老火生金囚土死，火壮木老土生水囚金死，土壮火老金生木囚水死，金壮土老水生火囚木死，水壮金老木生土囚火死。"[④]我们看到，这里所说与五行学说在后世完全成熟之后的"旺相休囚死"之说完全一致，只是个别用语不同。以第一句为例：所谓"木壮"，指木行当令之时，因为水生木，故此时水老；木生火，故此时火生；金克木，故此时金囚；木克土，故此时土死。这其实已经是一个完整而前后相贯的五行相生相胜模式，不过作者并没有完全明确。这个模式被董仲舒用"五行比

① 据高诱序，此书由淮南王刘安献于武帝之后，一直藏诸秘府，直到刘向校书方才使此书重见天日。有论者据此以为，刘向之前的学者不可能得见此书，因此《春秋繁露》中与《淮南子》相似的部分（以五行诸篇居多）应该是刘向或刘向以后的学者所为，但此种说法实际上很可商榷。成书后的《淮南子》虽然藏诸秘府，但我们知道，此书的作者实际上是淮南王刘安召集起的学者群，学者彼此之间虽各有所主所长，但大体上仍然是稷下学术以及《吕氏春秋》作者群的继承和发展，对于阴阳、五行这样的时代共法不可能不通晓，因此，比董仲舒稍早的学者对五行学说有所发展并影响董仲舒就是极为可能之事。事实上，恰恰因为《淮南子》的被藏诸秘府，反倒更能证明《淮南子》中与《春秋繁露》相似的内容皆属时代共法，为学者所共享，既然同为当时的著名学者，我们很难想象董仲舒竟然从没有与《淮南子》的作者们有过学术上的交流。高序见何宁：《淮南子集释》，北京：中华书局，1998 年，第 4—6 页。参江新：《天道、王道与汉道——董仲舒春秋公羊学与汉代更化》，第 61 页。

② 王爱和先生认为放马滩《日书》记录了相生循环，最主要的依据是《日书》乙种第 77 号简文"水生木，木生火，火生土"，实际上这里的释文并不准确，王爱和先生参考的何双全先生的释文更不准确，多出了"土生金"的字样。根据该简图版，"水生木"中的"水"当释为"土"，这里构成的是土、木、火的一个相生循环，与后来的五行相生说大异，且《日书》乙种第 180—191 号简的释文中出现的五行与数字、十二地支的配法与后世大异，颇为混乱。因此，严格意义上说，放马滩《日书》并无后世的那种五行相生说。王爱和：《中国古代宇宙观与政治文化》，第 120 页；甘肃省文物考古研究所编：《天水放马滩秦简》，北京：中华书局，2009 年，第 24—25、34—35、90—96 页。

③ 何宁：《淮南子集释》，第 277 页。

④ 何宁：《淮南子集释》，第 354—355 页。

相生而间相胜”[1]的简要表达完全明确。董仲舒说：

> 天有五行，木火土金水是也。木生火，火生土，土生金，金生水。水为冬，金为秋，土为季夏，火为夏，木为春。春主生，夏主长，季夏主养，秋主收，冬主藏。[2]

这段话是董仲舒为了回答河间献王对《孝经》“夫孝，天之经，地之义”的困惑所提出的理论依据。我们暂且不管天经地义与人道如何连接的问题，先看董仲舒所说的这“天之经”是什么。“天有五行”，是说五行属于天道，即我们之前所说的“辨五行之本末顺逆、小大广狭，所以观天道也”。所谓“五行之本末顺逆”，大概就是董仲舒论说五行时的特定次序“木火土金水”，这是五行的相生次序。至于五行的相生之序为何这样排列？我们首先从五行在自然意义上所具备的五种物质形态来理解。“木生火”，“火生土”，“土生金”，“金生水”，“水生木”，皆是可以从经验观察上得到验证的自然之理，无须多论。但是，五行之间这种自然意义上的相生实际上并非独一无二的。比如土虽然生金，但在某种意义上也可以说土生木或土生火或土生水；木虽然生火，但某种意义上也可以说木生水或木生土。因此，除了在自然意义上极易得到验证以外，董仲舒对相生所作的排序一定有其他更深层次的理由。

既然五行之间先有了相胜的次序且被普遍地认可，那么后出的相生序首先不能与相胜序发生冲突。我们说过，“五”数具有一个特性，它是能同时满足相生与相胜的最小数。那么，既然前后相贯的相胜序已经固定，则同样首尾能够相接的相生序必然只能有一种。如下页图所示：

① 《春秋繁露·五行相生》。

② 《春秋繁露·五行对》。

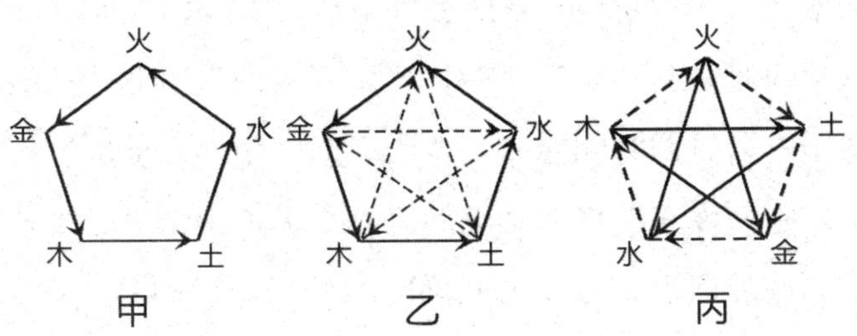

图例：甲⟶乙　甲胜乙
　　　甲⋯→乙　甲生乙

图三（自制）

我们看到，在一个首尾相接的五行图式中，每一行前后相邻的两行既然已经固定，那么它与另外两行只能是别的关系。在邹衍的相胜系统中（图甲），以木为例：木克土，金克木，那么木与水以及木与火必定是另外的关系，而且在那种关系中必须要以木为核心将水与火连接起来。同理，一直推展下去，要让五行中的每一行与另外不相邻的两行皆满足这样的关系，则只有一种排法，就是图乙所示。因此，对木而言，既然与金、土的关系已经确定为相胜，那与水、火的关系则很容易就能被确定为相生，而且一定是水生木、木生火。同样的道理再推展到另外四行，那我们将得到唯一的一个相胜又相生的五行图式，也就是图丙所示。这是后世理解五行生胜图式的基本模型。这个模型，正是被《淮南子》暗含而被董仲舒最先明确的。但是，我们也看到，虽然从五行的内在逻辑上来说，只可能为五行排出唯一的一个相生之序，不过董仲舒显然是从四时相继的角度上来论证他的五行相生次序的，这就使他进入到从《管子》开始的整合时、方进而整合时、方、行的努力中。

我们知道，在《管子》整合时、方的努力中，面临着四时和五方难以合理搭配的问题。四时与四方很好搭配，四时的寒暑状况正好与经验上可感知到的四方的寒暑状况相类，因此四时与四方的配属在情理之中。

但是，四方观念实际上是以“中央”为参照系的“五方”，而四时却无法与五方相配。于是《管子》将四时变作五时，以“木”“火”“土”“金”“水”分别名之，从而顺利与“东”“南”“中”“西”“北”相配。但更多的时候，《管子》只以四时配四方，“土”与“中”乃被虚置。也因此，我们说《管子》中并没有严格意义上的五行学说，由于《管子》着力去整合的只是四时与四方而已。不过，与此同时，《管子》仍然将“木”“火”“金”“水”与四时相配，为五行被整合进这个时空系统奠定了基础。对后来相次出现的五行相胜与五行相生图式而言，《管子》所做的尝试性工作不仅为五行在大的时空图式中找到了恰当的位置，并为五行与阴阳的结合构筑了前提。对董仲舒而言，《管子》的最大启发就是初步完成的四时与五行的相配属。由于在此之前并没有五行相生的系统理论，并且《管子》中出现的“五行”最多只有自然性含义，因此《管子》的配属方式只能用作为五种材质的五行所具有的自然特性来解释，这是《管子》作者对经验观察的一种抽象。“木”配春，乃是因为春季暖意初发，草木生长；“火”配夏，乃是因为夏季烈阳如火；“金”配秋，乃是因为秋季万物成熟，金象征收割之具，也因为金之肃杀与秋之萧瑟极为相应；“水”配冬，则是因为冬季雪霜寒彻如水。[①]在此基础之上，四方与“四行”也能顺利配属，剩下的中央与土正好相配，但只要这个配属系统以四时为基础，那么“中央土”始终无法得到恰当的安置。即使《管子》创造性地将四时变作了五时，但五时观念与作为天道的阴阳学说注定无法调和。因此《春秋繁露》中虽然也有类似的做法[②]，但相等分的五时始终只是一种观念上的理想化构造。既然相等分的五时无法落实，那么在四时基础上拆分出五时就成为新的思路。

《管子》之后的《吕氏春秋》还没有将四时拆分成五时的思路，直

① 可参看刘国民先生的详细描述。见刘国民：《董仲舒的经学诠释及天的哲学》，北京：中国社会科学出版社，2007年，第342页。

② 见《春秋繁露·治水五行》。

到与《春秋繁露》差不多同时的《淮南子》，始将夏季拆分出季夏，以夏配火而以季夏配土。在《淮南子·时则训》[①]中，每一季之首月皆会说“盛德在某”，如孟春之月为“盛德在木”，孟夏之月为“盛德在火”，孟秋之月为“盛德在金”，孟冬之月为“盛德在水”。除了夏季以外，“盛德在某”只在每一季之首月出现过，相当于说首月可作为一季的代表。但夏季在首月说“盛德在火”而外，还在季夏之月说“胜德在土”。也就是说，在夏季中，孟、仲两月“盛德在火”，季夏之月“盛德在土”。这就意味着，从四时与五行相配的角度来看，《时则训》的作者将夏季拆分成“夏”与“季夏”两时，从而让“四时”在总的划分原则不变的情况下成为“五时”，如此就实现了四时与五行的顺利配属。我们不去管《淮南子》做这样的拆分是否合理，无论如何，这种创造性的配属方式给了董仲舒极大启发。

当四时与五行顺利实现配属之后，阴阳和五行便内在地实现了连接，因为正是阴阳的运转造成了四时的更替。由此，四时便成为连接阴阳与五行的枢纽，《五行相生》开篇即说：“天地之气，合而为一，分为阴阳，判为四时，列为五行。”四时并进一步可以同时指称阴阳与五行，正所谓“天无常于物，而一于时”[②]。四时成为董仲舒论述天人学说时最常使用的基本语境。

虽然董仲舒以拆分四时的方式顺利实现了四时与五行的配属，但以季夏配土的做法实际上让土与其他四行在一年所主的时间极不相称，且使得火只能配两个月，与另外三行不相称。“木生火，火生土，土生金，金生水，水生木”，相生的两行之间被董仲舒定义为父子关系，以此来论证孝为“天之经”。同时，董仲舒利用了五行所配之时的不相称，进一步将其定为“地之义”。董仲舒说：

① 何宁：《淮南子集释》，第379—441页。

② 《春秋繁露·天道无二》。

地出云为雨，起气为风。风雨者，地之所为。地不敢有其功名，必上之于天。命若从天气者，故曰天风天雨也，莫曰地风地雨也。勤劳在地，名一归于天，非至有义，其孰能行此？故下事上，如地事天也，可谓大忠矣。土者，火之子也。五行莫贵于土。土之于四时无所命者，不与火分功名。木名春，火名夏，金名秋，水名冬。忠臣之义，孝子之行，取之土。土者，五行最贵者也，其义不可以加矣。五声莫贵于宫，五味莫美于甘，五色莫盛于黄，此谓孝者地之义也。①

我们可明显看出，董仲舒仍然是在天尊地卑的基本思路下探讨这个问题。董仲舒站在自己时代的自然知识基础上以风雨为例：风雨皆出于地，但我们不会将风雨称作“地风地雨”，而说“天风天雨”。因为天尊而地卑，地虽然实有功劳，但不能与天争夺功名，这是上下尊卑的天地秩序的基本要求。同样，土为火所生，是火之子，但是夏已为火所主，因此董仲舒虽然在前面将土配于季夏，实际上季夏仍然属于夏，这就将土虚置于四时之中，所谓“土之于四时无所命者，不与火分功名”。从这个逻辑来看，不与火分功名的土应该是卑于火的，但董仲舒还是说“五行莫贵于土”，这就造成了极大的理解难度。从天尊地卑上尊下卑的固有逻辑来讲，土不能贵于火，当然也不能贵于与火平级的金、水、木。但是，同处于相生的系统中，土比之于其他四行的优越性在于，我们可以从土中得到“忠臣孝子”之行的天道依据。由于董仲舒阐释天道的最终目的都是要指向人道，因此，理论上的逻辑问题并不为董仲舒所关注。只要能够得出他所需要的人道之理，董仲舒不仅不会在意天道层面的逻辑困难，反而更乐于去随意构建天道，“五行莫贵于土”正为我们揭示出了这一点。

董仲舒揭示出“五行莫贵于土”之后，并以“五声莫贵于宫，五味莫

① 《春秋繁露·五行对》。

美于甘，五色莫盛于黄”对土之尊贵进行了更深入的证明。从《洪范》五行说开始，以“五”为分类原则的万事万物就开始逐步与五行相配属，当五行在《管子》中开始进入到时、方配属系统也就是时空系统中之后，邹衍与《吕氏春秋》将这个努力又向前推进了一步。但在此之前，五行以及与之相配属的物事并没有分出明显的尊卑优劣。直到《淮南子·坠形训》，方为这些物事分出了尊卑：

> 音有五声，宫其主也；色有五章，黄其主也；味有五变，甘其主也；位有五材，土其主也。是故炼土生木，炼木生火，炼火生云，炼云生水，炼水反土。炼甘生酸，炼酸生辛，炼辛生苦，炼苦生咸，炼咸反甘。变宫生徵，变徵生商，变商生羽，变羽生角，变角生宫。是故以水和土，以土和火，以火化金，以金治木，木复反土。五行相治，所以成器用。①

由此，我们似乎已经可以得出“五行莫贵于土”的结论。但是，这里所说的五行更多是在五种材质的意义上讲“五材”，而且五材之间的相生关系与同一篇文献此前已经暗含的五行相生关系完全背离。因此，从这一段话中，我们只能得到“五声莫贵于宫，五味莫美于甘，五色莫盛于黄”这样的结论，而且它们的尊贵皆是源于各自作为相生系统中的起点和终点。同一篇文献中，五色、五官（人体）、五脏皆已与五方相配属。作者在对五方的特征进行描述时说“中央四达”②，似乎有推重中央之意，但作者并没有将五行配属进这个系统。因此，也不能由“五色莫盛于黄”推出“五行莫贵于土”的结论。只有将这篇文献和同书中的《时则训》放到一起，才能相当勉强地得出“五行莫贵于土”的结论，但我们已经无法考证两篇的作者是否为同一人，更无法考证两篇的作者与董仲舒有过什么样的学术交流。因此，我们只能在比较弱的意义上说，董仲舒对

① 何宁：《淮南子集释》，第 355 页。
② 何宁：《淮南子集释》，第 353—354 页。

这里的学说有所参考。但我们能够确信的是，董仲舒的“五行莫贵于土”之说更有可能是他的自创，至少他的论证方式为独一无二的。当然，单纯从五行相生的排列次序上来看，“土”行居中，也有可能被作为其最为尊贵的理由之一。

在十天端的论述系统中，董仲舒对五行还有另一种排列次序，即“火、金、木、水、土”。但我们看到，这个次序既不合于相生序，又不合于相胜序，与《洪范》五行序也毫无关联。因此，我们只能将这个次序认作董仲舒在论说时的信手之作，并没有实质性的内涵。对董仲舒而言，五行固定的相生之序就是“天次之序”，这是作为天道的五行最核心的内容。在此基础上，则有“五行莫贵于土”之说。

我们必须承认，在五行学说发展史上，董仲舒同邹衍一样，作出了划时代的贡献，因为他将完整的五行生胜图式与阴阳学说一起作为天之端，以四时为枢纽结合起来的阴阳五行所体现的天道原则成为构建天人合一的最核心理据。

第二节　天人相副

在董仲舒的十天端系统中，天人之际的距离以阴阳五行来弭平。但是，即便我们将十天端意义上的阴阳之道与五行之理做了详细的梳理，我们还是无法由此顺利地进入十天端的最后一端——人。也就是说，天人之际的距离远没有这么容易就能弭平。虽然横亘于天人之间的只有阴阳五行，但阴阳之道与五行之理既然出于天，如何下落于人才是问题的核心所在。董仲舒不会看不到这个问题，或者说，董仲舒根本就不存在这个问题，因为在他的论述中，天和人永远是共生的概念，即他从来不会只言天而不下落于人，也从来不会单谈人而不上推于天。让董仲舒可以做到这点的，正是他独有的系统性的天人相副学说。具体而言，天人相副的系统包括人副天数、同类相动和天人感应三个层次[1]的内容。在每一个层次上，阴阳五行都充当了核心理据。人副天数乃天人相副的学理基础，其核心原理为“可数者副数，不可数者副类”；同类相动乃对天人为何相副尤其是“不可数者”为何“副类”的进一步论证，在将经验认识上升到普遍规律的同时，也将此规律的玄妙一并扫除；天人感应则是在前两者基础上，论证了天人之间的互感互通并非神意。在董仲舒的语境中，“神”指“神妙难知”而言。难知并非不可知，只要能究通阴阳五行之理，便可上达“天意”。天并不具有神秘性或宗教意味，而完全就是从物类可以推知的阴阳五行之理。[2]为勉励武帝施行仁政，董仲舒在极有限的程度上保留了天的意志性，但天志为仁为义，仍然是由阴阳五行之理推扩而来。因此，我们仍然可以说，董仲舒以阴阳五行究通了天人之际。

① 大部分学者都将天人相副、同类相动、人副天数、天人合一等等这些概念混同于天人感应，在讨论时未加详细区分，也有一些学者强调了他们之间的区别。最具代表性的，是黄朴民先生对“天人感应”和“天人合一”所作的区分。邓红先生将“天人合一”概括为：“一是‘人副天数’；二是天人谴告；三是人和自然天地、阴阳、五行一起，构成大‘天’，即天神的一个组成部分。”汪高鑫先生说：“为了进一步对天人感应和天人授受做出理论说明，董仲舒又提出了一套‘人副天数’说。他认为天人相感、天人授受的原因在于天人同类，人副天数。”相比之下，李宗桂先生的说法与我们将要论述的主题最为接近：“经过了‘为人者天’、‘人副天数’、‘同类相动’这三个环节，‘天人相与’、‘天人感应’的神学世界观建立起来了”，我们的任务就是在此基础上进一步系统化和条理化。黄朴民：《“天人感应”与“天人合一”》，《文史哲》，1988 年第 4 期；邓红：《宋学与董仲舒》，原载于《走向世界的陆象山心学》（北京：人民出版社，2008 年），后载于魏彦红主编《董仲舒与董学研究》（第三辑），成都：巴蜀书社，2015 年，第 18 页；汪高鑫：《董仲舒与汉代历史思想研究》，第 50 页；冯达文、郭齐勇：《新编中国哲学史》（上册），第 244 页。

② 余治平先生指出：“董学从感通发生的一般性原则、物物相感（同类的和异类的）及天人应合三个层面展开了他的感应哲学思想。感应的发生机理在阴阳五行的流转而不在神性作用，其运行过程可解析、可证明，由此可以消解长期以来人们对董子之学所做的一切神学或神秘化的误读。”可视作目前对董学最为“理性化”的定位。余先生所做工作与本书目标一致，只是所取路径有别。参余治平：《天人感应的发生机理与运行过程——以〈春秋繁露〉、“天人三策”为文本依据》，《衡水学院学报》，2018 年第 5 期。

一、人副天数

既说“人副天数”，就首先标示出天的理论优先性。也即是说，在董仲舒的天人学说中，即便最终能有天人的合一，那也是以天相比于人的理论优先性为前提。[①]“人副天数”中的“人”与十天端中的“人”一样，首先指圣人，但在身体构造或可说生物学意义上也可包含普遍的人在内。所谓“副”，有相符、相配之义。“天数”仍然与十天端意义上的“天数”“天端”同义，侧重于天道的含义，但也在部分情况下表“数字”的意义。那么，“人副天数”即是说人（圣人）与天道（天数）相配。但是，这样的解释仍然显得空洞，我们且看董仲舒是如何详细论说的：

> 天德施，地德化，人德义。天气上，地气下，人气在其间。春生夏长，百物以兴；秋杀冬收，百物以藏。故莫精于气，莫富于地，莫神于天。天地之精所以生物者，莫贵于人。[②]

从“天德施”到“百物以藏”，董仲舒构建出一个天地生化万物而人居于天地之间的动态世界图景。在此世界中，天地以其施生化育万物为其德为其道[③]，人以“义”为道。严格讲来，人乃为万物之一，且同为天地所生，为何董仲舒在标举天地之道后即以人道相并列？我们大可以天地人相参的三才观念来解释，但是在董仲舒的理论体系中，我们仍然可以找到更为深刻更具董氏色彩的理由。董仲舒在论述十天端时，特别标明“人之超然万物之外”而“最为天下贵”。因为人与天地阴阳五行同居于十天端，具有

① 大部分学者皆认为董仲舒天人学说以天为核心，比如徐复观先生说：“（董仲舒）以天贯通一切，构成一个庞大的体系”；陶建国先生说：“董仲舒之宇宙论及本体论，系以‘天’为出发点”。徐复观：《两汉思想史》卷二，台北：台湾学生书局，1985年，第371页；陶建国：《两汉魏晋之道家思想（上）》，台北：花木兰文化出版社，2010年，第202页。

② 《春秋繁露·人副天数》。

③ 苏舆以“德”为“道”，《天道施》篇有“天道施，地道化，人道义”之语，与此处“天德施，地德化，人德义”同义。苏舆：《春秋繁露义证》，第354、468页。

天道的含义，且人是万物与构成万物之原则的十天端之连接处，人而上为天道，人以下为万物。人之所以具有这样的地位，乃因其能知天道，而其所能知的阴阳之道五行之理为天道的核心内涵。人以其对天道的把握从而实现与天道相副，这是“人德义”的核心要义。因此，唯有人与天地一样，具有“气”。这里的“气”不能理解为物质性的“气”，而应当指涉的是天地人所具有的独特属性或能力，这种能力让天地人与万物和谐共生。如果将气落实为物质性的气体意义上的“气”，则“气”就不具备生化世界连通万物的能力。董仲舒在标举天气、地气、人气之后说“莫精于气，莫富于地，莫神于天”，则“莫精于气”中的“气”当独指“人气”，“精”当与“富”“神”为相同词性，乃精深、精良之义。董仲舒又说“天地之精所以生物者，莫贵于人”，意即天地以其“精”生化万物，但由于“莫精于”“人气”，天地将最精良之气赋予了人，所以“莫贵于人”。我们看到，在人为“天之端”的前提下，董仲舒又加入了天地生化万物之理，更加深入地论证了“人最为天下贵”。

当然，我们不应忘了，当董仲舒说“人”的时候，其首要意义乃指圣人（人主），因此，董仲舒才会相当自然地紧接着说：

> 人受命乎天也，故超然有以倚。物疢疾莫能为仁义，唯人独能为仁义；物疢疾莫能偶天地，唯人独能偶天地。[①]

受命于天之人，必是圣人（人主）无疑。圣人所受天命，即是“义”。因为天地之道乃是施生化育万物，那么人所受之天命自然与生化万物相关。正所谓“天生之，地养之，人成之”[②]。也就是说，人以成物为“义”，正是此“义”使人超然于万物。在这里的论述中，“义”乃是人道的泛指，可以涵括圣人的所有德行，唯有圣人能以其仁义与天地相偶。“偶”与“副”

① 《春秋繁露·人副天数》。

② 《春秋繁露·立元神》。

同义，人偶天地即人与天地相副①。

圣人虽然以其德、位与普通人相异，但也在生物学意义上与普通人一样。人即便是在普通人的意义上，也可以与天地相副：

> 人有三百六十节②，偶天之数也；形体骨肉，偶地之厚也。上有耳目聪明，日月之象也；体有空窍理脉，川谷之象也；心有哀乐喜怒，神气之类也。观人之体一，何高物之甚，而类于天也。物旁折取天之阴阳以生活耳，而人乃烂然有其文理。是故凡物之形，莫不伏从旁折天地而行，人独题直立端尚，正正当之。是故所取天地少者，旁折之；所取天地多者，正当之。此见人之绝于物而参天地。③

根据当时人对人体之认识，人有三百六十六个小骨节，正好与一年的日数相副。根据现代解剖学，人体并非三百六十六个小骨节，且数目与此出入较大。我们已经无法去追问当时人如何得到三百六十六这个数字，但夹带想象地强使之与日数相副肯定是极重要的缘由。在当时人看来，人的形体骨肉如地一样厚实，耳目像日月一样聪明，身体的孔窍血脉如川谷一样，心中的喜怒哀乐与天气④一般变幻莫测。单纯从形体而言，其实人与动物差别并不是很大，也属于万物之一，那为什么人要远远高于万物而与天相类？董仲舒给出的回答是，万物都是伏从于天地的阴阳寒暑（即春生夏长秋收冬藏）以为生，丝毫不能有所违逆，人却能相对独立地发展出自己灿

① 陈德和先生在解说《淮南子》中的相关问题时对“相副”作如下解释：“彼此间功能控御亦相仿佛，但它们中就是对应的符合，甚至是像原本和模本、副本那种关系的合而已，此谓之相副。”陈德和：《淮南子的哲学》，台北：南华管理学院出版社，1999 年，第 183 页。

② 当脱落一“六”字，因后文有“小节三百六十六”之语，《淮南子》中亦为“三百六十六节”。见何宁：《淮南子集释》，第 507 页。

③ 《春秋繁露·人副天数》。

④ 因上文言“莫神于天”，又言“天气”在上，故此处的“神气”当指上文所言的“天气”。《淮南子·精神训》言“天有风雨寒暑，人亦有取与喜怒”，与此相类。何宁：《淮南子集释》，第 508 页。

烂的仪文伦理。因此，万物只能匍匐于天地之间，只有人是直立行走，挺立于天地之间。由于天生人的同时也将“义”赋予了人，而万物并无此“义”。由此看来，人超然于万物而可与天地相参。

在此基础上，董仲舒进一步说：

> 是故人之身，首妢而员，象天容也；发，象星辰也；耳目戾戾，象日月也；鼻口呼吸，象风气也；胸中达知，象神明也；腹胞实虚，象百物也。百物者最近地，故要以下，地也。天地之象，以要为带。颈以上者，精神尊严，明天类之状也；颈而下者，丰厚卑辱，土壤之比也。足布而方，地形之象也。是故礼，带置绅必直其颈，以别心也。带而上者尽为阳，带而下者尽为阴，各其分。阳，天气也。阴，地气也。故阴阳之动，使人足病，喉痺起，则地气上为云雨，而象亦应之也。天地之符，阴阳之副，常设于身，身犹天也，数与之相参，故命与之相连也。天以终岁之数，成人之身，故小节三百六十六，副日数也；大节十二分，副月数也；内有五藏，副五行数也；外有四肢，副四时数也；乍视乍瞑，副昼夜也；乍刚乍柔，副冬夏也；乍哀乍乐，副阴阳也；心有计虑，副度数也；行有伦理，副天地也。此皆暗肤著身，与人俱生，比而偶之弇合。于其可数也，副数；不可数者，副类。皆当同而副天，一也。是故陈其有形以著其无形者，拘其可数以著其不可数者。以此言道之亦宜以类相应，犹其形也，以数相中也。①

这里差不多已将形体意义上的人与天地之间所有相副之处悉数囊括，是对《淮南子·精神训》所说的“故头之圆也象天，足之方也象地。天有四时、五行、九解、三百六十六日，人亦有四支、五藏、九窍、三百六十六节。天有风雨寒暑，人亦有取与喜怒。故胆为云，脾为雷，以与天地相参也，而心为之主。是故耳目者日月也，血气者风雨也”② 的极大发展。《淮南子·精

① 《春秋繁露·人副天数》。

② 何宁：《淮南子集释》，第507—508页。

神训》由天人的相类得出的结论是人应当如天地一样爱惜和保养自己的身体[①]，但董仲舒却说“身犹天也，数与之相参，故命与之相连也”，将人的命运与天紧紧相连，从而为天人的合一奠定了坚实的基础。董仲舒并进一步总结出了人副天数的核心原理“于其可数也，副数；不可数者，副类”。

我们说过，“人副天数”的“数”主要指“道”，但也有数字的含义。“可数”与“不可数”中的“数”，则只局限于数字的意义。所谓“可数”，是指可以用数字来表示或者说具备明显的数目特征，而“不可数”则指无法用数字来表示或者说不具备明显的数目特征。人与天在可数意义上的相副较易看出，比如“小节三百六十六，副日数也；大节十二分，副月数也；内有五藏，副五行数也；外有四肢，副四时数”等。实际上我们也可以看出，这种“可数”意义上的人副天数成立之前提，是对“天之数”的认肯。即是说，首先得有“天之数”，人之可数的部分才能与天相副。董仲舒列举的“天之数”，有日数、月数、时数，也有五行数。最重要的“天之数”这里并没有列举，就是我们之前详细说过的“十”数，当然，十也是旬数。我们说过，董仲舒已实现了五行与四时的相配。因此，总体看来，董仲舒所说的“天之数”皆是从“天时”推展而出。也就是说，天之数背后的学理依据实际上是董仲舒时代已经发展较为成熟的古代历法。但历法既然是以日月推移与阴阳的运行为依据，那么，从某种角度上而言，董仲舒的天之数的最后依据仍然可以联系上阴阳学说。但是董仲舒并没有明确这么说，虽然我们可以看到，上面引文中有超过一半的内容都是在用阴阳学说找寻天人之间的相副，而这被董仲舒归入到“不可数者，副类”的层面上去。

董仲舒首先将人的身体以腰为界，分为上下两部分，并进而与天地、阴阳相配，得出“天地之符，阴阳之副，常设于身，身犹天也”的结论。即是说，人的身体与天一样，尽数体现了阴阳之理，再加上“数与之（天）

---

① 《淮南子·精神训》云：“日中有踆乌，而月中有蟾蜍。日月失其行，薄蚀无光；风雨非其时，毁折生灾；五星失其行，州国受殃。夫天地之道，至紘以大，尚犹节其章光，爱其神明，人之耳目，曷能久熏劳而不息乎？”何宁：《淮南子集释》，第507—509页。

相参”，因此，“命与之（天）相连也”。与天共命运的人大体上表现出相对待的两类特征，或明或瞑，或刚或柔，或哀或乐，等等，皆与天地、阴阳相副。这些都是人生而即有，虽然不易于被发现，但还是可以找寻出与天道的相副。因此，董仲舒所说的“副类”，实际上是把人之“不可数”的特性大致上分为阴、阳两类，只要能做出这样的划分，那人与天的相副自在不言中。当然，这种大致上的类别之划分只是模糊的，并不能囊括所有“不可数”之“类”。从总体上而言，既然万事万物都可以“类”相划分，那么，划分“类”的依据是什么？进一步说，同一类事物因何而成其为同类？董仲舒用“同类相动”来回答。

二、同类相动

《春秋繁露》中，在《人副天数》之后即是《同类相动》。虽然我们无法确知编排者的深意所在，单纯从学理上而言，在董仲舒“天人相副”的理论系统中，首揭“人副天数”之旨后，天人之间的相副关系基本表明。但天人为何相副仍须进一步论证，这就是董仲舒“同类相动”学说的根本意旨。此工作在《同类相动》中得以完成。

其实同类事物之间的相互感应在董仲舒之前已被指出[①]，《周易·文言·乾》曰：“同声相应，同气相求。水流湿，火就燥。云从龙，风从虎。圣人作而万物睹。本乎天者亲上，本乎地者亲下，则各从其类也。”[②]《庄子·渔父》云：“同类相从，同声相应，固天之理也。”[③]《淮南子·览冥训》云：“夫物类之相应，玄妙深微，知不能论，辩不能解。”[④]又云：

① 前贤对此作过详尽探讨，其中又以《吕氏春秋》和《淮南子》与此关涉最多，可参看孙秀伟先生和杨婉羚女士的精彩论述。孙秀伟：《董仲舒“天人感应论”与汉代的天人问题》，陕西师范大学哲学系博士论文，2010年，第105—113页；杨婉羚：《淮南鸿烈气论思想研究》，台北：花木兰文化出版社，2014年，第167—190页。

② 黄寿祺、张善文：《周易译注》，第13—14页。

③ 郭庆藩：《庄子集释》，北京：中华书局，1961年，第1027页。

④ 何宁：《淮南子集释》，第450页。

“然以掌握之中，引类于太极之上，而水火可立致者，阴阳同气相动也。”[①]可见这种基于经验观察的认识早已为学者认同，既被认作是“天之理”，又被视为“玄妙深微”而不可解。因此，董仲舒要做的工作就是在认定同类相动是天之理的前提下使之可解。《同类相动》篇的论述严整精密，我们先抄录于下，再逐条疏解。

今平地注水，去燥就湿，均薪施火，去湿就燥。百物去其所与异，而从其所与同，故气同则会，声比则应，其验皦然也。试调琴瑟而错之，鼓其宫则他宫应之，鼓其商而他商应之，五音比而自鸣，非有神，其数然也。美事召美类，恶事召恶类，类之相应而起也。如马鸣则马应之，牛鸣则牛应之。帝王之将兴也，其美祥亦先见；其将亡也，妖孽亦先见。物故以类相召也，故以龙致雨，以扇逐暑，军之所处以棘楚。美恶皆有从来，以为命，莫知其处所。天将阴雨，人之病故为之先动，是阴相应而起也。天将欲阴雨，又使人欲睡卧者，阴气也。有忧亦使人卧者，是阴相求也；有喜者，使人不欲卧者，是阳相索也。水得夜益长数分，东风而酒湛溢，病者至夜而疾益甚，鸡至几明，皆鸣而相薄。其气益精，故阳益阳而阴益阴，阳阴之气，因可以类相益损也。天有阴阳，人亦有阴阳。天地之阴气起，而人之阴气应之而起，人之阴气起，而天地之阴气亦宜应之而起，其道一也。明于此者，欲致雨则动阴以起阴，欲止雨则动阳以起阳。故致雨非神也。而疑于神者，其理微妙也。非独阴阳之气可以类进退也，虽不祥祸福所从生，亦由是也。无非己先起之，而物以类应之而动者也。故聪明圣神，内视反听，言为明圣，内视反听，故独明圣者知其本心皆在此耳。故琴瑟报弹其宫，他宫自鸣而应之，此物之以类动者也。其动以声而无形，人不见其动之形，则谓之自鸣也。又相动无形，则谓之自然，其实非自然也，有使之然者矣。物固有实使之，其使之无形。

① 何宁：《淮南子集释》，第456页。

《尚书大传》言："周将兴之时，有大赤乌衔谷之种，而集王屋之上者，武王喜，诸大夫皆喜。周公曰：'茂哉！茂哉！天之见此以劝之也。'"恐恃之。[①]

董仲舒先从学者讨论最多的"水就湿，火就燥"现象开始，得出"百物去其所与异，而从其所与同，故气同则会，声比则应，其验皦然也"的结论。万物具有去异从同的本性，因此只要是同一性质的物事就能互相感应，这是极显然明白之事。《荀子·劝学》云："施薪若一，火就燥也。平地若一，水就湿也。"《荀子·大略》云："均薪施火，火就燥；平地注水，水流湿。夫类之相从也，如此之著也。"同样的现象在《吕氏春秋·有始》如此说："类同相召，气同则合，声比则应。鼓宫而宫动，鼓角而角动。平地注水，水流湿。均薪施火，火就燥。"[②]可见同类事物之间的这种应合现象在学者们看来本就是理所应当之事，由此得出同类相动的结论极为自然。但是，为什么同类事物之间会发生这样的现象？在董仲舒之前的所有学者虽然都指出了这一现象，但或是将其当作本该如此的自然现象（如荀子），或是将之归于玄妙不可解（如《淮南子》），只有董仲舒对之进行了更为深入的探讨。董仲舒进一步说："试调琴瑟而错之，鼓其宫则他宫应之，鼓其商而他商应之，五音比而自鸣，非有神，其数然也。"则将同类相动不仅从经验性认识上升到普遍规律，也将其神妙一并扫除。

董仲舒以同声相应现象为例，并没有像大多数人那样，将这种难以被人理解的自鸣现象归之于神意，而是以"数"释之。所谓"数"，即是"道"之意。"非有神，其数然也"意谓同类相动是事物本来的道理，并不显得神妙，更不是有神在背后决定。为了进一步论证自己的结论，董仲舒说："美事召美类，恶事召恶类，类之相应而起也。如马鸣则马应之，牛鸣则牛应之。"同类事物之间的相应就像马鸣则马应、牛鸣则牛应一样，乃是本然如此，并

① 《春秋繁露·同类相动》。

② 许维遹：《吕氏春秋集释》，第285页。

无甚玄妙之处[1]。论到此处，董仲舒更将被普遍归之于神意的祥瑞灾异说搬出，使自己的结论更加可靠。董仲舒说“帝王之将兴也，其美祥亦先见；其将亡也，妖孽亦先见”，类似的话在“天人三策”中已经出现过，在那里董仲舒虽然口口声声说“天意”如何如何，但还是将国家的兴亡归结为帝王自身努力与否。而在这里，董仲舒将作为“天意”的祥瑞灾异最后的理论根据归之于“物故以类相召也”。因为“美事招美类，恶事招恶类”，所以帝王的善治就会引来祥瑞，帝王的无道就会招来灾异。但是，帝王或大多数人却不这样认为。武帝将天下得治与否归结为无常的天意，认为天命本该如此，人不能有何作为。董仲舒却一定要说“美恶皆有从来，以为命，莫知其处所”。任何事情的发生皆有其原因，将之归结于无常的天命只是因为没有找到其背后的原因而已。正如“以龙致雨，以扇逐暑，军之所处以棘楚”，这些事物本来就属于同类，出于同类相动之缘由，才总是相伴而出现。由于董仲舒将美、恶与阳、阴相配，因此董仲舒才进一步以阴阳为核心进行论证。

从“天将阴雨”开始，董仲舒举了很多具备阴阳属性的事物所具有的同类相动现象，并总结为“天有阴阳，人亦有阴阳。天地之阴气起，而人之阴气应之而起，人之阴气起，而天地之阴气亦宜应之而起，其道一也”，这就将人副天数与同类相动合而为一。也就是说，人副天数和同类相动遵循的是同一个道理。在此基础上，董仲舒以经常使用的致雨、止雨实践为例。

我们回头看一下董仲舒的致雨实例，《求雨》篇说：

> 四时皆以水日，为龙，必取洁土为之，结盖，龙成而发之。四时皆以庚子之日，令吏民夫妇皆偶处。凡求雨之大体，丈夫欲藏匿，女子欲和而乐。[2]

---

① 正如林明昌先生所说：“《春秋繁露》虽然未说明何以百物会去其所异而从其所与同，及气同则会、声比则应，但是对此现象只视为理所当然，并不加上神秘色彩。”林明昌：《〈春秋繁露〉的天道观与治道思想》，台北：花木兰文化出版社，2010年，第58页。

② 《春秋繁露·求雨》。

董仲舒认为大旱是由于“阳灭阴”，因此求雨的基本原则是扶阴抑阳。我们看到，在董仲舒的基本求雨方式中，四时都要在庚子之日也就是水日进行，并用洁净的土做一个土龙，令夫妇偶处，因为偶数为阴。求雨的总原则是：丈夫应当藏匿，因为丈夫为阳；女子应当和乐，因为女子为阴。所有这一切，其根本缘由都是同类相动这一无可置疑的宇宙原理。从《求雨》篇中我们也可以看到，同类相动不仅体现在“不可数”的同类事物之间，“可数”的事物也遵循这一原理。虽然董仲舒说四时皆应该在水日进行，但在“春、夏、季夏、秋、冬”不同时间段的具体求雨仪式中，所在的城门方向与五时所配五方相同[①]，所用的物事之颜色与五时所配的五行相同[②]，而具体数目皆与此时的“五行生成数”相合[③]。更为特别的是，五时之中，每一时都“无举土功”，因为土克水也。董仲舒并没有指出所有这些的缘由，但是我们仍然可以推断出，五行以及与之相配的各种物事之间也受同类相动原则的制约。因此，无论是五行学说还是阴阳学说，无论是“可数”还是“不可数”，皆遵从同类相动的原则。也因此，我们看到，董仲舒无论是致雨还是止雨之时，核心原则皆是对同类相动原则的使用，皆无关乎神意，因为“故致雨非神也。而疑于神者，其理微妙也。非独阴阳之气可以类进退也，虽不祥祸福所从生，亦由是也。无非己先起之，而物以类应之而动者也”。同类相动之理虽然微妙难知，但无非作为天道的阴阳五行之理的体现。天既可知，同类相动之理自然可知。知天者为圣人，觉知此理者也当为圣人。因此董仲舒才说“故聪明圣神，内视反听，言为明圣，内视反听，故独明圣者知其本心皆在此耳”。

那么，能够觉知此理的圣人又该何为？董仲舒引《尚书大传》之言说：“周将兴之时，有大赤乌衔谷之种，而集王屋之上者，武王喜，诸大夫皆

① 特别需要指出，季夏仍在南门外，因为并没有中门能与之相配，且季夏仍属夏季，可与夏季相同。见《春秋繁露·求雨》。

② 即春为青色，夏为赤色，季夏为黄色，秋为白色，冬为黑色。见《春秋繁露·求雨》。

③ 即春为八或八的半数，夏为七或七的半数，季夏为五或五的半数，秋为九或九的半数，冬为六或六的半数。见《春秋繁露·求雨》。

喜。周公曰：‘茂哉！茂哉！天之见此以劝之也。’”周公、武王能够从祥瑞中得知周将兴，以祥瑞为上天劝勉其努力行政。因此，圣人欲有所为，当以周公、武王为榜样，知天而勤勉。但是，祥瑞说仍然是天象在先而人事应之，至少对帝王以及更愿意相信无常之天的大多数人而言，并不能完全确知天象的显现到底是神意还是出于理之当然。所以，对天人感应的问题仍需进一步说明。

三、天人感应

在论述董仲舒的《春秋》阴阳灾异说时，我们曾经提及，阴阳灾异学说成立的理论基础乃是自然意义上的阴阳与人事意义上的阴阳之间存在的天人感应，但没有过多论及。因为从根本的意义上来说，如果没有厘清董仲舒十天端系统和天人相副学说的理论构造，如果没有对他的阴阳五行学说进行细致的梳理，就很难对董仲舒意义上的天人感应说有一个恰当的评判。正如若我们没有对董仲舒天人理论系统进行深入分析，他的《春秋》阴阳灾异说仍然缺乏内在的理论支撑。因此，我们将天人感应说列为董仲舒天人相副说的第三个层次，希望在此前所有论述的基础上，至少从天人感应说先抽绎出董仲舒天人合一中的“天”所具有的特质，并进而以此作为最终揭示董仲舒天人合一学说本质内涵的入处。阴阳五行仍然是我们论述的核心所在。

天人感应实质上是天人的互感，天人实现互感的前提是天与人同样具有人格性或意志，从而天可以对有意志的人之行为作出回应。讨论天人感应问题最大的困难在于，董仲舒所说的“天意”“天志”很容易让我们将天视作宗教中的至上神①。在此前提下，具有神意的天对人的所有感应就

① 这也是目前流行的看法，大多数论者都会强调董仲舒哲学的宗教特征。如侯外庐先生说：“他（董仲舒）给新宗教以系统的理论说明，把阴阳五行说提到神学的体系上来，把‘天’提高到有意志的至上神的地位上来”，“在这种神学的内涵中，是以传统的天人感应为形式，即所谓‘善复古，讥易常’的《春秋》之义，导引出适应于中世纪神学的一切教义”。后来大部分对董学进行的诘难都与此类似。参侯外庐等：《中国思想通史》（第二卷），北京：人民出版社，1959 年，第 89—90 页。

显得无可厚非。对神意之天的最大支持来自祥瑞灾异说。“天人三策”中，董仲舒说：“臣闻天之所大奉使之王者，必有非人力所能致而自至者，此受命之符也。天下之人同心归之，若归父母，故天瑞应诚而至。”[①]又说：“国家将有失道之败，而天乃先出灾害以谴告之，不知自省，又出怪异以警惧之，尚不知变，而伤败乃至。以此见天心之仁爱人君而欲止其乱也。自非大亡道之世者，天尽欲扶持而全安之。”[②]以此看来，董仲舒说的天应该具有意志无疑，它不仅能赏善罚恶，还无比厚爱人君。

董仲舒如此解释灾异的发生：

> 天地之物有不常之变者，谓之异，小者谓之灾。灾常先至而异乃随之。灾者，天之谴也；异者，天之威也。谴之而不知，乃畏之以威。《诗》云：“畏天之威。”殆此谓也。凡灾异之本，尽生于国家之失。国家之失乃始萌芽，而天出灾害以谴告之；谴告之而不知变，乃见怪异以惊骇之，惊骇之尚不知畏恐，其殃咎乃至。以此见天意之仁而不欲陷人也。[③]

虽然这里所说的“天意”似乎有神意的成分，但作为天地不常之变，灾异的发生皆归因于政治的无道，因此，不常之变的发生机理实际上是有常的。董仲舒一再强调天意的有常。上天绝不会无缘无故降下灾异，更不会随意去陷害人君，天降灾异只是为了督促人君改过，天意无非只是“仁爱”而已[④]。回到“天人三策”的论述语境中，董仲舒面对的武帝本来就对神意之天充满迷恋。董仲舒为了应答武帝策问中对无常之天命的迷惑，不得已才特别彰显天的意志，努力让自己的学说在“天”的问题上建立起与帝王沟通的可能，无非为了能让帝王有所敬畏。而且，“天人三策”中更多是

① 《汉书·董仲舒传》。
② 《汉书·董仲舒传》。
③ 《春秋繁露·必仁且智》。
④ 正如刘国民先生所说：“天之受命之符、符瑞、灾异并不神秘，也没有表现天之喜怒无常的性情与变化无常的意志。……因此，董仲舒之受命之符、符瑞、灾异的思想表现出理性的性格，尤其是道德理性更为突出。”刘国民：《董仲舒的经学诠释及天的哲学》，第288页。

用阴阳学说来论证灾异的发生机理，《春秋繁露》大体相同，且“天志”“天意”多与阴阳、四时相伴出现。

在天人学说的总纲《天地阴阳》中，董仲舒说：

> 天意难见也，其道难理。是故明阴阳、入出、实虚之处，所以观天之志。辨五行之本末顺逆、小大广狭，所以观天道也。天志仁，其道也义。①

即是说，天意、天道很难为人所知见，但通过对阴阳五行之理的确知，便能知晓天志把握天道。天志为仁，天道为义。我们纵然可以将仁、义视作是具有人格性的天所具有的特征，同样也可将此天认作是人伦道德的终极依据，即孟子尽心知性以知的那个“天”。不过，既然这个仁、义之天是通过阴阳五行之理所知，那我们就很难将天意视作神意，因为阴阳五行皆是自然之理。即便我们站在后世儒者的立场上，以所谓的形而上之道德依据来衡量董仲舒的天，阴阳五行本身是否能成为道德依据仍然多有争议②。因此，我们尽量回避现今比较流行的道德哲学或宗教神学来判定董

① 《春秋繁露·天地阴阳》。

② 我们试以康中乾先生为代表。康先生说：“董仲舒的‘天’就有了多样性，既有神学目的性，又有伦理道德性，还有运行的功能性，但董仲舒是以‘天’的神学目的性为总形式和方向来集其神学性、伦理性、功用（能）性于一体的”，“当‘天人感应’论的‘天’被目的性、意志性、主宰性化，即神化后，这里实际上不会有‘天’与人的‘感应’问题，而只有‘天’对人的支配和统治；而当‘天人感应’论的‘天’被伦理性化后，这里也没有‘天’与人的‘感应’问题，这实际上是人把自己的伦理性本性、本质外化、提升给了‘天’而已”，“当董仲舒说天有喜怒哀乐之气，而人有春夏秋冬之气时，这里的‘天’明显不是神性的，也不是纯伦理性的；这种喜怒哀乐之气虽有伦理性的性质和表现，但最终是功能性的，只不过董仲舒将荀子视为‘神’的天的运行功能性而予以伦理方式而已。……在此，董仲舒讲起了宇宙结构的系统论，即他将人、天以及阴阳、五行、四时、物候、方位等等组合为一个有机的大系统，通过这个系统的运转、运行来功能性地将天与人统一起来。功能本来就与结构有内在关联，所以董仲舒的‘天人感应’论之表现为宇宙结构的系统论是顺理成章的”。康先生的本意是想以形而上的伦理性之天解决神性之天与自然之天的矛盾，但最终还是陷入了新的矛盾。我们认为，由于董仲舒的天以阴阳、五行为核心特征，有一定的道德性内涵，但不能根据道德哲学对此加以分析。康中乾：《董仲舒“天人感应”论的哲学意义》，《吉林大学社会科学学报》，2014 年第 5 期。

仲舒的阴阳五行之天，而最好在他本人的语境中去探求天之真义。只要董仲舒欲实现学者的理想与帝王的需求之间的有效连接，他就不能完全否认武帝所信奉的神意之天，因此他借鉴孔子“敬鬼神而远之”的两可态度，以对“君子三畏”的独特阐述实现了对神意之天的虚置。

董仲舒列举了《春秋》中的几种常见灾异后说：

> 此十物者，皆奇而可怪，非人所意也。夫非人所意而然，既已有之矣，或者吉凶祸福、利不利之所从生，无有奇怪，非人所意，如是者乎？此等可畏也。孔子曰：“君子有三畏：畏天命，畏大人，畏圣人之言。”彼岂无伤害于人，如孔子徒畏之哉！以此见天之不可不畏敬，犹主上之不可不谨事。不谨事主，其祸来至显；不畏敬天，其殃来至暗。暗者不见其端，若自然也。故曰：堂堂如天，殃言不必立校，默而无声，潜而无形也。由是观之，天殃与主罚所以别者，暗与显耳。不[1]然，其来逮人，殆无以异。孔子同之，俱言可畏也。天地神明之心，与人事成败之真，固莫之能见也，唯圣人能见之。圣人者，见人之所不见者也，故圣人之言亦可畏也……天者，百神之大君也。事天不备，虽百神犹无益也。[2]

这篇文献的主题是祭天之礼的重要性。武帝时奉祀的神灵众多，但对“百神之大君”的天却没有祭礼。董仲舒为了表明祭天的重要性，甚至举周祭天所以得天佑而秦不祭天所以得天罚为例证，但总的论证方式仍然是以天殃也就是天降灾异来使人主畏天。正因为灾异的发生机理不易被人主所见，人主很自然就可将之归因于无常的天意。董仲舒必须让人主相信，难见的天意其实有常，且天意决定于人主的行政，如果不敬畏和尊礼天，即便对鬼神极尽尊礼也不能避免国家的破败。武帝所尊礼的“鬼神”多以祖先神与山川日月之神为主，当然也包括最让武帝崇拜的仙人黄帝。

① 苏舆认为“不”字当衍，甚是。苏舆：《春秋繁露义证》，第397页。

② 《春秋繁露·郊语》。

以天为“百神之大君”的观念源远流长，董仲舒却极少谈论百神，且在论及“神”时多指天之神妙难知。董仲舒说：

> 天高其位而下其施，藏其形而见其光。高其位，所以为尊也；下其施，所以为仁也；藏其形，所以为神；见其光，所以为明。故位尊而施仁，藏神而见光者，天之行也。[①]

天藏其形不为人所知，才显得其神妙，所谓“神者，不可得而视也，不可得而听也”[②]正是此义。董仲舒又说“体国之道，在于尊神。尊者所以奉其政也，神者所以就其化也，故不尊不畏，不神不化”[③]，联系我们上面所说的尊天畏天，则这里的神就是指天而言，但天正以其施化万物而不为人所见显其神。因此，在董仲舒那里，任何难知之事皆可谓神。又因乎“莫神于天”，则“天者百神之大君”更应该在此意义上来理解。但是，难知并不意味着不可知，董仲舒说：

> 物之难知者若神，不可谓不然也。今投地死伤而不腾相助，投淖相动而近，投水相动而愈远。由此观之，夫物愈淖而愈易变动摇荡也。今气化之淖，非直水也。而人主以众动之无已时，是故常以治乱之气，与天地相殽而不治也。世治而民和，志平而气正，则天地之化精，而万物之美起。世乱而民乖，志僻而气逆，则天地之化伤，气生灾害起。是故治世之德，润草木，泽流四海，功过神明。……故人气调和，而天地之化美，殽于恶而味败，此易之物也。推物之类，以易见难者，其情可得。治乱之气，邪正之风，是殽天地之化者也。生于化而反殽化，与运连也。[④]

① 《春秋繁露·离合根》。
② 《春秋繁露·立元神》。
③ 《春秋繁露·立元神》。
④ 《春秋繁露·天地阴阳》。

董仲舒以同类相动现象推出人世的治乱与天地相感应，同类相动相感虽然“难知若神”，但只要“推物之类，以易见难者，其情可得”，并得出“治世之德，功过神明”的结论。可见在天人感应的互动中，人（人主）的行为具有最终的决定力量。决定人世治乱的是人主，而人世治乱可与天地相殽化，因此人主必须由易见难以知天，从而使自己“功过神明”。这里的天已经没有不可思议的神意，而完全就是从物类可以推出的阴阳五行之理。

天意难见并不在于决定万物变化的阴阳五行之理不易为人所知，而在于是否相信天意之有常。因此董仲舒才相当自然地推出他的天人学说的总原则：

> 是故明阴阳、入出、实虚之处，所以观天之志。辨五行之本末顺逆、小大广狭，所以观天道也。天志仁，其道也义。为人主者，予夺生杀，各当其义，若四时；列官置吏，必以其能，若五行；好仁恶戾，任德远刑，若阴阳。此之谓能配天。天者其道长万物，而王者长人。人主之大，天地之参也；好恶之分，阴阳之理也；喜怒之发，寒暑之比也；官职之事，五行之义也。以此长天地之间，荡四海之内，殽阴阳之气，与天地相杂。是故人言：既曰王者参天地矣，苟参天地，则是化矣，岂独天地之精哉。王者亦参而殽之，治则以正气殽天地之化，乱则以邪气殽天地之化，同者相益，异者相损，天[①]之数也，无可疑者也。[②]

到这里，董仲舒天人相副的结构已经完全展现。所谓天人相副，本质上就是人主与天地相参。人主若要参天地，则须以作为天道的阴阳五行之理指导自己行政，因为依据同类相动的原理，人世治乱与天地相殽化。人世的治乱在于人主是否能行仁义之政，而仁义本身就是天之意。董仲舒既然从阴阳五行中能够知见天意，那么，必须与天相副的人之仁义又从何而来？这就涉及对与天命问题相伴随的情性问题之探讨。董仲舒对情性问题的回

① 苏舆认为此“天”字为脱误，甚是。苏舆：《春秋繁露义证》，第468页。
② 《春秋繁露·天地阴阳》。

答同时也指明了，从最根本的意义上而言，不仅天人之际是圣人（人主）与天的距离，天人相副也是圣人（人主）与天的相副，而天人合一更是圣人（人主）与天的合一。

第三节　圣人配天

我们说过，在传承已久的天人合一观念中，唯圣人（人主）有资格实现与天的合一。我们一再强调董仲舒天人学说中“人”的首要含义是“圣人（人主）”，也是因为能够与天地相参且“功过神明”的人唯有圣人（人主）。也就是说，追求天人合一的思想家共享的前提是，圣人（人主）在政治生活中的主导作用决定了唯圣人（人主）有资格与天合一。董仲舒在此之外，更为圣人（人主）的独尊提供了人性论上的证明。董仲舒并没有像先前热衷探讨人性善恶的理论家那样，从理念推导或从经验观察，而是用阴阳学说给出了天道层面的有力支持。因为人性未善，圣人及其所立礼乐教化才有存在之必要。在此基础上，方能最终得出董仲舒天人合一学说的根本旨归，那就是礼乐兴而教化行的圣王之道。

一、性未善

孔子罕言性与天道，但在后儒特别是孟、荀那里，性论成为阐述其道德学说与政治见解的前提性学说。我们也看到，无论汉以前的学者将性论推进到多么深入的程度，武帝仍然说“性命之情，或夭或寿，或仁或鄙，习闻其号，未烛厥理”[①]。虽说武帝策问这个问题可能更希望学者能为自己的长生成仙提供理论支持，但无论如何，现实中人的性命之情的夭寿仁鄙不一仍然是人们必须面对的实情。董仲舒如是回应武帝的策问：

> 臣闻命者天之令也，性者生之质也，情者人之欲也。或夭或寿，

① 《汉书·董仲舒传》。

> 或仁或鄙，陶冶而成之，不能粹美，有治乱之所生，故不齐也。孔子曰：“君子之德风，小人之德草，草上之风必偃。”故尧、舜行德则民仁寿，桀、纣行暴则民鄙夭。夫上之化下，下之从上，犹泥之在钧，唯甄者之所为；犹金之在熔，唯冶者之所铸。“绥之斯俫，动之斯和”，此之谓也。[①]

我们暂且不去管在董仲舒之前对“命”“性”“情”已有的诸多细致分疏和论辩。虽然董仲舒对“命”“性”“情”作了区分，但终于还是与武帝一样，视它们同为夭寿仁鄙不一，且将这种不一共同归结于人世的“治乱”。需要“陶冶”才能成其“粹美”的情性（董仲舒对“命”“性”“情”的合称）与人世之有治有乱一样，不可能齐一。董仲舒并未过多论述，而是引孔子之言，说明小人（万民）的德性取决于在上之君子（人主）。君子有德则民德随化，君子无德则民德暴戾。因此尧舜行德则其民仁寿，桀纣行暴则其民鄙夭。我们看到，其实董仲舒将武帝的问题偷换了概念。武帝所问实际上是包括所有人在内的情性，而董仲舒将之变成了万民也就是普通人的情性，因此他才能将问题转换到勉励人君行德上去。也就是说，在君子与小人相分的前提下，董仲舒将对人性的讨论限定在了万民的范围内，且讨论万民之性的目标是要指向人主的行政，这是“天人三策”中董仲舒对“情性”问题的原则性回答，也是我们理解董仲舒性论的第一个要点。在董仲舒的文本中，“人”和“人主”这两个概念通常是混用的，董仲舒自己并未做过多分疏。同样地，“人主”与“君子”在这里也是混用的，董仲舒并不会觉得有何不妥。尽管我们今天可以将君子视作整个统治阶层或者可以为民师帅之道德完人，或者再进一步对君子进行道德品级上的详细划分，但在董仲舒自己的论说中，并不存在这样的细致分疏。正如董仲舒在论证“君子之德风”时，所举正面及反面例证皆为人主。

正是将人性论限定在了万民之性的范围内，独尊的圣人（人主）才有资格立其教化。圣人（人主）首先与万民相对，构成了教化和被教化者。

① 《汉书·董仲舒传》。

教化者之性纯善无恶，乃圣人之性，是其施行教化之前提。被教化者“性未善”，有被教化之必要。依据教化之结果，可被教化者所具之性即“中民之性”，不可被教化者所具之性为“斗筲之性”。“性三品”说正是就此意义而言。为了论证作为被教化者的万民之“性未善”，董仲舒利用其独特的正名学说，对“民”和“性”这些概念进行了根源性的解说。

在《春秋繁露》中，除《玉杯》《竹林》《玉英》等篇对人性有零散探讨外，唯《深察名号》《实性》篇有系统的人性论，但也是作为“正名”问题的附带性论述。正是在对正名的探讨中，人性论获得了恰当的安置。

如果要对孔子作《春秋》之旨给出一个孔子式的回答，则“君君臣臣父父子子”的“正名”最为恰当。董仲舒将此旨与《春秋》大一为元论相结合，说“《春秋》大元，故谨于正名”。为何正名如此重要？董仲舒说：

> 治天下之端，在审辨大。辨大之端，在深察名号。名者，大理之首章也。录其首章之意，以窥其中之事，则是非可知，逆顺自著，其几通于天地矣。是非之正，取之逆顺，逆顺之正，取之名号，名号之正，取之天地，天地为名号之大义也。古之圣人，謞而效天地谓之号，鸣而施命谓之名。名之为言，鸣与命也，号之为言，謞而效也。謞而效天地者为号，鸣而命者为名。名号异声而同本，皆鸣号而达天意者也。天不言，使人发其意；弗为，使人行其中。名则圣人所发天意，不可不深观也。[①]

孔子以“正名”乃为政之首务[②]，董仲舒亦以其为治天下之端始。孔子的“正名”实际上是要以人伦政治关系中君臣父子之名包含的伦理要求来促使处

---

① 《春秋繁露·深察名号》。

② 孔子论“正名”详见于《论语·子路第十三》，原文如下：子路曰：“卫君待子而为政，子将奚先？”子曰：“必也正名乎！”子路曰：“有是哉，子之迂也！奚其正？”子曰：“野哉由也！君子于其所不知，盖阙如也。名不正，则言不顺；言不顺，则事不成；事不成，则礼乐不兴；礼乐不兴，则刑罚不中；刑罚不中，则民无所措手足。故君子名之必可言也，言之必可行也。君子于其言，无所苟而已矣。”

在人伦关系中的每个人自正其名[1]，而董仲舒却要上推到圣人定名之始，以定名为圣人代天行道。因此，从每个事物之名皆可逆推出天意，进而以与天意的相合作为正名的基本方法。

在此原则指导下，董仲舒进而深论了天子、诸侯、大夫、士、民五种名号所蕴含的天意：

> 受命之君，天意之所予也。故号为天子者，宜视天如父，事天以孝道也。号为诸侯者，宜谨视所候奉之天子也。号为大夫者，宜厚其忠信，敦其礼义，使善大于匹夫之义，足以化也。士者，事也；民者，瞑也。士不及化，可使守事从上而已。五号自赞，各有分。……无有不皆中天意者。物莫不有凡号，号莫不有散名，如是。是故事各顺于名，名各顺于天。天人之际，合而为一。同而通理，动而相益，顺而相受，谓之德道。《诗》曰："维号斯言，有伦有迹。"此之谓也。[2]

我们看到，虽则董仲舒为"天子""诸侯""大夫""士"四种名号所阐发出的天意不一样，但四者的共同点是与"民"相对。因为这四者都是治民者，是"君子"。民因其冥顽不明受治于君子，君子又统于天子。这里所说的"天人之际，合而为一"是董仲舒所说的最接近"天人合一"的提法，但民因为其名所含的天意，并没有与天合一的资格。虽则除天子外的其他君子也没有资格与天合一，但他们的共同职责都是辅助天子与天合一。

① 齐景公问政于孔子。孔子对曰："君君，臣臣，父父，子子。"公曰："善哉！信如君不君，臣不臣，父不父，子不子，虽有粟，吾得而食诸？"（《论语·颜渊第十二》）齐景公失政于大夫陈氏，又多内嬖，而不立太子，其君臣父子伦常名分已颇为混乱，夫子告之以"君君，臣臣，父父，子子"，近可视为治齐政之首务，更当视作"为政"之首务。"君、臣、父、子"为对某种人伦所定之"名"，某人获得此"名"即意味其应当承担此"名"所蕴含之一切人道纲常，故朱子于此注为："此人道之大经，政事之根本也。"（见《四书章句集注》，第136页。）在孔子看来，每一人伦之"名"唯有实现其所蕴含之一切"人道纲常"，方可真正以其"名""名"之，如齐景公为君，则应当谨守君道，失政于大夫便失此道，不可称其为君，其自言"君不君"即是此意。正名也就意味着每个人皆守其分位，自正其名。

② 《春秋繁露·深察名号》。

所以，董仲舒在此处实际上是将“诸侯”“大夫”“士”统合于“天子”。

正因如此，董仲舒在重点阐述了天子当与天合一的主旨后，转而在万民之性的意义上论证“性”之名所含的天意究竟为何：

> 今世暗于性，言之者不同，胡不试反性之名。性之名非生与？如其生之自然之资谓之性。性者质也。诘性之质于善之名，能中之与？既不能中矣，而尚谓之质善，何哉？性之名不得离质。离质如毛，则非性已，不可不察也。《春秋》辨物之理，以正其名。名物如其真，不失秋毫之末。故名霣石，则后其五，言退鹢，则先其六。圣人之谨于正名如此。君子于其言，无所苟而已，五石、六鹢之辞是也。栣众恶于内，弗使得发于外者，心也。故心之为名栣也。人之受气苟无恶者，心何栣哉？吾以心之名，得人之诚。人之诚，有贪有仁。仁贪之气，两在于身。①

在董仲舒看来，世人之所以对“性”有不同的认知且皆暗昧于性的本质，是由于没能回到“性”的立名之初对其进行正名。圣人创造的“性”这个字，是由“生”和“心”两部分构成，因此必须从生和心两方面来理解性的本义。所谓“生之自然之资谓之性”，是从“生”这一方面来检讨“性”的本质，即性就是一个人出生时的自然资质，所以董仲舒说“性者质也”②。“诘性之质于善之名，能中之与？”，实际上针对的是以孟子为代表的性善论。既然董仲舒认为性就是质，则说性善就意味着“质善”。但是，“善”之名却与“质”之名相冲突，因为人的生之自然之质仁鄙不一，不能谓之善，说性善其实已经脱离了性之本义。从质的角度而言，性有善有恶。人之所

---

① 《春秋繁露·深察名号》。

② 参苏舆。苏氏并言“宋儒所谓气质之性本此”，周炽成先生和黄开国先生的争论即源于对此的不同理解。见苏舆：《春秋繁露义证》，第 292 页；周炽成：《董仲舒对荀子性朴论的继承与拓展》，《哲学研究》，2013 年第 9 期；黄开国：《董仲舒的人性论是性朴论吗？》，《哲学研究》，2014 年第 5 期。

以不易表现出恶质，乃是因为心能够将其禁制[1]于内。心之名的本义就是"禁制"。如果人初生时所禀赋的天地之气不包含恶的成分，那心就失去了存在的理由。只有进一步对心之名加以分析，才能够得到人性的实情[2]。人性有贪有仁，贪仁皆为人身所禀赋。从"以生论性"这个角度而言，董仲舒的论述其实与告子生之谓性（见《孟子·告子上》）的论证方式差别不大，但董仲舒更为高明的地方在于，他同时也"以心论性"，承认了性虽然未善，但有成善的可能，而且进一步为现实中"仁贪之气，两在于身"这一人性的实情寻求到了天道依据。

董仲舒说：

> 身之名，取诸天。天两有阴阳之施，身亦两有贪仁之性。天有阴阳禁，身有情欲栣，与天道一也。是以阴之行不得干春夏，而月之魄常厌于日光。乍全乍伤，天之禁阴如此，安得不损其欲而辍其情以应天。天所禁而身禁之，故曰身犹天也。禁天所禁，非禁天也。必知天性[3]不乘于教，终不能栣。察实以为名，无教之时，性何遽若是。[4]

说"身之名，取之天"其实意味着人之身乃为天地所生化，人之贪仁之性正好与天之阴阳相副。天不仅以阴阳之道施化万物，且表现出尚阳而禁阴的特性。因此，人以心来禁制其贪鄙的情欲也是与天相副。

但是，万民既然冥顽不明，不可能依靠自身的自觉来禁制情欲，而必待圣人立教化加以引导，因为从根本上说：

> 民之号，取之瞑也。使性而已善，则何故以瞑为号？以實者言，弗扶将，则颠陷猖狂，安能善？性有似目，目卧幽而瞑，待觉而后见。

① 苏舆释"栣"为"禁御"，见苏舆：《春秋繁露义证》，第293页。

② 苏舆释"诚"为实，见苏舆：《春秋繁露义证》，第294页。

③ 苏舆以"天性"当为"情欲"之误，有一定的道理，但是董仲舒前面既然表明人之天性有贪鄙的情欲，因此我们应当将此处的"天性"理解为"情欲"，但不一定非要改作"情欲"。苏舆：《春秋繁露义证》，第296页。

④ 《春秋繁露·深察名号》。

当其未觉，可谓有见质，而不可谓见。今万民之性，有其质而未能觉，譬如瞑者待觉，教之然后善。当其未觉，可谓有善质，而不可谓善，与目之瞑而觉，一概之比也。静心徐察之，其言可见矣。性而瞑之未觉，天所为也。效天所为，为之起号，故谓之民。民之为言，固犹瞑也，随其名号以入其理，则得之矣。是正名号者于天地，天地之所生，谓之性情。性情相与为一瞑。情亦性也。谓性已善，奈其情何？故圣人莫谓性善，累其名也。身之有性情也，若天之有阴阳也。言人之质而无其情，犹言天之阳而无其阴也。[①]

在董仲舒看来，圣人以“民”来作为万民的名号，因为民的本义为“瞑”。《说文》曰：“瞑，翕目也，从目、冥，冥亦声。”[②]《说文》释翕为起，段注认为：“《释诂》、《毛传》皆云：翕、合也。许云起也者、但言合则不见起。言起而合在其中矣。翕从合者、鸟将起必敛翼也。”[③]也就是说，瞑的意思为合目或者闭目，进一步说，“民”意指昏睡未醒之人。万民之性就像眼睛一样，在觉醒前处于闭合状态。正如昏睡之人有觉醒的可能，万民之性也包含了善质在内，但在没有受到圣人教化前不能说万民之性就是善的，因为天地所生之人性同时包含了性和情。如果说性已善，人生而即有的贪鄙的情欲又将被置于何处？因此圣人绝不会说性善，因为从“性”之“名”而言，人之生两有贪仁之情性，正如天两有阴阳。

董仲舒举例说：

故性比于禾，善比于米。米出禾中，而禾未可全为米也。善出性中，而性未可全为善也。善与米，人之所继天而成于外，非在天所为之内也。天之所为，有所至而止。止之内谓之天性，止之外谓之人事。事在性外，而性不得不成德。……名性，不以上，不以下，以其中名之。性如茧

① 《春秋繁露•深察名号》。

② 段玉裁：《说文解字注》，上海：上海古籍出版社，1981 年，第 134 页。

③ 段玉裁：《说文解字注》，第 139 页。

如卵。卵待覆而成雏，茧待缫而为丝，性待教而为善。此之谓真天。[①]

董仲舒的禾米之喻及茧丝之喻极为形象地说明了，万民之性包含了善质，但须待教化才能成其善。我们也要指出，董仲舒虽是针对万民而论性，但实际上排除了一部分极为冥顽不灵之民在外，因为这些人即便是教化也不能成其善。正如有的禾从根本上就是坏的，故而无法出米，所以圣人“名性，不以上，不以下，以其中名之”。所谓“上”，就是圣人；所谓“中”，就是可通过圣人的教化成其善之万民；所谓“下”，就是必待刑戮之顽民。当然，必待刑戮之顽民也是通过教化之后才能加以确认。因此，这里所表达出的“性三品”说是以教化为立论的核心，它并不是一个固定的概念划分，而是一个动态过程之呈现。人首先被区分为教化者和被教化者，依据教化的结果，被教化者又被区分为可被教化者和不可被教化者，而作为教化者的圣人以其本然之善获得教化万民之资格：

> 天生民性有善质，而未能善，于是为之立王以善之，此天意也。民受未能善之性于天，而退受成性之教于王。王承天意，以成民之性为任者也。今案其真质，而谓民性已善者，是失天意而去王任也。万民之性苟已善，则王者受命尚何任也？其设名不正，故弃重任而违大命，非法言也。……圣人之所命，天下以为正。正朝夕者视北辰，正嫌疑者视圣人。圣人以为无王之世，不教之民，莫能当善。善之难当如此，而谓万民之性皆能当之，过矣。质于禽兽之性，则万民之性善矣；质于人道之善，则民性弗及也。万民之性善于禽兽者许之，圣人之所谓善者弗许。吾质之命性者异孟子。孟子下质于禽兽之所为，故曰性已善；吾上质于圣人之所为，故谓性未善。[②]

董仲舒特举孟子的人性论作为批判对象。孟子以为人人皆有善质、皆能成

① 《春秋繁露·深察名号》。
② 《春秋繁露·深察名号》。

善，因此人性善。但董仲舒认为说性善即意味着性已善，若此就使得圣人立教化失去了依据。正是由于民性未善，天才要为万民立王者以成其善。从根本上说，孟子是将人性与禽兽相比，所以说性已善，而董仲舒是将万民之性与圣人本然之善相比，所以说性未善。正因为性有善质却未善，圣人发天意而立教化才有依据。孟子性论的反对者荀子以“性恶”为圣人制礼作乐立教化之根据，但与董仲舒的根本性区别就在于，荀子的圣人只是禁人作恶，而董仲舒的圣人是要成人之善。因为圣人立性之名既然出自天意，天意为仁为义，圣人以其仁义成民之善即是与天相副，天人合一。

二、王道通三

董仲舒从性未善之义推出圣人必承天意以立教化，他论证性未善的基本方式乃由性之名逆推圣人立名之义，因为“《春秋》大元，故谨于正名”。与《春秋》大一为元论的关切相一致，在同一篇文献中，董仲舒关注的核心也仍然在由“君”之名逆推人君所担负之重任：

> 深察君号之大意，其中亦有五科：元科、原科、权科、温科、群科。合此五科，以一言谓之君。君者元也，君者原也，君者权也，君者温也，君者群也。是故君意不比于元，则动而失本；动而失本，则所为不立；所为不立，则不效于原，不效于原，则自委舍；自委舍，则化不行。用权于变，则失中适之宜；失中适之宜，则道不平，德不温；道不平，德不温，则众不亲安；众不亲安，则离散不群；离散不群，则不全于君。[①]

我们看到，圣人在立下“君”这个名号的时候，就是根据天意所要求于人君的职责来定的。“君”内在包含了“元、原、权、温、群”这五重内涵，而且每一层内涵皆成为后面所有内涵能够成立的前提。因此，“元”是“君”最为前提性的内涵。董仲舒说：“君人者，国之元，发言动作，万物之枢机。

---

① 《春秋繁露·深察名号》。

枢机之发，荣辱之端也。”[1]又说：“君人者，国之本也。”[2]皆是推扬人君对于国家的本始意义和首要性。《春秋》大元而贵始，作为国之元的人君亦当以谨始为务。因为人君的一举一动牵涉万民的安宁与否，也决定了其能否统领万民而使群睦，而“群”本来就是君之名的内在要求。由“元”到“群”，人君若能以圣人立名之义来督责自己努力行政从而群睦万民，也才可以称“王”。

所以董仲舒在“深察君号”之前，就以“深察王号”为人君立下了终极目标：

> 深察王号之大意，其中有五科：皇科、方科、匡科、黄科、往科。合此五科，以一言谓之王。王者皇也，王者方也，王者匡也，王者黄也，王者往也。是故王意不普大而皇，则道不能正直而方；道不能正直而方，则德不能匡运周遍；德不能匡运周遍，则美不能黄；美不能黄，则四方不能往；四方不能往，则不全于王。故曰：天覆无外，地载兼爱，风行令而一其威，雨布施而均其德。王术之谓也。[3]

“王术”即“王道”，王道代表人君治国理民所能达到的最高成就。圣人以“王”作为群睦万民的人君之名号，因为“王”内在包含了“皇、方、匡、黄、往”五重内涵。与“君号”相同，“王号”的五重内涵也是逐步向后推扩。由普大而皇的王意开始，最终实现万民自四方来归，终成王道。对万民而言，施化万民之王道犹如天覆地载风行雨施之天道，则唯王者可与天相配，实现天人合一。

王者与天相配之义不仅由圣人立名之意可以推出，从造字之初即已蕴含其中：

> 古之造文者，三画而连其中，谓之王。三画者，天地与人也，而

① 《春秋繁露·立元神》。
② 《春秋繁露·立元神》。
③ 《春秋繁露·深察名号》。

> 连其中者，通其道也。取天地与人之中以为贯而参通之，非王者孰能当是？是故王者唯天之施，施其时而成之，法其命而循之诸人，法其数而以起事，治其道而以出法，治其志而归之于仁。仁之美者在于天。天，仁也。天覆育万物，既化而生之，有养而成之，事功无已，终而复始，凡举归之以奉人。察于天之意，无穷极之仁也。人之受命于天也，取仁于天而仁也。是故人之受命天之尊，父兄子弟之亲，有忠信慈惠之心，有礼义廉让之行，有是非逆顺之治，文理灿然而厚，知广大有而博，唯人道为可以参天。①

从“王”这个字来看，是以一竖连通三横之中。三横代表天、地、人，上为天，下为地，中为人。所谓“天地与人之中”，即是天地与人之道，此三道为何重要？因为“天地人，万物之本也”②。能够贯通天地人之道的，唯有王者，所以说“王道通三”，通三也就意味王者与天地相参。

“天道施，地道化，人道义”，天地以其施化万物显其仁爱，王者亦以仁爱万民与天地相配：

> 天常以爱利为意，以养长为事，春秋冬夏皆其用也。王者亦常以爱利天下为意，以安乐一世为事，好恶喜怒而备用也。然而主之好恶喜怒，乃天之春夏秋冬也，其俱暖清寒暑而以变化成功也。天出此物者，时则岁美，不时则岁恶。人主出此四者，义则世治，不义则世乱。是故治世与美岁同数，乱世与恶岁同数，以此见人理之副天道也。天有寒有暑。夫喜怒哀乐之发，与清暖寒暑，其实一贯也。喜气为暖而当春，怒气为清而当秋，乐气为太阳而当夏，哀气为太阴而当冬。四气者，天与人所同有也，非人所能蓄也，故可节而不可止也。节之而顺，止之而乱。人生于天，而取化于天。喜气取诸春，乐气取诸夏，怒气取诸秋，哀气取诸冬，四气之心也。四肢之答各有处，如四时；寒暑

① 《春秋繁露·王道通三》。

② 《春秋繁露·立元神》。

不可移，若肢体。肢体移易其处，谓之壬人；寒暑移易其处，谓之败岁；喜怒移易其处，谓之乱世。明王正喜以当春，正怒以当秋，正乐以当夏，正哀以当冬。上下法此，以取天之道。春气爱，秋气严，夏气乐，冬气哀。爱气以生物，严气以成功，乐气以养生，哀气以丧终，天之志也。是故春气暖者，天之所以爱而生之；秋气清者，天之所以严以成之；夏气温者，天之所以乐而养之；冬气寒者，天之所以哀而藏之。春主生，夏主养，秋主收，冬主藏。生溉其乐以养，死溉其哀以藏，为人子者也。故四时之行，父子之道也；天地之志，君臣之义也；阴阳之理，圣人之法也。①

这里所论融合了董仲舒天人之学的所有重要内涵。在前面的论述中，之所以我们将“圣人”与“人主”并存，乃是为了保留天人未合一状态和天人已然合一状态下的“人”之特征。唯人主有资格与天合一，但只有与天合一的人主才能算圣人，也就是这里所说的王者。当然，前面我们也会间或提到王者，但并未对圣人和王者进行细致的区分，因为在董仲舒的文本中，这两个概念都是交替在使用，圣人必然是王者，王者同时也必然是圣人。我们看到，在这里的论述中，董仲舒以极为考究的用词为我们展现了天人合一中的“人”所具有的不同面相。董仲舒说“人生于天，而取化于天”，这里的“人”可包括所有人，意即所有人都为天地所化生。但天地对人的化生与天地对万物的化生同样，只能看作是一种自然意义上的宇宙生成论，因为化生万物的天地以四时寒暑为其首要特征。与此相副，所有人皆有喜怒哀乐。正因如此，人世可治可乱，依然与天相副。承当治世之责的人为人主，又因人主也有喜怒哀乐，若人主能合理地发其喜怒哀乐则世治，反之则世乱。王者正是以其治世之功实现与天合一之人，而治世之法则可称为王道。董仲舒在回答武帝对先王之道的疑惑时说“道者，所繇适于治之

① 《春秋繁露·王道通三》。

路也，仁义礼乐皆其具也”[①]，又说“正者，王之所为也。其意曰，上承天之所为，而下以正其所为，正王道之端云耳”[②]。因为“道，王道也”[③]，又因“王者，人之始也”[④]，董仲舒才会将“明王正喜以当春，正怒以当秋，正乐以当夏，正哀以当冬”当作人主与天合一的首务。也因此，《春秋》学者董仲舒才说“《春秋》之法，以人随君，以君随天”[⑤]，又说“故屈民而伸君，屈君而伸天，《春秋》之大义也”[⑥]。

在人君与天的合一所成的王道政治下，仁义施礼乐兴而教化行，正是董仲舒所汲汲追求的大治之世，故董仲舒说“《春秋》论十二世之事，人事浃而王道备”[⑦]，又说“《春秋》为仁义法”[⑧]。董仲舒正是从四时相继的天道循环中推出了君臣父子之义，正所谓“君臣、父子、夫妇之义，皆取诸阴阳之道”[⑨]。董仲舒从王道通三中合理得出了“王道三纲可求于天”[⑩]的结论。

“三纲”之说始自董仲舒，虽然他并未如《礼纬·含文嘉》那样将“三纲”明确为“君为臣纲，父为子纲，夫为妻纲”[⑪]，但他以三纲为王道，且以作为天道的阴阳之理为三纲的理论基础。那么，在阳尊阴卑的基本理路下，我们还是能够顺利导出《礼纬·含文嘉》的结论。在此，我们不必站在今人的立场上苛责董仲舒的这种有悖于平等观念的所谓阶级论调，而应该看到，在以秩序为核心追求的政治学说中，为礼制找到最坚实理据的学者当

① 《汉书·董仲舒传》。
② 《汉书·董仲舒传》。
③ 《春秋繁露·王道》。
④ 《春秋繁露·王道》。
⑤ 《春秋繁露·玉杯》。
⑥ 《春秋繁露·玉杯》。
⑦ 《春秋繁露·玉杯》。
⑧ 《春秋繁露·仁义法》。
⑨ 《春秋繁露·基义》。
⑩ 《春秋繁露·基义》。
⑪ 原文为：“三纲谓君为臣纲，父为子纲，夫为妻纲，敬诸父兄，六纪道行”。见赵在翰辑：《七纬》，北京：中华书局，2012 年，第 269 页。

首推董仲舒。无论董仲舒的王道理想是否可行，比起学者们所擅长的种种居高临下式的道德批判，董仲舒少了很多狂妄，更显得理性和睿智[①]。也因此，从属于董仲舒天人之学的人性论在整个人性论发展史上极为特出，剥离天人之学的语境对其进行高低优劣之评判亦不适当。

① 参李存山：《对“三纲”之本义的辨析与评价——与方朝晖教授商榷》，《天津社会科学》，2012 年第 1 期。

第四章　阴阳五行与通古今之变

齐人邹衍殁后不久，田齐为强秦所灭。拥有最完善天人合一学说的田齐没能实现稷下学者的希望，一统的实现并未依赖任何的天命解说。邹衍怎么也不会想到，他为田齐实现一统创造的历史正统论，却在强秦横扫宇内后直接为秦所用。在现实上，以邹衍为代表的稷下学者与秦基本未有过交集。不过在理论上，我们还是能够梳理出一条天命由齐到秦的发展线索。如果说恢宏博大的齐学以“谈天”为其特色，那朴质无华的三晋之学则更喜欢“说地”。三家分晋之后，魏、赵、韩皆以自己为晋国的合法继承人。三国皆为地方千里之大国，又处四战之地，如果不努力实现军国化则很难在诸强竞争中取胜，这就造成了三晋学者务实的作风，他们判断是非的标准就是国家能否强盛。在此实际需要的刺激下，三晋涌现出一大批深刻影响当时及后世的政治家兼思想家。我们所熟知的李悝、魏克、慎到、申不害、吴起、商鞅等皆来自三晋，他们在自己的时代掀起了一轮又一轮的变法运动，皆能使自己所侍奉之国盛于一时。其中最著名的要算是商鞅，他虽是卫人，然学成于魏，而建功于秦。秦处西戎之地，虽也号称大国，但其政治文化发育程度远低于山东诸国。春秋时虽也称霸一时，但其国力一直未获得稳定而实质性的增长，反而不断失地。秦孝公时，发奋图强，求英才于全天下，遂召来商君，开始了其变法伟业。商君变法成效极为显著，“行之十年，秦民大悦，道不拾遗，山无盗贼，家给人足。民勇于公战，怯于私斗，乡邑大治”[①]。秦骤然强盛，一时威震于诸侯。商君虽不得善终，然其为秦立下之法制一直为秦所奉行，历时 117 年终于得天下而成一统。秦人重功利而轻学术，直到统一前夕，仍未有著述之事。吕不韦以丞相高位，广招门客，汇天下英才于其幕下，终于创制出“一字抵千金”的《吕氏春秋》[②]。这部包罗万象的宏大巨作正是吕氏为即将完成统一的秦帝国准备的施政宝典（有类于《管子》之于田齐）。其中最具特色的乃是以阴阳五行学说为理论基础而指导人君在一年中的每一月都能最恰如其分地施政行事的《十二纪》，这里的阴阳五行学说基本来自齐学而又有所发展。后来秦完成统一，随即以“五德终始说”为根据而建德为水，即是将齐学的天人合一理论直接拿过来为己所用，正所谓“秦始皇征服了六国，齐学征服了秦始皇”[③]。

董仲舒的首要敌人是重法尚刑的秦政及“循而未改”的汉政。我们看到，董仲舒用阴阳五行构建了近乎完美的天人相副学说，在理论层面实现了究天人之际的《春秋》学理想。董仲舒以王道政治作为天人合一的现实依归，不仅为当时的帝王提出了努力的目标，更使自己的理论汇入中国古人关于理想政治的漫长追寻历程中去。董仲舒提出的政治原则上承诸子，下启后学，成为难以逾越的理论高峰。但我们也必须看到，董仲舒心目中的王者绝不可能仅仅停留在标示理想阐述原则的层面，而是一定要有具体的政治措施与王道理想相匹配。因此，在有了理论层面无可挑剔的天人合一作为基础之后，董仲舒必须将自己的论说扩展到现实政治的架构层面，以完整的制度设计来保证天人与古今的通贯。换言之，董仲舒得将天人合一置入历史的实际运展进程中去，既要以对历史和现实的批判提出新的政治原则，又要进一步用新的天命解说作为改制的依据，并最终以完美的官制设计保

① 《史记·商君列传》。

② 《史记·吕不韦列传》：“布咸阳市门，悬千金其上，延诸侯游士宾客有能增损一字者予千金。”

③ 胡适：《中国中古思想史长编》，《胡适全集》六，合肥：安徽教育出版社，2003 年，第 30 页。

证政治权力的良性运行。在这个完整的理论构造中，阴阳五行仍然充当了核心的依据。董仲舒对秦政的反对虽然仍在稷下的学术传统中，但在他的时代，用阴阳刑德学说对抗法家政治原则却更具有现实针对性，因为秦的一统与汉承秦制象征了尚阴理念的全面胜利。在天命解说问题上，以五行相胜为理则的五德终始说正好与秦以杀伐得天下的事实相符合，更与刘汉代秦而起所依赖的强力相呼应，因此得到了普遍的尊奉。董仲舒转而新创三统说，完成了对稷下学术的全面超越。但是，在抛弃五德终始的历史解说之后，董仲舒并没有放弃五行学说，而是在对其适用范围加以限制的同时，用更加丰富的五行生胜学说构建了官制系统，以之作为政治权力能得以良性运行的关键设施。如此，天人古今最终得以贯通，这正是董仲舒《春秋》学的核心主旨与最终目标。

第一节　阴阳刑德与更化

“天人三策”第一策全面体现了董仲舒的政治理想，在对策的结尾，董仲舒将所有的建言都归结到“更化”上去：

> 圣王之继乱世也，扫除其迹而悉去之，复修教化而崇起之。教化已明，习俗已成，子孙循之，行五六百岁尚未败也。至周之末世，大为亡道，以失天下。秦继其后，独不能改，又益甚之，重禁文学，不得挟书，弃捐礼谊而恶闻之，其心欲尽灭先王之道，而颛为自恣苟简之治，故立为天子十四岁而国破亡矣。自古以来，未尝有以乱济乱，大败天下之民如秦者也。其遗毒余烈，至今未灭，使习俗薄恶，人民嚚顽，抵冒殊扞，孰烂如此之甚者也。孔子曰：“腐朽之木不可雕也，粪土之墙不可圬也。”今汉继秦之后，如朽木粪墙矣，虽欲善治之，亡可奈何。法出而奸生，令下而诈起，如以汤止沸，抱薪救火，愈甚亡益也。窃譬之琴瑟不调，甚者必解而更张之，乃可鼓也；为政而不行，

> 甚者必变而更化之，乃可理也。当更张而不更张，虽有良工不能善调也；当更化而不更化，虽有大贤不能善治也。故汉得天下以来，常欲善治而至今不可善治者，失之于当更化而不更化也。[①]

董氏此间对周、秦、汉的治理状况有一个基本判定，其目标是要指向对汉政的改造。董仲舒对当时的政治现实极为不满，但却不能将恶政归于汉帝的无德，而是向上逆推，将其归结为对秦政的承而不改。周因圣王立教化而享国运数百年，被董仲舒视为王道政治的典范。但是，周末因君主无道导致天下大乱。秦继周后，却依然以乱济乱，无道至极，立国十四年即亡。汉政之所以难得善治，乃因继于秦后且循而不改。因此，汉家若欲得治，必得更化。所谓更化，即是一反亡秦之暴政，而以周政为楷模，施行教化，用礼乐治天下。董仲舒认为汉政的当务之急是悉去秦之恶法，因为“法出而奸生，令下而诈起”，这样，就使得董仲舒站在了法家政治的对立面。我们说过，大一统政制是在解决周式封建之崩溃的过程中逐步发展起来的。虽然大一统与法家没有必然的联系，但有效解决了周式封建礼崩乐坏乱局的秦政却是以法为尊。董仲舒对秦政的反对也是注目于其崇法尚刑，他并没有去关注秦代周这一历史性事件背后深刻的制度原因，而只是一味批判秦的恶政。当然，董仲舒也没有分析汉承秦法背后深刻的政治、经济缘由，而只是极力强调若继续如此，则将复蹈亡秦的命运。那么，董仲舒为何要如此执拗于对法家政治的批判？因为法家政治背后的学理依据根植于深厚的尚阴传统中。

一、贵柔尚阴与刑名法术

从现有的文献来看，尚阴观念肇始于《老子》。老子将他的贵柔理念贯彻到了整部《老子》的论述当中，举凡宇宙人生的各种物事都被分成了

① 《汉书·董仲舒传》。

两相对待[①]。这个思路来源于《周易》古经的二分法，老子所言的那些物事都可以划归到分属于《周易》古经的“阴”“阳”两爻。虽然《周易》古经并未用阴阳来作为卦爻的名称，《老子》中也是以“柔、刚”居多而“阴阳”仅一见，无论如何，从价值取向上讲，阴阳都可以与柔刚等同并进一步与其他代表了宇宙间两种基本力量的两相对待之物事相等同。因此，《老子》的“贵柔”同时也意味着“尚阴”。当老子第一次将《周易》古经所内含的阴阳观念明确化为“阴阳”的同时，“阴阳”已被赋予了相当的政治意味。《周易》古经中两大力量的平衡已被彻底打破，重心完全倾向了“阴”的一边，这就使得老子成为“尚阴说”的鼻祖和代表人物。

我们看到，在稷下学者的作品《黄帝四经》中，“阴阳”成了宇宙间两种力量的代名词[②]，并进一步与刑德相结合从而完成了其政治化。虽然《黄帝四经》的阴阳观念当是从《老子》发展而来，但它并没有完全继承《老子》的尚阴理念，反而在根本处对尚阴理念来了一个大逆转，在刑德并重的前提下倡导尊德而抑刑，表现出明显的尚阳倾向[③]。我们也说过，《黄帝四经》仍然在人主为君之术的层面继承了《老子》贵柔与尚雌的理念。我们认为，《黄帝四经》中尚阳与尚阴的同时并存关涉了“道”与“术”的分野。即在总的治国之道的层面，以尊德而抑刑的尚阳说为主导，而在具体的为君之术（也可扩展到远祸避害之术）的层面，依然没有忘记《老子》以水为喻的尚阴教诲。《黄帝四经》的尚阳与尚阴不仅在理论上并不构成显明的矛盾，在现实的政治实践中其实也可能并存，后世所谓“阳儒而阴法”的说法当是以此为鼻祖。但在一统尚未完成、富国强兵才能得生存的战国

① 据陈鼓应先生统计，今本《老子》中出现的两相对待的物事大概有 85 对。陈鼓应：《道家易学建构》，北京：商务印书馆，2010 年，第 2 页。

② 据陈鼓应先生统计，《黄帝四经》阴阳并提达 47。见陈鼓应：《易传与道家思想》，第 182 页。

③ 陈鼓应先生认为《黄帝四经》是对《老子》的纠偏，而言：“《四经》纠正了老子尊柔抑刚的偏颇，另一方面提出刚柔相济的观点，这正是《系辞》‘知刚知柔’之本。”陈鼓应：《易传与道家思想》，第 179 页。

时代，“道”与“术”没有并存的现实可能。不仅“尊德抑刑”的政治理念从未有人实施也无法实施，尚柔而贵雌的为君之术却得到了极大的发展，并被进一步扩展到治国之道中去，最终实现了以术统道，发展出后世所说的刑名法术之学。顺着这个理路，经过慎到与申不害等人的发展，走到极致便是韩非子。

《四库全书总目》论慎到之书时说：

> 今考其书，大旨欲因物理之当然，各定一法而守之。不求于法之外，亦不宽于法之中，则上下相安，可以清静而治。然法所不行，势必刑以齐之。道德之为刑名，此其转关。[①]

“黄老”这个说法最早见于汉初，《史记》中亦多次用到，大致指的乃是刑名法术之学。通过前面对《老子》和《黄帝四经》的分析，我们应该知道，黄、老在根本价值取向上正相反对，只有在具体的为君之术上乃是一脉相承。因此，后人所看到的“道德之为刑名，此其转关”并不是说慎到完成了黄老之学的重大转向，而是指稷下学者慎到在学理的承继上将《黄帝四经》中所接续《老子》而来的贵柔之术扩展到治国的根本原则上去，实现了对《黄帝四经》“尊德而抑刑”的尚阳理念的根本逆转，从而为刑名法术之学皆可归本于《老子》的尚阴理念立定了基本前提。因此我们看到，《总目》对慎到之书的概括正是以“法”“刑”“清静”等为关键词。这不仅与《慎子》的实际内容相符，更完全符合慎到之学本于《老子》而又下启申、韩的历史实情。《史记》中多次说慎到之学本于黄老正是此意。

《史记·老子韩非列传》曰：

> 申不害者，京人也，故郑之贱臣。学术以干韩昭侯，昭侯用为相。内修政教，外应诸侯，十五年。终申子之身，国治兵强，无侵韩者。申子之学本于黄老而主刑名。著书二篇，号曰《申子》。

① （清）永瑢等：《四库全书总目》，北京：中华书局，1965 年，第 1007 页。

《索隐》于“术”后按语云：“术即刑名之法术也”，正好与太史公所言“申子之学本于黄老而主刑名”相呼应，可见后世大体以黄老刑名之学为“术”。从上文的记叙中，我们也可清楚看到，申子所修之“术”成功达到了富国强兵的功效，可见黄老刑名法术在当时的情势中具有极强的现实性。然而，韩国“国治兵强”的局面并没有维持多久，申子殁而国势衰。到了韩国诸公子韩非的时代，韩国已日渐削弱，大有破灭之象。《史记·老子韩非列传》于申子之后即曰：

> 韩非者，韩之诸公子也。喜刑名法术之学，而其归本于黄老。……非见韩之削弱，数以书谏韩王，韩王不能用。于是韩非疾治国不务修明其法制，执势以御其臣下，富国强兵而以求人任贤，反举浮淫之蠹而加之于功实之上。以为儒者用文乱法，而侠者以武犯禁。宽则宠名誉之人，急则用介胄之士……①

后世常以“申韩”并称，固然有皆是韩臣之意，但更重要的缘由则可从太史公考究的叙述中看出，因申韩皆“本于黄老而主刑名”。比申不害悲情的是，韩非无缘施展其法术，只能“作《孤愤》、《五蠹》、《内外储》、《说林》、《说难》十万余言”以求见用于明君。十万余言以“法、术、势”为主旨，对显学儒墨多有批评，显然本于自《老子》以来的尚阴思路②。当秦王嬴政读韩非书而叹时，韩非当已完成了自己理论的基本架构。虽然

---

① 《史记·老子韩非列传》。

② 李零先生在概叙孔、墨、老三家之学时有一个饶有趣味的评价：“孔、墨和《老子》都批判现实，都怀揣理想，酷爱乌托邦，这是他们的共同点，但对社会问题的症结，看法不一样，对策也不同。《吕氏春秋·不二》说：‘老聃贵柔，孔子贵仁，墨翟贵廉。’……《老子》提倡无为。他的想法是，这两个家伙，太逞能，尚贤尚智，过于有为。比如孔子，知其不可而为之，自己跟自己过不去，何苦来哉；墨子，摩顶放踵利天下，自己折磨自己，也太没劲。他的想法很简单，别这么死乞白赖。”李零先生的说法对我们理解此三家的学术意趣极有助益，亦能让我们从中看到一些为何率先解《老子》的韩非要对显学儒、墨大加鞭挞了。参见李零：《文献中的老子——读〈史记·老子韩非列传〉的要点》，《国学》，2013 年第 12 期。

韩非之书并非为秦所作，但如果不是因为与秦国实际所行之政的高度契合性，不可能得到秦王的倾心赞赏。作为荀子门生，韩非将人性之恶推向极致，认定唯有严刑酷法方能止民行恶，而这正是秦国自商鞅以来的基本立国之道。与《管子》正相反对，稷下学者以“德”来涵括“刑德”的思路到了韩非这里，无疑地是以“法（刑）”来括“刑德”。为了对“法（刑）”相对于“德”的绝对优先性给以论证，韩非回归到尚阴说的本源处，在《老子》那里汲取所需的养料，这当是历史上最先注解《老子》的作品《解老》《喻老》出自韩非之手的思想史根据。我们暂且不去讨论《解老》《喻老》在解说《老子》时的文体学意义或诠释学意义，我们也不必去纠结于对老、韩各自学派归属的争辩。仅从韩非对自己解说对象的选取这一点，就能看出老、韩之间内在的思想勾连如何之深。太史公将二人合传真可谓大慧见。

当稷下学者将阴阳与刑德相结合之后，不管有没有明显的表达，任何对刑罚的强调都离不开尚阴理念的支撑。这就是为什么自从慎到实现了所谓的“道法转关”之后，三晋一系的法家们虽然很少讨论阴阳，但他们在自己国内纷纷做出的卓有成效的法制变革却从事实上证明了尚阴理念相比于尚阳理念的实效。最终大一统的完成正是尚阴理念的大获全胜，更证明了在配天命问题上刑比于德、人事变革较之天命解说的强效。然而，现实的强效并不能证明其在理论上就没有缺陷。

我们说过，阴阳最初与刑德的结合是为了构建圣人依时而立政的天人合一，最为强调的乃是圣人的政治活动要与表现了天道原则的四时之生、长、养、藏相符合。虽然从阴阳二气的轮转而言，春夏应该配阳，而秋冬配阴。但从万物在四时的生长情况来看，却又表现出三时生成而一时肃杀的特征。因此，《黄帝四经》中阴阳与四时的基本配法是春夏秋配阳、冬配阴，以体现天道重生不重杀、贵德而贱刑之意。在这个基本价值取向下，《黄帝四经》将宇宙间重要的物事包括人伦关系都以阴、阳划分为两类，表现出明显的阳尊阴卑的尚阳观念。我们可以说这是对《老子》尚阴观念的纠偏和反对，但又因为《黄帝四经》仍然在“术”的层面上对尚阴观念有所继承，开启出后来的所谓黄老刑名法术之学。因此稷下学者只要仍然对“术”的层面的尚阴观念有所保留，或者仍然对尚阴观念的来源“水之德”有所赞扬，就依然无法从根本上避免尚阴观念的扩张。我们看到，《管子》虽然对《黄帝四经》的尚阳观念加以进一步阐扬，但仍然在“术”的层面上保留了尚阴的观念，而且其《水地》篇对“水”的无限推崇更让我们很容易联想到《太一生水》。邹衍虽然以“五德终始”来命名自己的学说，内含了尚德的观念，但仍然将美好未来交与了“水德”的化身。所以，单纯地从政治化的阴阳学说来看，稷下学者面临着外部与自身两方面的挑战。若要从根本上对尚阴的观念加以反对，就必须依靠其他的理论资源。作为《老子》阴阳观念来源的《周易》古经自然成了首选。因此，《易传》对《周易》古经阴阳观念的明确揭示以及其鲜明的尚阳观念，如果放在这个思想史背景中来审视的话，就能看得更真切一些。

二、尚阳观念之努力

当《庄子·天下篇》的作者说“《易》以道阴阳”[①]时，作为卜筮之书的《易》已被赋予了新的意义，逐步完成着这项工作的是被称作“十翼”的《易传》。我们很难细致地分疏出《易传》每一篇的确切创作时间[②]。至少从马王堆出土的帛书《易传》[③]来看，一直迟至西汉中期，作为《周易》

---

① 徐复观先生说：“《天下篇》从全篇看，乃是出于庄子或与庄子最为接近的学徒之手，不应出现六经的完整名称，而其上文正是‘其在《诗》、《书》、《礼》、《乐》者，邹鲁之士，搢绅先生多能明之’，未及《易》、《春秋》，故知下面说到‘《诗》以道志’的六句话，当为注文的混入。”依此而论，则“《易》以道阴阳”并不是时人对《易》的普遍认识。见徐复观：《中国人性论史》，第500页。

② 徐复观先生认为《易传》诸篇的创作时间大致排序如下：“《易》发展的顺序，应当是：《卦辞》《爻辞》（可能较卦辞更早）→由《易传》中所引用之‘子曰’所代表的孔子的《易》学→《大象》→《彖辞》《小象》→《乾文言》→《系传》→《说卦》→《坤文言》→《序卦》→《杂卦》。”我们今日已经很难验证徐先生所排之序的对错，仅将其列为一家之言。见徐复观：《中国人性论史》，第495页。

③ 陈鼓应先生认为：“帛书本为最可靠传本。”见陈鼓应：《易传与道家思想》，第136页。

古经解释性文字的《易传》不断处在被创作的过程中，且各篇都存在不同的版本。因此，我们暂且将《易传》视作一个整体性的作品群，即以今本《易传》各篇为主体，也包含出土文献当中，甚至很多已经久佚的同类著作。

依前所述，在《周易》古经成书的时期，阴阳只是停留在日光的明晦这一基本义上。到了《老子》，即使自然性的阴阳已被赋予宇宙间两种相对待之力量的含义，但仍然只是很多“对子”中并不很突出很重要的一对。《老子》中最为核心的“对子”是“柔刚”。似乎与此相对应，《易传》特别是《彖传》《小象》中出现最多的“对子”是“刚柔”[①]。我们现在可以肯定的是，《易传》最初当是以“刚柔”来指称构成六十四卦之两爻。这个时候，因为“刚柔”仅是用来指称爻号的代名词，并未明显表现出对“刚”或是“柔”的崇尚。在指称爻号的同时，“刚柔”进一步符示了爻位、卦德等等。这些符示基本维持在卜筮的语境之内，且以“刚柔”所代表的爻位作为判断吉凶悔吝的基本原则。因此，《周易》古经原始的卜筮原则被更易为人把握的“刚柔”所替代。这个转变基本上在《彖》《象》之中得以完成。无论《易传》的作者此时以“刚柔”来解《易》的最终目的是否有明确的现实针对性，我们必须承认，以“刚柔”所代表的两大相对待的力量既是对《周易》古经原有观念的明确，又和《老子》有着不可分割的勾连。正如阴阳刑德学说一开始所强调的“刑德并用”一样，虽然此时的“刚柔”在价值评判上最多只能剖析出“刚柔相济”的理念，无论如何，相比于《老子》的明确尚柔倾向，这已经是重大的纠偏，但“刚柔相济”并不一定必须扩展到政治的层面。

① 赵法生先生对此有细致的考证：“在《十翼》中，从总体上看，‘刚柔’概念似乎比‘阴阳’概念受到了更多的关注。不仅《彖传》和《小象》中‘刚柔’概念众多而罕见‘阴阳’的踪迹，即使在比《彖传》和《小象》晚出并被认为是《易传》阴阳思想的主要来源的《系辞》中，‘刚柔’概念出现的频次也远高于‘阴阳’，其中‘刚’字出现了11次，‘柔’字出现了13次，‘刚柔’连用出现9次，而‘阳’字出现9次，‘阴’字出现9次，‘阴阳’连用仅出现三次，无论是单用或者连用的频率，‘刚柔’都明显高于‘阴阳’。”赵法生：《〈易传〉刚柔思想的形成与易学诠释典范的转移》，《文史哲》，2014年第1期。

在《系辞传》等更代表《易传》价值取向的作品中，“刚柔”已经进入到另一个更加宏富的论域中去。《系辞上传》言：

> 天尊地卑，乾坤定矣。卑高以陈，贵贱位矣。动静有常，刚柔断矣。方以类聚，物以群分，吉凶生矣。在天成象，在地成形，变化见矣。是故刚柔相摩，八卦相荡。鼓之以雷霆，润之以风雨；日月运行，一寒一暑。乾道成男，坤道成女。乾知大始，坤作成物。①

这段话以“天”“地”开篇而以“成物”结束，大致可看作是在讲宇宙万物的生成。在此万物生成序列中，万物生成之初并没有《老子》《太一生水》等所极力崇扬的“道”“太一”等难以把捉之物，反而与《黄帝四经》同样以“天、地”开始，可见此处的万物生成论之基本价值取向与稷下学者更为亲近。但与《黄帝四经》不太一样的是，这里的成物过程并没有“阴阳”的参与，而是始终基于《周易》本身所具的《乾》《坤》两卦立论。《乾》卦全由“刚”爻相重所成，为“至刚”之卦；《坤》卦全由“柔”爻相重所成，为“至柔”之卦。我们看到，贯穿宇宙生物过程始终的《乾》《坤》两卦并非由天、地所生出，而是在确立了天、地的尊卑原则之后以之确定，即所谓“先明天尊地卑，以定乾坤之体”②。既然天尊地卑乃是《乾》《坤》得定的前提，那么构成了《乾》《坤》的“刚柔”，以及“刚柔相摩”所得的八卦（八经卦），进而由六爻相重所得的“六十四卦”，以及八卦与六十四卦所“象”和“形”的宇宙万物，都可以在刚柔相摩下生出并以之来符示。因此，整个宇宙生物过程及所生成的世界全部遵照“天尊地卑”的基本法则，万物井然有序地共处其间。这里沿着《周易》古经所内蕴的世界二分的思路，为世界中两大相对待的方面各自赋予了“尊卑”“贵贱”的价值意涵。两分后的世界以“天”“地”各为统领。“万物资始，乃统天”（《乾·彖》）的《乾》卦代表了宇宙间的刚性力量，“万物资生，乃顺

① 黄寿祺、张善文：《周易译注》，第493页。

② 参见黄寿祺、张善文《周易译注》所引《韩注》，第493页。

承天”的《坤》代表了宇宙间的柔性力量。既然刚与天相配，柔与地相配，很自然就能得出“刚尊柔卑”的结论。在此基础上，也可进一步得出“男尊女卑”“阳尊阴卑”等观念。因为《系辞传》的作者明确说“乾道成男，坤道成女”，“乾，阳物也；坤，阴物也。阴阳合德而刚柔有体，以体天地之撰，以通神明之德”。

我们看到，在《易传》中，经由“刚柔”的转化，《易》道被最终明确为“生生之谓《易》”与“一阴一阳之谓道”。在以“刚尊柔卑”的理念反对着自《老子》而来的尚柔观念的同时，《易传》又以“阳尊而阴卑”的原则坚持着自《黄帝四经》以来的尚阳观念。同时，《易传》以彻底的世界两分原则将“尊”“卑”固属于两个决然相对的领域中，这样就避免了《黄帝四经》的“道”“术”相分所可能引出的“以术统道”的黄老刑名法术之学，从而在政治实践上成为法家政治的反对者。因此，无论《易传》使用了多少名相概念来解《易》，最终一定要落到“德”之上，明显可见其坚持的“崇德而抑刑”这一稷下学者的根本政治理念。我们认为，《易传》作为刑名法术的反对者，其创作上限绝不会早于《老子》，甚至不会早于《黄帝四经》，但却处于持续不断的被创作之中。帛书《易传》的特殊卦序[①]让我们体会到《易传》作者们对贵柔尚阴的理念有多么反对。帛书《易传》与今本《易传》的相比较也让我们清楚地看到，以《周易》古经为依托对刑名法术所进行的反对一直到汉初仍在持续进行之中。

我们必须看到，虽然《易传》对贵柔尚阴观念的反对最具理论效力，然而对《易》的解读无法离开卜筮的根本语境。秦焚书时，“《易》为卜筮之书，独未禁”[②]，透露出的历史实情大概是，无论《易传》以其尚阳观念对刑名法术的反对多么有力，至少在秦完成一统之后仍然与《周易》古经相分离。或者也有可能，《易传》的很多篇章正是在秦焚书以后，依

① 帛书《易传》卦序与今本绝然不同，乃是以《乾》卦统领所有“阳卦”，其后以《坤》卦统领所有“阴卦”。

② 《汉书·艺文志》。

托了《易》为卜筮之书的特殊身份，才被相继创作出来。我们在承认《易传》与孔门后学有密切关系的同时，也无法否认其与稷下学者甚至是广义上的齐学的复杂关联[①]。稷下学者崇德而抑刑的尚阳观念由来已久，直到汉时的董仲舒，仍然在使用其依时而立政的阴阳刑德学说作为对秦政之反对。在崇尚法治的秦人即将完成一统承继天命的前夕，秦相吕不韦率其门客在为将来的大一统帝国所作的施政宝典《吕氏春秋》[②]中，仍然可以窥见稷下学者的尚阳观念的深刻影响。

"一字抵千金"的《吕氏春秋》"备天地万物古今之事"[③]，以圣王与天的合一为核心追求，以《十二纪》为其骨干[④]。《序意》将《十二纪》的核心主张概括为：

> 维秦八年，岁在涒滩，秋，甲子朔。朔之日，良人请问《十二纪》。文信侯曰："尝得学黄帝之所以诲颛顼矣，爰有大圜在上，大矩在下。汝能法之，为民父母。盖闻古之清世，是法天地。凡《十二纪》者，所以纪治乱存亡，所以知寿夭吉凶也。上揆之天，下验之地，中审之人，若此则是非可不可无所遁矣。天曰顺，顺维生。地曰固，固维宁。人曰信，信维听。三者咸当，无为而行。"[⑤]

这里可以明显看出其基本思路仍是承自稷下学者而来。《黄帝四经》及《易传》所着重阐述的天、地、人三才之道或可曰天人合一之道仍然是《十二纪》的核心。吕氏特别强调人君为政要取法于天地，如此方能为民父母，而《十二纪》所纪的都是关乎治乱存亡寿夭吉凶的根本为政大道。吕氏宣称《十二纪》本来就是圣王黄帝以之教诲颛顼的，可见此时稷下学者拔高黄帝的努力已大获成功。从《十二纪》的具体内容来看，更是对稷下学术的继承和

① 《汉书·艺文志》所述的传《易》谱系，以齐人居多。

② 参徐复观：《两汉思想史》第二卷，第 53 页。

③ 《史记·吕不韦列传》。

④ 参徐复观：《两汉思想史》第二卷，第 3 页。

⑤ 许维遹：《吕氏春秋集释》，第 273—274 页。

极大发展。《十二纪》其实就是详细地描述了一年十二月之中每一月的天道特征，并依此而对人君所当行之政进行了详细的规定。如果所行之政与所处时令相符，则政通人和，反之则天凶并见。很显然，这其实只是对《管子》的四时之政的进一步扩大和发展。《十二纪》在四时之政的基础上，将每一时分作孟、仲、季三月，如此四时就有十二月，虽有这般详细的划分，但每一时中之三月所行之政其实差异并不是很大，其所依据的天道原则仍然是春夏生长、秋冬收藏。那么，人君所当行之政仍然是春夏庆赏、秋冬兵刑。也就是说，《十二纪》的基本原则仍然是阴阳刑德学说，而且依然坚持了崇德而抑刑的基本立场。因此，虽然我们并不能认为《十二纪》依时立政的思想相比之前的稷下学术有多么重大的突破，但我们必得将之视为大创作。我们不应忘了，《十二纪》是在专任刑法的秦国所作。那么，我们就不得不承认相国吕不韦已经看到了秦国所行之政可能存在的问题。至少，《十二纪》所透显出来的尚阳观念可视作秦人自身对刑名法术的深刻反思[①]。这些反思同样存在于《吕氏春秋》的整体论述之中[②]，而被后来的董仲舒全面继承和发展。

三、复古更化之依据

董仲舒将汉家实现善治的希望寄托于复古更化，将秦政作为批判的靶心，实际上是以理想化的周政作为楷模，要在新的形势下重建“以德配天”的天人合一。董仲舒说：

> 臣闻圣王之治天下也，少则习之学，长则材诸位，爵禄以养其德，刑罚以威其恶，故民晓于礼谊而耻犯其上。武王行大谊，平残贼，周公作礼乐以文之，至于成康之隆，囹圄空虚四十余年。此亦教化之渐而仁谊之流，非独伤肌肤之效也。至秦则不然。师申商之法，行韩非

① 徐复观：《两汉思想史》第二卷，第 31 页。

② 如《上德》篇云：“为天下及国，莫如以德，莫如行义。以德以义，不赏而民劝，不罚而邪止。”见许维遹：《吕氏春秋集释》，第 517 页。

> 之说，憎帝王之道，以贪狼为俗，非有文德以教训于下也。诛名而不察实，为善者不必免，而犯恶者未必刑也。是以百官皆饰虚辞而不顾实，外有事君之礼，内有背上之心，造伪饰诈，趣利无耻；又好用憯酷之吏，赋敛亡度，竭民材力，百姓散亡，不得从耕织之业，群盗并起。是以刑者甚众，死者相望，而奸不息，俗化使然也。故孔子曰“导之以政，齐之以刑，民免而无耻”，此之谓也。[①]

依董仲舒所述，周代圣王以德化民，设刑罚而不用，暴秦反其道而行，以至俗化大坏，诈伪不止。在这里，董仲舒并没有否认刑罚的作用，而是强调刑罚不应该成为立政的核心。董仲舒以周之德治与秦之法治作对比，昭示刑德关系中应以德为主、以刑为辅。董仲舒引孔子之言[②]为据，则他所谓的复古更化就是反秦之刑政而复归周之德政。但是，正如我们所指明的，以法为尊的秦政恰恰是对周式封建下礼崩乐坏乱局的有效解决。董仲舒并不会注目于此，当他将秦政的理论依据界定为申韩刑名法术时，就使得他进入到阴阳刑德学说的论域中去。阴阳刑德学说既合理地走向了刑名法术，也能推导出对法家治理原则的反对，二者的核心理论区别就在于尚阴还是尚阳。董仲舒正是在稷下学者的基础上，将德主刑辅的阴阳刑德学说推向了极致，同时也将尚阳观念发挥到极致，而这正是复古更化的核心依据。

“天人三策”第一策中，董仲舒在依托《春秋》提出“王者欲有所为，宜求其端于天”[③]的王道政治当与天合一之旨后即言：

> 天道之大者在阴阳。阳为德，阴为刑；刑主杀而德主生。是故阳常居大夏，而以生育养长为事；阴常居大冬，而积于空虚不用之处。以此见天之任德不任刑也。天使阳出布施于上而主岁功，使阴入伏于夏而时出佐阳；阳不得阴之助，亦不能独成岁。终阳以成岁为名，此

① 《汉书·董仲舒传》。

② 见《论语·为政》。

③ 《汉书·董仲舒传》。

> 天意也。王者承天意以从事，故任德教而不任刑。刑者不可任以治世，犹阴之不可任以成岁也。为政而任刑，不顺于天，故先王莫之肯为也。今废先王德教之官，而独任执法之吏治民，毋乃任刑之意与！孔子曰："不教而诛谓之虐。"虐政用于下，而欲德教之被四海，故难成也。①

在论述董仲舒的《春秋》学时，我们曾说这段话是"天人三策"的政治旨归，但并未深入阐述。因为如果没有对董仲舒的阴阳学说有全面的把握，对这段话的理解会缺乏理论依据。实际上，不止"天人三策"，《春秋繁露》中随处可见的阴阳刑德之论皆与此一致。董仲舒叮咛反复，无非是要表明其尊德而卑刑的基本政治立场。我们既然已将董仲舒的天人合一架构详细阐明，则这段话就极易理解。

这段话立定之前提是天人的合一，也就是说，人世政治应该取法于天道，王道就是天人合一之道。在此前提下，董仲舒将阴阳作为天道的核心，而人世政治的核心是刑与德。阴为刑而阳为德，刑主杀而德主生，因为阳主生而阴主杀。其实将阴阳、刑德与生杀的相配是稷下学者的旧有传统。董仲舒需要做的，就是在此基础上进一步论证德、生相比于刑、杀在人世政治中的绝对优先性，他使用的是体现在阴阳消息中的天道生物成物原则。既然有"阴阳出入上下"的完整建构，很容易就能作出"阳常居大夏，而以生育养长为事；阴常居大冬，而积于空虚不用之处"的基本判定。所谓"阳出实入实，阴出空入空"②，表达的即是此意。"实"并不是说落于实处，而是意味着实有其事，其事即是"生育养长"，这是阳的主要功能；"虚"也并不是说全无着落，而是指对生育养长这件事而言，阴本来就是"空虚不用"，由于阴主杀不主生。因此，天道的生成原则本身就要求任德不任刑，人世的政治也当与此相副。不过，虽然一"岁"以"生育养长"为其事并最终成"岁功"，但是构成"岁"的前提却是阴阳二气的消息轮转，

① 《汉书·董仲舒传》。

② 《春秋繁露·阴阳位》。

正所谓“天使阳出布施于上而主岁功，使阴入伏于夏而时出佐阳；阳不得阴之助，亦不能独成岁”。既然阴阳学说本来就是对世界的二分，那么分属于阴阳的所有物事皆是两相对待，缺一不可。天道的生成原则为阳的主导性地位立定了根据，但同时也不否认阴的辅助功能。因为岁功是要生物，此是天意，那么阴阳之间的关系就必然阳主而阴辅。王者之政也当效法天道，德主而刑辅。“任德而不任刑”的“任”与“不任”并不是说独任和完全不任，而是表明德刑之间的主从关系。以前的圣王都是坚持德主而刑辅，所以能成其大治。到了秦代以及其后的汉代，却反天道而为，废掉德教之官，独任执法之吏，任刑不任德，因此导致了孔子所极力批判的“虐政”。这是汉世难成善治的根本缘由。那么，在现实政治已然为虐的情况下，反其道而行的现实策略是什么？或者说，复古与更化如何成为现实？

武帝看完董仲舒阐述了其基本政治见解的第一策后“览其对而异焉”，并未否认董仲舒所言汉家政治之实情为虐政，而言：

> 乌乎！朕夙寤晨兴，惟前帝王之宪，永思所以奉至尊，章洪业，皆在力本任贤。今朕亲耕藉田以为农先，劝孝弟，崇有德，使者冠盖相望，问勤劳，恤孤独，尽思极神，功烈休德未始云获也。今阴阳错缪，氛气充塞，群生寡遂，黎民未济，廉耻贸乱，贤不肖浑殽，未得其真，故详延特起之士，庶几乎！今子大夫待诏百有余人，或道世务而未济，稽诸上古之不同，考之于今而难行，毋乃牵于文系而不得骋与？[①]

我们已经说明，董仲舒所倡言的更化实际上是要复古，要像古圣先王那样任德不任刑。而这一次策问乃是专对董仲舒，因此武帝所说的“或道世务而未济，稽诸上古之不同，考之于今而难行，毋乃牵于文系而不得骋与？”当是针对董仲舒的建言所作的否定。武帝并未否定任德而不任刑的政治原则，只是认为董仲舒并没有指出这一原则如何能转化为现实，即董仲舒并没有提出一个沟通古今的现实方案。武帝认为，自己以古圣先王为楷模，

① 《汉书·董仲舒传》。

殚精竭虑地勤政爱民，劝孝崇德，但却收不到天下大治的效果，可见问题的根本并不在于尊德还是尚刑，而是汉政已然如此的情况下，如何才能实现大治。在此前提下，武帝虽然认为当世的政治现状极为不佳，不过他并不认为这是出于任刑不任德的基本政治原则，而是注目于是否存在着古今一贯的所谓帝王之道。

但董仲舒却并未看出武帝的深意，而是在接到第二次策问的欣喜之余，急切地将复古更化如何转变为现实的策略和盘托出：

> 陛下亲耕藉田以为农先，夙寤晨兴，忧劳万民，思惟往古，而务以求贤，此亦尧舜之用心也，然而未云获者，士素不厉也。夫不素养士而欲求贤，譬犹不琢玉而求文采也。故养士之大者，莫大乎太学；太学者，贤士之所关也，教化之本原也。今以一郡一国之众，对亡应书者，是王道往往而绝也。臣愿陛下兴太学，置明师，以养天下之士，数考问以尽其材，则英俊宜可得矣。今之郡守、县令，民之师帅，所使承流而宣化也；故师帅不贤，则主德不宣，恩泽不流。今吏既亡教训于下，或不承用主上之法，暴虐百姓，与奸为市，贫穷孤弱，冤苦失职，甚不称陛下之意。是以阴阳错缪，氛气充塞，群生寡遂，黎民未济，皆长吏不明，使至于此也。[①]

既然武帝并不认为虐政乃是出于自己不够勤政或无德，则董仲舒不得不回避贵元重始的既有思路，在称赞武帝已有尧舜之德的同时，将问题转向士之无德。武帝认为自己不能得到贤士的辅佐，董仲舒就进一步指出，没有贤士乃是因为没有建立起相应的养士机制。士不能自然得来，而要靠国家建立太学来培养。董仲舒说太学是教化之本原，为作为国家最高学术机构的太学赋予了教化万民的功能，而此功能之得来，正是由于太学所养之士有教化万民的职责。但是，在没有这样的国家机构的情况下，能够教化万民的士无从养成，正如当时的政治现实。在大一统的中央集权郡县制度下，

① 《汉书·董仲舒传》。

治理万民的责任被分赋于各地的郡守和县令，这些人的贤能与否决定了所治之地的治理状况，因为他们是各自治下的万民之师帅。当秦代建立起郡县制度的同时，规定“以吏为师”，官员皆为执法之吏。汉承秦制，亦承秦法，在诸侯国问题逐渐解决的情况下，郡守与县令也自然成为决定各地治理状况的中坚力量。但董仲舒指出，不幸的是，由于还未清理亡秦的流毒，汉家官吏与暴秦一样，以其诈伪之术欺瞒主上之法，又以其残暴无度欺压万民，导致了一系列政治恶果。在此思路下，董仲舒实际上已将天下能否得治的决定性力量转移到官吏身上。这虽是一种无奈，但也的确触及了当时的很多现实问题。

因此，董仲舒才进一步提出他的选吏之法：

> 夫长吏多出于郎中、中郎，吏二千石子弟选郎吏，又以富訾，未必贤也。且古所谓功者，以任官称职为差，非所谓积日累久也。故小材虽累日，不离于小官；贤材虽未久，不害为辅佐。是以有司竭力尽知，务治其业而以赴功。今则不然。累日以取贵，积久以致官，是以廉耻贸乱，贤不肖浑殽，未得其真。臣愚以为使诸列侯、郡守、二千石各择其吏民之贤者，岁贡各二人以给宿卫，且以观大臣之能；所贡贤者有赏，所贡不肖者有罚。夫如是，诸侯、吏二千石皆尽心于求贤，天下之士可得而官使也。遍得天下之贤人，则三王之盛易为，而尧舜之名可及也。毋以日月为功，实试贤能为上，量材而授官，录德而定位，则廉耻殊路，贤不肖异处矣。陛下加惠，宽臣之罪，令勿牵制于文，使得切磋究之，臣敢不尽愚！①

这段话虽然只是在谈选官的原则，所谓的“量材授官”“录德定位”也并非新鲜的说法，但却将矛头直指当时的贵族政治。我们知道，贵族政治早已随着周式封建的崩溃而逐步瓦解，随之而起的士阶层引领了之后的一切时代风潮。秦国变法的一项重要内容是以军功受爵，在打破旧有的世袭政

① 《汉书·董仲舒传》。

治的同时，有效地推动了国家的军国化，从而实现了一统。汉初的政治权力基本掌握在出身平民的皇家（包括外戚）和开国功臣手中，算是历史上第一个真正意义上的平民政权。但由于并未建立起有效的选官机制，随着军功阶层的逐步贵族化，在子承父业的一般模式下，政治权力固属于权贵阶层，平民越来越难获得进入政治权力阶层的资格。董仲舒在这个时候对旧有的权力继承方式提出批判，实际上是在挑战整个权贵阶层的统治。初即位的武帝虽然雄才大略，但在自己都要受制于窦太后的情况下，根本不能撼动整个权贵政治的基础。因此，董仲舒在第二策中的建言触犯了当时政治的大忌，武帝对此极为不满自然在情理之中。武帝第三策的措辞非常严厉，即源于此。所以董仲舒在诚惶诚恐地回答此次策问时，一定要强调“若乃论政事之得失，察天下之息耗，此大臣辅佐之职，三公九卿之任，非臣仲舒所能及也”[①]。

当然，武帝的不满也来源于董仲舒并未读懂第二次策问的深意。武帝说：“制曰：盖闻尧舜之时，游于岩郎之上，垂拱无为，而天下太平。周文王至于日昃不暇食，而宇内亦治。夫帝王之道，岂不同条共贯与？何逸劳之殊也？”[②]又说：“夫帝王之道岂异指哉？”[③]我们看到，武帝的所有问题最后都归结于是否存在古今一贯的帝王之道上。武帝自然相信存在着一个可以由之的帝王之道，否则他不会不厌其烦地策问诸生，而且面对百有余人各为异辞的应答，武帝也不会将其归为“所繇异术，所闻殊方”。因此，除了附和武帝而作的整齐百家之建言而外，从理论上说，董仲舒的第三次对策重点需要解决的，就是在所祖之教不同的情况下，三代是否有一条一以贯之的帝王之道。这就涉及所谓“三统”的问题，并进一步激发出了新的天命解说。

① 《汉书·董仲舒传》。

② 《汉书·董仲舒传》。

③ 《汉书·董仲舒传》。

第二节　从五德到三统

自顾颉刚先生将五行确认为“中国人的思想律”，并在“五德终始说”的历史流变中系统考察五行学说对中国历史的重大影响，五德终始说及作为其理据的五行学说便成为理解古代历史学说的重要进路。顾先生同时将董仲舒的“三统说”确认为“半截子的五德终始说”，而言“我很疑心三统说是割取了五德说的五分之三而造成的”，并言“这是从五德说蜕化出来的”，“把简单的五德说改头换面，变成了复杂的三统说”。至于董仲舒为何要做这种复杂改构，顾先生归之于“行夏之时”的社会需要，而言“在三统说中，黑统建寅，夏与汉在代次上既俱为黑统，故俱应建寅。夏之为寅正，古书中已证明了。汉应为寅正，在三统说中也确定了，正可照此改造历法了。三统说的中心主张，不过如此”。[①]确如顾先生所言，相较于五德终始说，三统说要复杂得多。但让我们费解的是，既然“三统说是割取了五德说的五分之三而造成的”，那三统说的复杂性如何体现？更让我们难解的是，如若三统说的创制只为历法而发，董仲舒何必大费周章地让五德终始说改头换面，而不是在五德终始说内部通过五德与帝系的重新搭配使建寅与汉德相配，这正是五德终始说的拥护者们乐于为之的[②]。况且，单就服色制度而言，将建寅与黑统相连接，尚黑既与董仲舒所极力反对的秦政相同，又与董仲舒力倡的“土为贵”[③]相冲突，亦与后来服色尚黄的改制实际不相合，从而在理论和实践上造成了很多矛盾。顾先生自然明白这些困难，径以“汉人的行事本来很滑稽，不能叫他们跟了我们的理性走”[④]来应对。顾先生的这种应对方式其实在

① 顾颉刚：《五德终始说下的政治和历史》，《清华大学学报（自然科学版）》，1930年第1期。

② 具体仍可参看顾颉刚先生《五德终始说下的政治和历史》中的相关叙述。

③ “五行莫贵于土”乃董仲舒五行学说的一大要点，可参看前面第三章第一节的论述。

④ 顾颉刚：《五德终始说下的政治和历史》，《清华大学学报（自然科学版）》，1930年第1期。

后来的汉代思想研究尤其是董仲舒研究中居于主流[①]，但我们今天不得不问，“为儒者宗”又号称“一代淳儒”的董仲舒难道自己就看不到这些矛盾吗？虽然我们不能直接给出肯定或否定的回答，但当我们深入到历史文本当中、重回当时的历史语境、重新梳理董仲舒的历史学说体系之后，就会惊奇地发现：三统说并非“五分之三的五德终始说”，它的创立乃是出于对五德终始说的彻底反对，并以正朔服色方面的全面改构完全放弃了以五行学说解释历史演进。在三统说的构建中，董仲舒更为钟情的阴阳学说扮演了重要角色[②]。甚至可以说，从五德到三统的改构，背后所依据的理则是从五行到阴阳的转换。董仲舒做出这种历史性改构的原因，则是五行学说最终在董仲舒手里完成了相生系统和相胜系统的整合，同时包含了两种循环法则的五行学说再也无法合理解释历史更替[③]。传统上一直归于三统说的“忠”“敬”“文”三王之教说实际上与三统说并无关联，仅是董仲舒应策时的方便提法。在此基础上，以阴阳学说为底色的文质说使得董仲舒在反对秦政的道路上走得更远。

① 殊为可惜的是，顾先生原本计划写作的《五德终始说下的政治和历史》之姊妹篇《三统说下的政治及其历史》终究未能面世，关于三统说及其所涉及的诸种理论困难之讨论我们只能看到这些。后来学者在面对这些问题时基本上以顾先生为尊，即便有反对者也大体未能超出顾先生对汉人所持的轻视态度。

② 《春秋繁露·五行相生》言：“天地之气，合而为一，分为阴阳，判为四时，列为五行。”这是我们所知的最早在理论上将阴阳和五行整合到同一个世界图式当中的完整表述。天地之气分为阴阳之后再判为四时，最终再列为五行，阴阳相比五行具有理论上的优先性。这种优先性表现在董学的具体方面，皆以阴阳为主而以五行为辅助，在解说经典和探讨政治问题时尤其如此。比如董仲舒对《春秋》所作的最具时代特色的解说为其《春秋》阴阳灾异说，此说纯用阴阳学说而毫无五行色彩，直到《汉书·五行志》解释《春秋》灾异时，在阴阳学说无法究通的情况下，才兼用五行学说。重阴阳而轻五行的时代风气在《易》学当中表现得更为明显，《易传》毫无五行色彩，“卦气说”亦纯以阴阳立论。

③ 到刘歆对五德终始说进行再次改构时，就回避五行之间的相胜关系而只以五行相生来解说历史更替，为后世一直沿袭。王爱和先生认为：“五行相克循环代表了一种基于武力和征伐的君权；而五行相生循环则代表了一种以道德原则、礼仪和等级为基础的君权。”王爱和：《中国古代宇宙观与政治文化》，第 42 页。

一、新王改制说

面对武帝对“帝王之道，岂不同条共贯与”的疑惑，董仲舒第二策开始时在回顾历史的基础上总结道：“帝王之条贯同，然而劳逸异者，所遇之时异也。”[①]即董仲舒在承认存在古今一贯的帝王之道的同时，将上古圣王在治道上的差异归结于具体所处的历史情境。因此，董仲舒在给出这个看似无懈可击的答案后，便将议论的重心转向对武帝“所遇之时”以及所应采取之道的论述。但武帝显然并不满意董仲舒的回答，反而严厉指责董仲舒“文采未极，岂惑乎当世之务哉？条贯靡竟，统纪未终，意朕之不明与？听若眩与？夫三王之教所祖不同，而皆有失，或谓久而不易者道也，意岂异哉？”[②]。因此，董仲舒必须按照武帝所要求的“悉之究之，孰之复之”[③]，对三王之教的问题作更深入的分析。由此而得以阐明的新王改制说以及包含于其中的“三统说”遂成为董仲舒在天命归属问题上的一大创见。在此基础上，以阴阳学说为底色的文质说使得董仲舒在反对秦政的道路上走得更远。

董仲舒“新王改制说”的核心要义是“改制不易道”。所谓“制”，主要包含正朔服色等礼制内容，以及政教之制；所谓“道”，是由三王之道提炼总结而来的古今一贯之政道。礼制仅及正朔、服色之制，政教有“忠”“敬”“文”之别。在正朔、服色的礼制方面，董仲舒的创见在于，他回避或可说抛弃了早前流行的五德终始说。而在政教方面，所谓“忠”“敬”“文”当然是新创之说，但更多是为了附和武帝“三王之教所祖不同”所作的“方便”之说，目的还是为了论证新王“改制不易道”之义。董仲舒新王改制说的提出乃由《春秋》贵元重始之义推扩而来，主要是为了解答武帝对是否存在一以贯之的帝王之道的疑惑。董仲舒说：

① 《汉书•董仲舒传》。
② 《汉书•董仲舒传》。
③ 《汉书•董仲舒传》。

臣闻夫乐而不乱复而不厌者谓之道；道者万世无弊，弊者道之失也。先王之道必有偏而不起之处，故政有眊而不行，举其偏者以补其弊而已矣。三王之道所祖不同，非其相反，将以捄溢扶衰，所遭之变然也。故孔子曰："亡为而治者，其舜乎！"改正朔，易服色，以顺天命而已；其余尽循尧道，何更为哉！故王者有改制之名，亡变道之实。然夏上忠，殷上敬，周上文者，所继之捄，当用此也。孔子曰："殷因于夏礼，所损益可知也；周因于殷礼，所损益可知也；其或继周者，虽百世可知也。"此言百王之用，以此三者矣。夏因于虞，而独不言所损益者，其道如一而所上同也。道之大原出于天，天不变，道亦不变，是以禹继舜，舜继尧，三圣相受而守一道，亡救弊之政也，故不言其所损益也。繇是观之，继治世者其道同，继乱世者其道变。今汉继大乱之后，若宜少损周之文致，用夏之忠者。①

在回答是否有一条古今一贯的帝王之道之前，董仲舒先对"道"做了一个定义。所谓"乐而不厌"，是指"道"以其完美性与唯一性为人所乐尊；"万世无弊"正是"道"的最显明特征。在此之前，董仲舒在第一策中如此定义"道"："道者，所繇适于治之路也，仁义礼乐皆其具也。"②将两处论"道"之语综合来看，则"道"就是完美无缺的圣人之治道，这个治道万世无弊。治道有所缺失之时，则已不能称其为"道"。但是，正如武帝所指出的，五帝三王（禹、汤、文王）具体的治国之方却不尽相同，因此，"治道"在具体下落为政治现实时也并不完满。先王所能做的，就是以完美无缺的治道为最终标准，因其所遇之时的不同而做补偏救弊之功。道的完满性和唯一性决定了道是衡量国家是否得治的标准，也是先王理政的最终依据。于是，先王的具体治国方略乃由其所继之世而决定，并非出之于不同的治道。将"道"认定为完美无缺、万世无弊且具有唯一性，是对武帝之困惑

① 《汉书·董仲舒传》。
② 《汉书·董仲舒传》。

的一个原则性回答。但是，正如武帝第一次策问时就已指出的，“盖闻五帝三王之道，改制作乐而天下洽和，百王同之”[①]。如果“道”是百王所同，那么这个唯一的“道”就是“改制作乐”这件事本身，而不牵涉具体的“改”“作”之内容。百王也好，三王也罢，他们共同承继了唯一的“道”，但又以不同的礼乐制作体现其对“道”的承继，从而表现出不同的治国之道。面对如此难解的“道”，武帝难免会将唯一的“道”与具体而微的“道”有所混淆，从而产生疑惑。用“所遇之时”固然可以解决“逸劳之殊”的困惑，但我们看到，这只是武帝在反复问及“帝王之道”是否“同条共贯”后董仲舒才提出的回答。在第一策中，董仲舒面对“改制作乐”的问题，却侧重于“作乐”而并未言及“改制”：

> 道者，所繇适于治之路也，仁义礼乐皆其具也。故圣王已没，而子孙长久安宁数百岁，此皆礼乐教化之功也。王者未作乐之时，乃用先王之乐宜于世者，而以深入教化于民。教化之情不得，雅颂之乐不成，故王者功成作乐，乐其德也。乐者，所以变民风，化民俗也；其变民也易，其化人也著。故声发于和而本于情，接于肌肤，臧于骨髓。故王道虽微缺，而管弦之声未衰也……[②]

本来这段话是为了回答武帝对历史的一治一乱是否即是天命的困惑。董仲舒建构了一个古今相贯的大道，治乱的不同取决于帝王是否遵从此道，从而勉励武帝努力行道。但是，董仲舒将自己的关切注目于武帝自己的德行，而力倡《春秋》贵元重始之义。武帝却并不认为自己无德，从而逼迫董仲舒将“贵元重始”转移到新王初立之时的改制上。也就是说，武帝未实现天下洽和，乃是因为并未改制。具体而言，改制就是改正朔、服色之制。所谓正朔，正指一年之首月，朔指一月之首日，皆与历法相关。当改正朔与《春秋》“元年春，王正月”的贵元重始之义关联起来时，正朔之改便

① 《汉书·董仲舒传》。

② 《汉书·董仲舒传》。

与天道连接起来，同时具有了极强的政治象征意义。所谓服色，是指一个朝代所尚之色，并以此色作为服饰旗帜等的颜色，大致皆属礼制。与改正朔一样，服色之改也往往象征了新王在初立之时对自己所承天命的肯认，也是极具政治象征意义。

其实在第二策中，为了回应武帝对先王之道“奢俭之别”的困惑，董仲舒已经对改制有过论说：

> 臣闻制度文采玄黄之饰，所以明尊卑，异贵贱，而劝有德也。故《春秋》受命所先制者，改正朔，易服色，所以应天也。然则宫室旌旗之制，有法而然者也。故孔子曰：“奢则不逊，俭则固。”俭非圣人之中制也。[①]

我们必须承认，董仲舒这里对改制的讨论仅是附带提及，因为他要解决的核心问题是武帝应该遵循汉家既有的俭朴无为之政还是应该奋发有为地建立汉家自己饶美的礼乐制度。董仲舒与当时儒生的意见一致，认为汉家应以礼乐制度来“明尊卑，异贵贱，而劝有德”，正好也与武帝“内多欲而外施仁义”的好大喜功之个性相符合，因此武帝初立才有崇儒之举[②]。但无论如何，董仲舒此时对“改制”的论述仍然本之于《春秋》大义，将改制作乐视为王者受命应天之事。

在作为《春秋繁露》首篇的《楚庄王》中，董仲舒说：

> 《春秋》之于世事也，善复古，讥易常，欲其法先王也。然而介以一言曰：“王者必改制。”自僻者得此以为辞，曰：“古苟可循先王之道，何莫相因？”世迷是闻，以疑正道而信邪言，甚可患也。答之曰：人有闻诸侯之君射《狸首》之乐者，于是自断狸首，悬而射之，

---

① 《汉书·董仲舒传》。

② 正如钱穆先生所言：“所谓远追三古盛时之礼乐者，就实言之，特六国晚年以来方士之余绪，固与贾董诸人所唱以古礼乐为教化者远异。盖贾董欲以兴教化而主复古，武帝则自以慕古饰其奢心，而即谓教化在是也。”钱穆：《秦汉史》，北京：生活·读书·新知三联书店，2005年，第111—112页。

> 曰：安在于乐也！此闻其名而不知其实者也。今所谓新王必改制者，非改其道，非变其理，受命于天，易姓更王，非继前王而王也。若一因前制，修故业，而无有所改，是与继前王而王者无以别。受命之君，天之所大显也。事父者承意，事君者仪志。事天亦然。今天大显已，物袭所代而率与同，则不显不明，非天志。故必徙居处、更称号、改正朔、易服色者，无他焉，不敢不顺天志而明自显也。若夫大纲、人伦、道理、政治、教化、习俗、文义尽如故，亦何改哉？故王者有改制之名，无易道之实。[①]

这是董仲舒对新王改制说最集中的论述。董仲舒将改制提高到应天命这样的高度，与《春秋》贵元重始义相应和。但我们也看到，这段论述所针对的核心问题却是“法先王”与“法后王”之辨。董仲舒提倡法先王，并以“《春秋》之道，奉天法古”[②]为支持。但《春秋》之义同时也要求“王者必改制”，这就给了反对“法先王”之人最好的借口。既然王者都要改制，如何能算是法先王呢？如果有一以贯之的所谓帝王之道，那后起之王只需要因循即可，为何还要复古呢？实际上，这正是董仲舒所极力反对的法家学说的观点。因为不存在古今一贯的帝王之道，那后起之王就应该随其所遇之时而相应地改变治国方略。也就是说，变法是理所应当的，这正是秦国强盛从而实现一统的核心保证。董仲舒反对秦政，也反对法家，不过他也承认三王之道的差异乃是由于“所遇之时”不同。因此，从改变与否的角度来看，董仲舒与反对复古者并无分歧。但他们的核心分歧在于，改变的究竟是“道”还是“制”？董仲舒提倡复古，因为他认为天道是永恒且唯一的，即便古圣先王没有完全实现“道”，但也能从他们的治国之方中抽绎出那个一以贯之的“道”。反对复古者认为，如果有天道，那也应该随时而变化。因此，董仲舒才将反对复古者称为“自僻者”，即他们因为目光的偏狭而无法理

① 《春秋繁露·楚庄王》。

② 《春秋繁露·楚庄王》。

解道的深意，他们的观点危害无穷，必须加以纠正。董仲舒提出的纠正思路就是将唯一的“道”与随时而变化的“制”相区分，倡言“王者有改制之名，无易道之实”，这就成了董仲舒新王改制说的核心论点。

因此我们在“天人三策”中看到，当董仲舒最初提及改制的时候，武帝显然对董仲舒将改制限定于俭奢之辩的范围内不满，武帝更无法容忍这种改制所牵涉的对帝王的道德约束。于是乎，当武帝表达出他的恼怒时，董仲舒就在不违背《春秋》贵元重始之义的前提下，将改制上升到可以兴太平的高度。这时，改制的具体内容却被限定在正朔、服色的范围内，因为这时他已经不能像在《楚庄王》中那样，纵论《春秋》改制大义。那么，在改制不易道的前提下，汉家的正朔、服色当如何去改？

二、三正、三色与三统

在“天人三策”中，董仲舒只将改正朔与服色作为新王改制的头等大事，却并未言及如何去改。除了在《三代改制质文》中，我们也看不到任何相关的论述[①]。在这一篇中，董仲舒将三正、三色归入三统的问题

① 相当多的学者怀疑此篇的真实性。江新先生在桂思卓女士的基础上，以极为详尽的考辨力主此篇并非董仲舒所作。然而江先生在论述董仲舒的三统说时，却以此篇为核心而言“三统与三正的对应关系以及因三统的不同而制度有所变化的情况，以《春秋繁露三代改制质文》言之最详”（第 95 页）。江先生并未提及，若将三统说归之于董仲舒，除了此篇以外，别无其他可以引证的文献。实际上，在江先生的考辨中，所提出的核心论据也是可以再商榷的。首先，江先生认为“《三代改制质文》以五德相生顺序排列五帝，这不会早于刘歆《世经》的形成年代”（第 39 页），而江先生并没有给出为什么不是此篇文献影响刘歆而一定是刘歆影响此篇文献的理由，这就相当于说，甲文献中的某些内容与乙文献相同，因此，甲文献不可能在乙文献之前。至于江先生提出的第二条理由，《三代改制质文》的四法循环其实与三法的循环并不矛盾，因为四法本质上仍然是文质二法的循环，而忠、敬、文三法的循环最终也可以归为文质二法的循环。江先生提出的第三条理由也有问题，此篇篇末出现的圣人预言说不一定非得受纬家说的影响而不是相反，况且，就算董仲舒不可能有这样的思想，这段文字也有可能是后世编纂者的窜入。因此，我们并不怀疑《三代改制质文》这篇文献的真实性。即便里面有部分内容出自董仲舒后学，我们若要论述董仲舒的三统说，仍然要以此篇文献为核心依据。参江新：《天道、王道与汉道——董仲舒春秋公羊学与汉代更化》，第 37—43、93—100 页。

中统一进行论述。我们先分别进行讨论，最后再对三统说进行一个总体性的说明。

汉承秦制，正朔、服色一仍秦旧。那么，秦代的正朔、服色又是如何制定的呢？《史记·秦始皇本纪》言：

> 始皇推终始五德之传，以为周得火德，秦代周德，从所不胜。方今水德之始，改年始，朝贺皆自十月朔。衣服旄旌节旗皆尚黑。数以六为纪，符、法冠皆六寸，而舆六尺，六尺为步，乘六马。更名河曰德水，以为水德之始。刚毅戾深，事皆决于法，刻削毋仁恩和义，然后合五德之数。于是急法，久者不赦。[1]

根据现有的研究，在秦统一之前，各国都有自己的历法，但尚无统一的正朔之制。秦实现统一之后，统一历法的核心就是统一正朔。因为朝贺之礼于此时举行，正朔象征了国家政治生活的开始。正朔之中又以“正”最为重要，因为这是一年的开始。秦统一正朔依据的是邹衍的五德终始说，而我们并未见到邹衍在论述五德终始时有过对“正朔”的讨论。因此，我们只能认为，要么邹衍本人有对正朔的论述但已佚失，要么始皇帝所得自于齐人（邹衍后学）的五德终始说里已有这方面的内容。或者说，从五德终始说里可以合理推出正朔之制。无论如何，秦建正于十月也就是亥月与秦胜周而得水德有着深刻的理论关联。

三统说盛行以后，夏建正于寅、殷建正于丑、周建正于子的“三正”说逐渐得到普遍尊信。实际上，这更多归之于后世学者的建构[2]。我们今日已经很难获知夏、殷两代是否有过确定不变的建正之制，就连周制是否一定建子也颇多疑窦。《春秋》经文的记述中虽然多建正于子，但也有部分时候建丑与建寅，可见周正不定然必得建子，只能说周正多建于子。邹衍在将周德定为火时，也未明确火德与子正之间是否有关联。根据《管子》

① 《史记·秦始皇本纪》。

② 董仲舒之后，为了与“三世”说相配，公羊家对“三统说”的构建尤力。

中已经出现的四时与五行的相配方式，火行属夏，绝无可能与子相配。因此，当秦依据五德终始说建正为亥时，应该只是用五德之间的运转附会出五正之间的轮转，并没有过多虑及背后的理论内涵。仅仅从建正的角度分析，理论上其实可以建正于十二月中的任何一月；但从实际上来说，一般多建正于冬、春两季，因为这两季正是万物收藏与将要生发之时，最适合作一年的开始。到秦代时，阴阳学说已经有一年阴阳二气消息的大致图式，因此正最应建于阴消而阳息的二气轮换之时。如果前代（周）多建于子，为了与五德终始相比附，那取而代之的新一代就可以有建丑、建寅、建卯、建亥四种选择。我们看到，秦选择了建亥，也就是由建子向上逆推而建亥。我们很难说清这种选择背后的深意所在，但亥为孟冬之月，此时万物方开始收藏，阴气也未臻于极盛，阳气更未到息长之时。若一年由此时开始，则这个开始并不能显出生发之意。于秦人而言，这并不是什么问题，因为秦人所行之政本就是“刚毅戾深”而以法为尊。根据已有的阴阳刑德学说，刑本来就与阴与冬相配。因此，太史公才会将秦建正于亥与秦政的“刚毅戾深，事皆决于法，刻削毋仁恩和义，然后合五德之数。于是急法，久者不赦”联系起来。汉初承袭秦的历法，也建正于亥。董仲舒要以反对秦政来批判现实，就很自然地将矛头指向了秦的历法。

秦建正于亥乃与五德终始说相关联，董仲舒本就不信五德终始之说。因为从理论上来说，五德之间不仅可以相胜也可以相生，也就是说天命的转移可以依照两种完全相反的法则，这是董仲舒抛弃五德终始说的核心理由。既然不用五行，则在建正的问题上，董仲舒不及五正（亥、子、丑、寅、卯）之间的轮转，转而大讲三正，三正即建正于寅、丑、子。除了因为五德终始说本身的问题，单纯从历法本身而言，三正较之五正也更为合理。我们看到，董仲舒剔除掉了建亥与建卯。若建正于亥，则一年之始可能还未立冬；若建正于卯，则一年之始已经立春。无论如何皆与始于春终于冬的四时观念相冲突，且不便于农时。因此，无论是《春秋》经文还是各国史记中，极少有建亥与建卯之记录。秦依据五德终始说建正于亥，从历法上而言乃是一大特例，汉承秦制也继承了这一历法问题。于是董仲舒从孔子“行夏之时”[1]的只言片语中得到启示，用三正取代了秦的五正，又使历法回归到秦以前较为合理的建正方式上去。除此之外，单从“五”与“三”这两个数本身所具有的特性也能看出董仲舒选择三而否弃五的深刻缘由。因为无论是五德终始说还是三正说，都是在数的基础上构建起的循环论。我们已经说过五数是能同时满足相生与相胜的最小数量，而三数是能满足首尾相接且不互相发生冲突的最小数量。也就是说，在一个圆环式的循环系统中，五数之间可以存在两种关系，并不能保证这个循环只按照一种法则循环。三数就不存在这个问题。三数之间的循环无论顺逆，皆只能遵从一个法则。因此，在循环论中，用三数的循环取代五数的循环就更具确定性，可以使构建起的循环系统保持唯一的运作模式。以三正说为例，子、丑、寅之间虽然可以顺循环也可以逆循环，可一旦确定了三正之间的循环法则，则子、丑、寅三正只能根据这个法则终而复始地循环下去，而五正之间却无法确定出一个唯一的循环法则。

董仲舒为三正确定的循环方式为逆循环，正所谓“逆数三而复”，也就是三正按照寅、丑、子这个顺序周而复始地循环。具体而言，夏正为寅，商正为丑，周正为子。那么很自然地，继周而王的朝代就应该建正为寅。但是，虽然董仲舒强调“孔子以《春秋》当新王”，《春秋》经文中却并不能看出孔子已经为将来取法的圣王提示出应当建正于寅的主张，甚至《公羊传》也没有任何的提示。而且，继周而王的秦也并没有建寅。因此，无论从理论还是从实际上而言，三正说都只是出自董仲舒的构造。那么，董仲舒构造此说最终的指向是什么？我们只能用辟秦来解释。也就是说，董仲舒否认了秦作为一个朝代的存在根据。自然地，刘汉如果继续使用秦正，也不能算是继周而起的新朝代。于是，改正朔成了董仲舒给武帝建言中的首要之事，因为是否改正意味着刘汉是否承继了天命。建正于寅也就让刘

① 见《论语·卫灵公》。

汉顺利地进入天命循环的历史中去，这是三代既往的建正“实际”要求继周而王的新朝代必须做的。因此，建正远不止是历法问题，而是新王改制最先应改之制。与此相配的还有服色问题。于是三正之间的循环便与三色的循环严格对应。

秦依据五德终始说而服色尚黑，乃是因为秦自认居于水德。在之前的五行学说中，水早已与黑色相配属。在董仲舒的论述中，继周而王的新朝也应当是黑统，服色尚黑。因此，在服色问题上，董仲舒也全然抛弃了既有的五行学说。也就是说，董仲舒对五德终始说的否弃是全面而彻底的，而他构建起的包括三色在内的天命循环模式也是全新的。按照董仲舒的解说，黑、白、赤三色为夏、商、周各自所尚之色，三色与三正一样循环往复。因此，继周而起的新王就应该与夏代一样，服色尚黑。在五德终始说中，周为火德，服色尚赤，继周者为水德，服色尚黑。在董仲舒的构造中，周也是尚赤，继周而起者也是尚黑。但五德终始说中黑代赤乃是因为水胜火，而董仲舒虽然认为继周者应该尚黑却是由于黑、白、赤三色的循环法则。[①] 所以在黑、白、赤三色相继循环的构造中，服色已经与五行彻底脱离了关系。也就是说，董仲舒所说的黑、白、赤三色不与五行相配属。

同样是尚黑，秦与董仲舒期望的刘汉所依据的原则根本不同，这种不同与各自所实行的政治深刻关联。秦尚黑乃依据五德终始说而自居水德。在邹衍的五德终始系统中，虽然他将周定为火德从根本上讲乃是为了让水德之代表田齐能够顺利出场，但对于“水之德”的推崇却有着深厚的思想史背景。孔子在川上感叹“逝者如斯夫，不舍昼夜”，又说“智者乐水”。在《老子》中，水是智慧与力量相结合的最完美代表，所谓“上善若水”。

① 金春峰先生立足于考古学研究指出，三统说中的黑、白、赤三色当源自不同历史时期彩陶、黑陶、白陶三种制陶工艺的演进，深具启发性。但我们仍然要指出，以彩陶对应于赤色证据不够充分，且这三种制陶工艺的更替本是历史的演进并非循环交替，彩陶在先，而白陶之后并未代之以彩陶。因此，在找到更充分的证据之前，我们只能对金先生这一极具启发性的设想存疑。见金春峰《中国文化的特性与“三统”史观——考古学的人文密码》，《衡水学院学报》，2017 年第 2 期。

我们看到，孔子对水的崇扬尚无明显的价值取向，仅仅是对作为自然物的水之某些特征与人的德行作了简单的比附。《老子》则为水赋予了至善的品性，使之成为衡量万物善恶的价值标尺，正所谓“水善利万物而不争，处众人之所恶”。《老子》对水之德的崇尚，在其后得到热切的回应，最具代表性的要算荆门楚简中与《老子》同时出土的《太一生水》[①]。其实《太一生水》对水的崇扬与老子并无二致，都是为了表达其贵柔尚阴的价值理念。这个理念是通过对自然形态的水之观察而得出，进一步扩展到人的实际生存策略并最终扩展到圣人的治国之术上去。无论《太一生水》将这个理路表达得多么精致，都是承接了《老子》的精神内核而来。《太一生水》之所以对“太一生水”到“天道贵柔”之间的过渡未做明确的阐释，我们所能想到最合理的理由大概就是因为前面的《老子》已经充分论证了“水”与“柔”的内在统一性。《老子》第八章曰：“上善若水。水善利万物而不争，处众人之所恶，故几于道。居善地，心善渊，与善仁，言善信，政善治，事善能，动善时。夫唯不争，故无尤。”第七十八章曰：“天下莫柔弱于水，而攻坚强者莫之能胜，以其无以易之。弱之胜强，柔之胜刚，天下莫不知，莫能行。”两章合而观之，便能理解“水”与“柔”在《老子》中如何统一起来并成为老子最关键的教诲[②]。无论是《老子》从对“水”的观察中得出“柔弱胜刚强”的深刻哲理还是《老子》以至柔至弱之水来

① 目前的研究表明，《太一生水》当作于战国中后期，大约与《黄帝四经》同时，极有可能是老子后学作品。参张昱先生的说法：“《太一生水》与《黄帝四经》、《管子·水地》、《老子》有密切关系，尤与《黄帝四经》密不可分。凡《太一生水》中出现的重要概念，大都在《黄帝四经》中找到解释，这是最值得令人注意的现象”，见氏著《〈太一生水〉与古代的太一观》，载于陈鼓应主编：《道家文化研究》，第十七辑，北京：生活·读书·新知三联书店，1999 年，第 353 页。赵建伟先生认为此篇可能是稷下学者在齐湣王后期去齐之楚所作，可备一说，见氏著《郭店楚墓竹简〈太一生水〉疏证》，载《道家文化研究》，第十七辑，第 380 页。

② 类似的有代表性的说法还有第七十六章：“人之生也柔弱，其死也坚强。草木之生也柔脆，其死也枯槁。故坚强者死之徒，柔弱者生之徒，是以兵强则灭，木强则折。强大处下，柔弱处上。”

作为自己本有的尚柔主张之例证，蕴含了天道法则且作为自然物的水终究与人事治道深刻地关联在了一起。

董仲舒对秦政的反对是全方位的，我们已经说过董仲舒以明确的尚阳观念反对秦政的重法任刑。在服色问题上，董仲舒自然也反对水之德所隐含的尚阴观念。因此，董仲舒使自己的尚黑主张完全不与五行之水有任何关联，从而强调：

> 故《春秋》应天作新王之事，时正黑统。王鲁，尚黑……曰：三正以黑统初。正日月朔于营室，斗建寅。天统气始通化物，物见萌达，其色黑。故朝正服黑，首服藻黑，正路舆质黑，马黑……法不刑有怀任新产，是月不杀。听朔废刑发德，具存二王之后也。[①]

也就是说，董仲舒在服色方面的尚黑主张乃出于万物初生之义。既然建正于寅月，则根据董仲舒的阴阳学说，此时阳气已渐盛，是阳气出地与阴气始入地之月。这个时候万物开始萌生，天气渐渐回暖，因此服色应该尚黑。其实董仲舒在此篇中并未给出万物萌生与服色尚黑之间的关系，后来的《白虎通·三正篇》引《三正记》将其总结为："十三月之时，万物始达，孚甲而出，皆黑，人得加功。故夏为人正，色尚黑。"[②] 所引《三正记》并以"三微之月"解释了三正与三色之间的关系[③]，其总体论述基本据于阳气生发所导致的万物生发之义。因此，我们大致可以认为董仲舒对黑色与黑统的强调并无特别之处。作为三微之月的其他两月也是阳气生发之时，不过各自生发所导致的万物存在状态不同，因此所尚之色也应不同。所以，董仲舒主张刘汉应该服色尚黑的原因仅仅在于三正、三统的循环到了这时应该是寅正、黑统。除了否定秦作为一个朝代的正统性以外，就是要强调贵生重德与废刑之义，与董仲舒的整个阴阳刑德学说相关联。

---

① 《春秋繁露·三代改制质文》。

② 陈立：《白虎通疏证》，北京：中华书局，1994 年，第 363 页。

③ 陈立：《白虎通疏证》，第 362—364 页。

我们也看到，这一段将寅正、尚黑皆称为黑统，乃是因为三统可以涵括三正与三色。《三代改制质文》开篇即依据《春秋》之义提出三统之说：

> 《春秋》曰“王正月”，《传》曰：“王者孰谓？谓文王也。曷为先言王而后言正月？王正月也。”何以谓之王正月？曰：王者必受命而后王。王者必改正朔，易服色，制礼乐，一统于天下，所以明易姓，非继人，通以已受之于天也。王者受命而王，制此月以应变，故作科以奉天地，故谓之王正月也。王者改制作科奈何？曰：当十二色，历各法而正色，逆数三而复。绌三之前曰五帝，帝迭首一色，顺数五而相复，礼乐各以其法象其宜。顺数四而相复，咸作国号，迁宫邑，易官名，制礼作乐。故汤受命而王，应天变夏作殷号，时正白统。亲夏故虞，绌唐谓之帝尧，以神农为赤帝。作宫邑于下洛之阳，名相官曰尹。作《濩乐》，制质礼以奉天。文王受命而王，应天变殷作周号，时正赤统。……正白统奈何？曰：正白统者，历正日月朔于虚，斗建丑。天统气始蜕化物，物始芽，其色白，故朝正服白，首服藻白，正路舆质白，大节绶帻尚白，旗白，大宝玉白，郊牲白，牺牲角茧。冠于堂，昏礼逆于堂，丧事殡于楹柱之间。祭牲白牡，荐尚肺。乐器白质。法不刑有身怀任，是月不杀。听朔废刑发德，具存二王之后也。亲黑统，故日分鸣晨，鸣晨朝正。正赤统奈何？曰：正赤统者，历正日月朔于牵牛，斗建子。天统气始施化物，物始动，其色赤，故朝正服赤，首服藻赤，正路舆质赤，马赤，大节绶，帻尚赤，旗赤，大宝玉赤，郊牲骍，牺牲角栗。冠于房，昏礼逆于户，丧礼殡于西阶之上。祭牲骍牡，荐尚心。乐器赤质。法不刑有身，重怀藏以养微，是月不杀。听朔废刑发德，具存二王之后也。亲白统，故日分夜半，夜半朝正。改正之义，奉元而起。古之王者受命而王，改制称号正月，服色定，然后郊告天地及群神，远追祖禰，然后布天下。诸侯庙受，以告社稷宗庙山川，

然后感应一其司。三统之变，近夷遐方无有，生煞者独中国。而三代改正，必以三统天下。[①]

这段文字是对“三统说”最集中的论述，基本上涵盖了这一学说的方方面面。首先，三统说其实就是新王改制说中对如何改制所提出的具体方法。新王改制之义乃由《春秋》“王正月”所包含的贵元重始之义得来。因为王者之王必须受之于天命，新王初立之时就应以改制作为对受命而王的回应。改制的核心内容是制礼作乐。虽然董仲舒讨论更多的改正朔与易服色皆属于礼制范畴，但新王作乐的原则却与改制无异，皆是因其时宜而改作，正所谓“礼乐各以其法象其宜”。因此，改制作乐除了应答天命这一核心理由之外，都只是象征性的事件。改、作的具体内容并不具有独特性。但是，在一以贯之之道的前提下，改制的具体方式只是以三统的循环而各宜其时。其次，三统的循环遵从“逆数三而复”的逆向循环，也就是说三正是由寅正、丑正、子正而循环往复，三色由黑、白、赤而循环往复。董仲舒进一步将三统命名为正黑统、正白统、正赤统，即将三正、三色统一到三统中去。因为新王改制是以三统为循环，所以新王只需要以存二王之后的方式保存前面两代的礼制，就可以使三统同时俱存。同时可以称王者只有三个，因为在三统已经俱存的情况下，不需要更多的王。那么，每一个新王以三统说为依据改制之时，之前的帝王谱系都要相应地改换名称。包括新王以及前两代的帝王称为“三王”，再之前的五个帝王称为“五帝”，再之前的九个帝王称为“九皇”，再之前的六十四个帝王称为“六十四民”。虽然在称呼上各自不同，但这种不同所显示出的尊卑却只与各自所距新王的时间长短为依据。除了“三王”以外，其他的帝王之后没有存续的必要，因为三王即可使三统俱存，同时也让天命的基本循环方式俱为人所知。如此说来，“存二王之后”的三统之义也许并不像后来的公羊家所极力推崇的那样，乃是出于新王

① 《春秋繁露·三代改制质文》。

不忍断绝前王之后的仁德。再次，三统说是董仲舒通过对自己所知的前三代礼制之观察和抽象所得出的历史循环说，因此只能解说中国的历史循环，与远近蛮夷无关。三统说也并不像后世的有些公羊家所夸张的那样，以其完全的优越性成为区分华夷的标准。最后，三统说强调的是新王承继天命后对天所作的应答，虽然体现出历史的某种循环模式，但并不像五德终始说那样可以预言天命的转移。这是三统与五德的根本性区别，也是三统说最易招人误解的地方。

三统说还有一个极易使人误解的地方，就是将忠、敬、文“三王之教”附会于三统说，从而造成董仲舒学说的很多内在矛盾。我们已经提及，在“天人三策”中，董仲舒讲完新王改制的核心原则“故王者有改制之名，亡变道之实”之后就说：

> 然夏上忠，殷上敬，周上文者，所继之捄，当用此也。孔子曰：“殷因于夏礼，所损益可知也；周因于殷礼，所损益可知也；其或继周者，虽百世可知也。”此言百王之用，以此三者矣。夏因于虞，而独不言所损益者，其道如一而所上同也。道之大原出于天，天不变，道亦不变，是以禹继舜，舜继尧，三圣相受而守一道，亡救弊之政也，故不言其所损益也。繇是观之，继治世者其道同，继乱世者其道变。今汉继大乱之后，若宜少损周之文致，用夏之忠者。①

董仲舒将“尚忠、尚敬、尚文”三者拔高为“百王之用，以此三者矣”，很容易就让人得出这三者也是与三统一样周而复始地循环。但奇怪的是，这里却并没有提及“三统”，而且在仅有的论述“三统”的《三代改制质文》中也不见这三者。更奇怪的是，除了这个地方以外，董仲舒都没有论述过这三者。因此，我们不能不怀疑这三者与三统说并没有关系。其一，忠、敬、文乃是董仲舒总结的“三王之教”，是夏、商、周三代的基本政治原则，与新王改制的三统说并没有关联。其二，这三者的循环乃是遵从“随时损

① 《汉书·董仲舒传》。

益”法则，与三统的循环所遵从的随时而变并不一样。因为三统之变化依据的是三统的循环往复法则，三统之间并无本质的差别，仅具有象征意义。三王之教却是依据所遇之时的随时损益，体现了一个朝代的基本施政理路。三教之间有质的差别。因此，董仲舒的三王之教说更有可能是针对武帝策问中“三王之教，所祖不同”的方便说法，目的是为了得出“随时损益”这一理政原则。“百王之用，以此三者”并非说百王之教依据这三者循环往复，而是从这三者的循环之中得出百王皆同的治理之道，正所谓“继治世者其道同，继乱世者其道变”，古今一贯的治道决定了随所遇之时而补偏救弊这一根本理政原则。

但是，虽然董仲舒对三王之教只是方便立说，却让太史公将其当作重要的理论加以推阐：

> 夏之政忠。忠之敝，小人以野，故殷人承之以敬。敬之敝，小人以鬼，故周人承之以文。文之敝，小人以僿，故救僿莫若以忠。三王之道若循环，终而复始。周秦之间，可谓文敝矣。秦政不改，反酷刑法，岂不缪乎？故汉兴，承敝易变，使人不倦，得天统矣。[①]

其实在董仲舒的三王之教说中，他并未讨论忠、敬、文三者相继而立的背后原因，但我们看到，太史公却给出了本质缘由。也许太史公的解说本来就得自董仲舒的教诲，但董仲舒并未将三王之教与三统说结合起来。我们也必须看到，太史公这里的议论乃是针对高祖而发，他隐含的意思是承秦之后的高祖已经以忠道救了周文之弊，所以他才说“故汉兴，承弊易变，使人不倦，得天统矣”。但我们不应该忘了，董仲舒提出三王之教时说的是“今汉继大乱之后，若宜少损周之文致，用夏之忠者”[②]，这是对武帝的劝勉，隐含的前提是汉仍然未以忠救文。因此，我们不能不认为太史公这里的论述更多的是对董仲舒学说的创造性发展。后世对董仲舒三统说的

① 《史记·高祖本纪》。
② 《汉书·董仲舒传》。

误解自太史公而发，并最终在《白虎通》中全面定格。

三、文质说

虽然董仲舒的三王之教说仅是一种方便说法，与三统说无关，但董仲舒仍然对先王之教有着详尽的论说，且与三统说并行不悖，此即文质说。董仲舒的文质说出之于《春秋》“贵志”之义，并借鉴了阴阳学说的资源，为汉家政治规定了合理的改造方向。董仲舒说：

> 礼之所重者在其志。志敬而节具，则君子予之知礼。志和而音雅，则君子予之知乐。志哀而居约，则君子予之知丧。故曰：非虚加之，重志之谓也。志为质，物为文。文著于质，质不居文，文安施质？质文两备，然后其礼成。文质偏行，不得有我尔之名。俱不能备而偏行之，宁有质而无文。虽弗予能礼，尚少善之，介葛卢来是也。有文无质，非直不子，乃少恶之，谓州公寔来是也。然则《春秋》之序道也，先质而后文，右志而左物。故曰：“礼云礼云，玉帛云乎哉？”推而前之，亦宜曰：朝云朝云，辞令云乎哉？“乐云乐云，钟鼓云乎哉？”引而后之，亦宜曰：丧云丧云，衣服云乎哉？是故孔子立新王之道，明其贵志以反和，见其好诚以灭伪。其有继周之弊，故若此也。①

董仲舒由论礼而及文质，“文”指礼仪文饰而言，“质”指礼的内在本质。最早讨论文质问题的是孔子，也是由论礼而发。孔子说：“质胜文则野，文胜质则史。文质彬彬，然后君子。”② 即是说在包含了文质两方面的礼之实践中，君子应该文质相适，不能偏重于任何一面。如果不能做到这一点，那质胜文要比文胜质更好，因为孔子也说“先进于礼乐，野人也；后

① 《春秋繁露·玉杯》。
② 《论语·雍也》。

进于礼乐，君子也。如用之，则吾从先进”[①]。孔子在文质问题上的立场完全被董仲舒继承，虽然他也强调“质文两备，其礼成”，但也数引《论语》之文，以之论证质相比于文的优越性。董仲舒更将文等同于礼具（物），将质等同于人的内在心志（志），并引《春秋》中的具体事例所体现的褒贬之义得出《春秋》贵志之义，从而更加证明了质相比于文的优越性。最后，董仲舒将《春秋》重质而轻文与孔子作《春秋》之旨连接起来。孔子生于周之末世，对周文之弊有切肤的痛触，所以作《春秋》而立新王之道，目的就是为了承其弊而加以补救之，具体的补救方式正如综论《春秋》十大主旨的《十指篇》所言：“承周文而反之质，一指也”[②]。如果真的能做到这一点，则“化所务立矣”[③]，礼乐教化大行于世。所以，用汉人所引邹衍的话来说：“政教文质者，所以云救也，当时则用，过则舍之，有易则易之，故守一而不变者，未睹治之至也。”[④]我们已无法判断此语是否真的出自邹衍，无论如何，这里强调的仍然是随时而变的理政之义，且并未将周政与文连接起来。而在董仲舒之前，质、文与殷、周之政道已经相对应：

> 盖闻梁王西入朝，谒窦太后，燕见，与景帝俱侍坐于太后前，语言私说。太后谓帝曰：“吾闻殷道亲亲，周道尊尊，其义一也。安车大驾，用梁孝王为寄。”景帝跪席举身曰：“诺。”罢酒出，帝召袁盎诸大臣通经术者曰：“太后言如是，何谓也？”皆对曰：“太后意欲立梁王为帝太子。”帝问其状，袁盎等曰：“殷道亲亲者，立弟。周道尊尊者，立子。殷道质，质者法天，亲其所亲，故立弟。周道文，文者法地，尊者敬也，敬其本始，故立长子。周道，太子死，立適孙。殷道，

① 见《论语·先进》。程子径以文质释此段而言：“先进于礼乐，文质得宜，今反谓之质朴，而以为野人。后进之于礼乐，文过其实，今反谓之彬彬，而以为君子。盖周末文胜，故时人之言如此，不自知其过于文也。”明显受董仲舒的影响。见朱熹：《四书章句集注》，第123页。

② 《春秋繁露·十指》。

③ 《春秋繁露·十指》。

④ 《汉书·严安传》。

> 太子死，立其弟。”帝曰：“于公何如？”皆对曰：“方今汉家法周，周道不得立弟，当立子。”①

这个故事发生于景帝时期。窦太后欲利用殷道亲亲之义立梁孝王为太子，以袁盎为首的通经之士依据经义加以反对。在这里的论说中，殷道为质，质法天，周道为文，文法地。诸大臣强调“汉家法周”让汉道与文连接，与《春秋》立新王之事而“为汉制法”的说法以及董仲所强调的“承周文反之质”意正相反。

因此，董仲舒必须对文质与前王之道的关系有新的论说，方能力辟汉家法周说，这个工作正是在他详细论述三统说时解决的：

> 何谓再而复，四而复？《春秋》郑忽何以名？《春秋》曰：伯子男一也，辞无所贬。何以为一？曰：周爵五等，《春秋》三等。《春秋》何三等？曰：王者之②制，一商一夏，一质一文。商质者主天，夏文者主地，《春秋》者主人，故三等也。主天法商而王，其道佚阳，亲亲而多仁朴。故立嗣予子，笃母第，妾以子贵。昏冠之礼，字子以父。夫妇，对坐而食，丧礼别葬，祭礼先臊，夫妻昭穆别位。制爵三等，禄士二品。制郊官明堂员，其屋高严侈员，惟祭器员。玉厚九恰好，白藻五丝，衣制大上，首服严员。鸾舆尊盖，法天列象，垂四鸾。用锡舞，舞溢员。先毛血而后用声。正刑多隐，亲戚多讳。封禅于尚位。主地法夏而王，其道进阴，尊尊而多义节。故立嗣与孙，笃世子，妾不以子称贵号。昏冠之礼，字子以母。别眇夫妇，同坐而食，丧礼合葬，祭礼先亨，妇从夫为昭穆。制爵五等，禄士三品。制郊官明堂方，其屋卑污方，祭器方。玉厚八分，白藻四丝，衣制大下，首服卑退。鸾舆卑，法地周象载，垂二鸾。乐设鼓，用纤施舞，舞溢方。先亨而后用声。正刑天法，封坛于下位。主天法质而王，其道佚阳，亲亲而多

---

① 《史记·梁孝王世家》。

② “之”原为“以”，苏舆认为“以”当为“之”之讹，本书从之。见苏舆：《春秋繁露义证》，第204页。

质爱。故立嗣予子，笃母弟，妾以子贵。昏冠之礼，字子以父。别眇夫妇，对坐而食，丧礼别葬，祭礼先嘉疏，夫妇昭穆别位。制爵三等，禄士二品。制郊宫明堂内员外椭，其屋如倚靡员椭，祭器椭。玉厚七分，白藻三丝，衣长前衽，首服员转。鸾舆尊盖，备天列象，垂四鸾。乐桯鼓，用羽籥舞，舞溢椭。先用玉声而后烹，正刑多隐，亲戚多赦。封坛于左位。主地法文而王，其道进阴，尊尊而多礼文。故立嗣予孙，笃世子，妾不以子称贵号。昏冠之礼，字子以母。别眇夫妻，同坐而食，丧礼合葬，祭礼先秬鬯，妇从夫为昭穆。制爵五等，禄士三品。制郊宫明堂内方外衡，其屋习而衡，祭器衡同，作秩机。玉厚六分，白藻三丝，衣长后衽，首服习而垂流。鸾舆卑，备地用象载，垂二鸾。乐县鼓，用《万舞》，舞溢衡。先烹而后用乐，正刑天法，封坛于左位。[①]

这一段论述颇为难解。董仲舒先由“再而复”与“四而复”开始，中间穿插了《春秋》爵制问题，最后又集中论述了四种王者之制的具体措施。我们试用下表来说明：

四法	主天法商	主地法夏	主天法质	主地法文
所奉之道	佚阳	进阴	佚阳	进阴
基本特征	亲亲而多仁朴	尊尊而多义节	亲亲而多质爱	尊尊而多礼文
立嗣	予子	予孙	予子	予孙
所笃	母弟	世子	母弟	世子
爵	三等	五等	三等	五等
禄	三品	三[②]品	三品	三品
玉长	九分	八分	七分	六分
白藻	五丝	四丝	三丝	二[③]丝
衣制	大上	大下	长前衽	长后衽
垂鸾	四	二	四	二
刑制	正刑多隐	正刑天法	正刑多隐	正刑天法
立刑原则	亲戚多讳	不避亲戚	亲戚多赦	不避亲戚[④]
卦神	上位	下位	左位	右位

① 《春秋繁露·三代改制质文》。
② 各本皆作“二”，疑是“三”之讹。若从“二”，则不可解。
③ 各本皆作“三”，疑是“二”之讹。若从“三”，则不可解。
④ 各本皆无“不避亲戚”四字，依据文意，此处当有此四字。

我们在这个表中可以看出，所谓“四而复”，就是指王者之制在“主天法商”“主地法夏”“主天法质”“主地法文”之间的循环往复。虽说是四法，但我们从它们各自的制度特征可以看出，“主天法商”与“主天法质”基本一致，“主地法夏”与“主地法文”基本一致。也就是说，所主相同的二法在制度特征上是基本一致的。主于“天”的，其道都为“佚阳”；主于“地”的，其道皆为“进阴”。因为天为阳，地为阴。在天阳地阴的基本前提下，四法表现出的特征皆与阴、阳之义相符合。因此，“四而复”的实质是“再而复”，即王者之制乃是阴阳之道的终而复始。“四而复”是“再而复”的细化。董仲舒将质归于天，则质为阳；将文归于地，则文为阴。那么，王者之制的循环实质上就是文质相复之道。所以我们看到，董仲舒虽然将四法定名为“一商一夏，一质一文”，但实际而言，商可与质相等同，夏可与文相等同。那么，既然四法实际上只是二法，为什么董仲舒却既言“再而复”又言“四而复”？因为再而复者为阴阳，四而复者为四时，正是阴阳的消息决定了四时的更替。但是，无论是阴阳还是四时，都无法解释董仲舒为何要用四法来解释《春秋》之爵制。董仲舒说：

> 四法修于所故，祖于先帝，故四法如四时然，终而复始，穷则反本。四法之天施符授圣人，王法则性命形乎先祖，大昭乎王君。故天将授舜，主天法商而王，祖锡姓为姚氏。至舜形体大上而员首，而明有二童子，性长于天文，纯于孝慈。天将降禹，主地法夏而王，祖锡姓为姒氏，至禹生发于背，形体长，长足肵，疾行先左，随以右，劳左佚右也。性长于行，习地明水。天将授汤，主天法质而王，祖锡姓为子氏。谓契母吞玄鸟卵生契，契先发于胸。性长于人伦。至汤，体长专小，足左扁而右便，劳右佚左也。性长于天光，质易纯仁。天将授文王，主地法文而王，祖锡姓姬氏。谓后稷母姜原履天之迹而生后稷。后稷长于邰土，播田五谷。至文王，形体博长，有四乳而大足，性长于地文势。故帝使禹、皋论姓，知殷之德阳德也，故以子为姓；知周之德阴德也，

故以姬为姓。故殷王改文，以男书子，周王以女书姬。故天道各以其类动，非圣人孰能明之？[①]

我们看到，董仲舒认为四法的循环并不是随意的理论构造，而是从先王的实际运用中得出。具体而言，主天法商者为舜，主地法夏者为禹，主天法质者为汤，主地法文者为文王。主天者具有“上大而员首”等等跟天有一致性的特征，主地者具有“长足肵”“大足”等等跟地有一致性的特征。但是，在四法以天地或者说质文进行循环的同时，仍然配合着天、地、人这三者之间的循环。比如说，舜主天法商，所以性长于天文；禹主地法夏，所以习地明水；汤主天法质，所以性长于天光；文王主地法文，所以性长于地文势。这明显是在天、地之间的循环往复。不过，汤虽然性长于天光，但他的祖先契却性长于人伦；文王虽然性长于地文势，他的祖先后稷却是由其母姜嫄履天之迹而生。这就造成了极大的矛盾，很难说“王法则性命形乎先祖，大昭乎王君”。我们只能将其大致理解为，圣王的传续遵从的是四法，而圣王的先祖却是依据天、地、人三法来循环。但是，即便如此来说，董仲舒仍然随时将圣王所主与其先祖所主相混淆着使用。所以我们看到，舜、禹、契、后稷遵从的是天、地、人、天的循环，而舜、禹、汤、文王遵从的是天、地、天、地的循环。董仲舒为什么要构造出这样一个复杂且充满矛盾的循环系统呢？

我们说过，董仲舒提出四法说是为了解释《春秋》为何要立三等爵制，他给出的理由是“商质者主天，夏文者主地，《春秋》者主人”。这个理由的表面意思似乎是，既然先王之所主也依据天、地、人三者来循环，因此《春秋》立三等爵制。但是，从我们前面所列的那个表可以看出，《春秋》三等爵乃是因为周是五等爵，而爵制是以三、五来循环往复。所以，董仲舒实际上是以四法的循环为核心，辅助以三法于其中，目的是为了随时依据自己的需要来提出各种对《春秋》的解释。当然，董仲舒解说《春秋》

① 《春秋繁露·三代改制质文》。

最终指向了对汉政的改造。既然《春秋》为汉制法，从某种意义上而言，《春秋》也可以看作汉之先祖。因此，汤、文王、《春秋》之所主虽然是依据天、地、人来循环，继周而起的新王却应当依据四法的循环，主天而法商，以质救文。用董仲舒的话说，“故孔子立新王之道，明其贵志以反和，见其好诚以灭伪。其有继周之弊，故若此也”。[①] 以实际而论，继周者为秦，但由于董仲舒认为秦不具有正统，只是“继大乱之后，以乱济乱”的一个所谓“闰统”，因此，无论是倡言《春秋》贵志之义，还是强调以质救文，董仲舒都是将矛头对准了秦政以及循而未改的汉政。

第三节　官制象天

董仲舒从对历史或者说天命归属的解说中，为汉家提出了主天而法商的政治目标。此目标与尊德抑刑的政治主张相一致，且其核心理论依据都是阴阳学说。但尊德抑刑也好，文质相复也罢，更多的只是对政治原则的强调。在现实政治中，权力的划属与运作才是问题的核心。在“天人三策”中，董仲舒极力批判汉家的吏治问题，以学者身份挑战了既有的权力格局，而武帝对学者之僭妄的严厉指责预示了董仲舒很难在现实政治中改造吏治。因此，董仲舒只能在理论中构造自己的权力运行系统。在天人合一的基本理路下，董仲舒构造的权力系统也与天相副，用他自己的话说就是“官制象天”。《官制象天》是《春秋繁露》中的一篇，紧随《三代改制质文》之后，但此篇的内容仅仅是从纵向上对权力进行了职级性的划分。在横向上分割权力使之得以良好运行的构造则在《五行相生》与《五行相胜》等篇之中。于是我们看到，阴阳学说和五行学说合力助成了董仲舒的“官制象天”。

① 《春秋繁露·玉杯》。

一、天之数与官之制

董仲舒在《官制象天》开篇即言：

> 王者制官，三公、九卿、二十七大夫、八十一元士，凡百二十人，而列臣备矣。吾闻圣王所取仪，法[①]天之大经，官制亦然者，此其仪与？三人而为一选，仪于三月而为一时也。四选而止，仪于四时而终也。三公者，王之所以自持也。天以三成之，王以三自持。立成数以为植而四重之，其可以无失矣。备天数以参事，治谨于道之意也。[②]

这段话首列王者所制一百二十之官，重点讨论的是王者制官的基本原则。所谓“圣王所取仪，法天之大经，官制亦然者”，是指王者制官当以天道为依据。王者制官分公、卿、大夫、元士四等，四等即是“四选”；由王者而下，每一等皆以三人辅佐其上的一等，就是董仲舒所说的“三人为一选”。具体而言，一岁有四时，所以制官当分四选；三月成一时，所以制官当以三人为一选。无论是四时之“四”还是三月之“三”，都是我们探讨过的所谓“天之数”。天之数同时也是天道，因此官制象天的核心要义即是以四选和“三人为一选”与代表了天道的四时和“三月成一时”相副。官制与天相副的核心理由在于天人本来就相副。

在此篇的后面，董仲舒说：

> 求天数之微，莫若于人。人之身有四肢，每肢有三节，三四十二，十二节相持而形体立矣。天有四时，每一时有三月，三四十二，十二月相受而岁数终矣。官有四选，每一选有三人，三四十二，十二臣相参而事治行矣。以此见天之数，人之形，官之制，

① “法”原为“金”，诸家皆以“金”为“法”之讹，故从之。详见苏舆：《春秋繁露义证》，第214页。

② 《春秋繁露·官制象天》。

相参相得也。[①]

本来这段话应当是我们在论述董仲舒的天人相副学说时重点探讨的，但我们不应忘了，天人相副特别是人副天数在这里仅是作为官制象天的理论前提。既然人的形体有四肢十二节，一岁有四时十二月，人副天数不言而喻。天人与古今的通贯最终落实于实际的人世治道，治道具体落实于官制。因此，官制成为董仲舒关切的重心所在。官制不仅与天相副，而且也与天之数、人之形相参。正所谓“天生之，地养之，人成之”[②]，天、地、人三才的相参被引申为天之数、人之形、官之制的相参。与天、人相参的官之制也是与四时、十二月相副。具体说来：

> 此百二十臣者，皆先王之所与直道而行也。是故天子自参以三公，三公自参以九卿，九卿自参以三大夫，三大夫自参以三士。三人为选者四重，自三之道以治天下，若天之四重，自三之时以终始岁也。一阳而三春，非自三之时与？而天四重之，其数同矣。天有四时，时三月；王有四选，选三臣。是故有孟、有仲、有季，一时之情也；有上、有下、有中，一选之情也。三臣而为一选，四选而止，人情尽矣。[③]

即是说，王者制官分公、卿、大夫、元士四等。由王者而下，每一等皆以三人辅佐其上的一等。具体而言，三公辅佐王者，九卿辅佐三公，二十七大夫辅佐九卿，八十一元士辅佐二十七大夫。除了处于最高等级的王者与处于最底层的元士之外，每一等级在辅佐上一等级的同时又以下一等级为其辅佐。如此，就以王为核心与顶点，构建起了一个类似于金字塔状的立体系统。这个系统中，除了上下等级之间绝然不同的差别外，同一等级的三人之间也有上、中、下的层次划分。因为一时有孟、仲、季之别。比如说，三公有上、中、下之分，三卿也有上、中、下之别，等等。那么很自然地

① 《春秋繁露·官制象天》。
② 《春秋繁露·立元神》。
③ 《春秋繁露·官制象天》。

可以推论出，分别辅佐三公的九卿之间也可以排出层次的差异。分别辅佐九卿的二十七大夫、分别辅佐二十七大夫的八十一元士亦然。因此，这个系统不仅每一个等级之间被严格区分，同一等级之中也是严格按等级来划分。支持这个等级的内在根据是作为天之道的四时十二月之间的差别，而与天相副的人之“情”则是其实际根据。官制系统中的官员实际上有能力与品质上的优劣之分，因此贤能的程度成为选官的关键依据。董仲舒说：

> 人之材固有四选，如天之时固有四变也。圣人为一选，君子为一选，善人为一选，正人为一选，由此而下者，不足选也。四选之中，各有节也。是故天选四堤十二而人变尽矣。尽人之变合之天，唯圣人者能之，所以立王事也。[①]

也就是说，之所以官制是四选，因为人的材质大致有四个等级，正如天有四时。四时之间本来就有差异。用董仲舒的话说：“天地之理，分一岁之变以为四时，四时亦天之四选已。是故春者少阳之选也，夏者太阳之选也，秋者少阴之选也，冬者太阴之选也。”[②] 人由于与天相副，在可选为官的人之中，其材质也是有圣人、君子、善人、正人四种区分。董仲舒并没有明言这四种人分别与四时的哪一时相副，只是从四时的不同来证明四种人之材质的区分。四种人中，“三公之位，圣人之选也。三卿之位，君子之选也；三大夫之位，善人之选也；三士之位，正直之选也”[③]。正人以下，则不足以选为官。所谓“四选之中，各有节也”，即是说属于同一材质的人中也分为不同的等级，由于“四选之中各有孟、仲、季，是选之中有选，故一岁之中有四时，一时之中有三长，天之节也”。天有四选，每选有三节。因为人之情与天相副，则官制有四选，每选有三人。所以从纵向上来看，人之情大致上有十二个等级。因此董仲舒说“是故天选四堤十二而人

① 《春秋繁露·官制象天》。
② 《春秋繁露·官制象天》。
③ 《春秋繁露·官制象天》。

变尽矣”[①]。人变就是人之情的区分。既然一岁有十二月，人情就有十二变。在这个意义上说，“尽人之变合之天，唯圣人者能之，所以立王事也”。我们多次说过，唯圣人能以对天道的效法实现天人的合一。在这个论题中就应当这样说，唯有王者深通天人之道，所以能够以其创制的官制与天完美相副。

但是，由人情的十二变所决定的十二级官制却只是抽象出的十二个等级，并无法体现于由百二十人构成的大系统中。在由三公、九卿、二十七大夫、八十一元士所实际组成的官制系统中，若要构建一个十二级的系统，只能从每一等级抽象出三人，以之作为所处等级的代表。用董仲舒的话说：

> 三公为一选，三卿为一选，三大夫为一选，三士为一选，凡四选。三臣应天之制，凡四时之三月也。是故其以三为选，取诸天之经；其以四为制，取诸天之时；其以十二臣为一条，取诸岁之度；其至十条而止，取之天端。[②]

如此，三公、三卿、三大夫、三元士正好有十二人。董仲舒所说的十二臣只能这样抽象而出。抽象出的这十二臣被董仲舒称为一条，十二正好是一年的月数，也与天相副。那么，在百二十的官制系统中，正好就有十条。为什么偏偏是十条呢？因为十本身就是天之数，更是天之端：

> 何谓天之端？曰：天有十端，十端而止已。天为一端，地为一端，阴为一端，阳为一端，火为一端，金为一端，木为一端，水为一端，土为一端，人为一端，凡十端而毕，天之数也。天数毕于十，王者受十端于天，而一条之率。每条一端以十二时，如天之每终一岁以十二

① 此句颇为难解，苏舆认为此处有误，当为“天选四时，终十二而天变尽矣”，可备一说。但后文云“尽人之变合之天”，所以此句中的“人变”当不误，困难就在于对“堤”的理解。我们暂且联系上下文意，将此句大致理解为天有四选，每选之中各有三节，三四十二，人之情大致有十二等，与天相副。参苏舆：《春秋繁露义证》，第216页。

② 《春秋繁露·官制象天》。

> 月也。十者天之数也，十二者岁之度也。用岁之度，条天之数，十二而天数毕。是故终十岁而用百二十月，条十端亦用百二十臣，以率被之，皆合于天。①

由于我们已经系统地讨论过十天端的理论系统，在此只是将其作为董仲舒构建官制系统的理论辅助。天之端有十个，每一端都率一条，正好将百二十官全部统帅。由于一条有十二官，正好与一岁之十二月相副。因此，十天端所率的十条就有百二十官，与十岁之百二十月相副。其实我们完全可以看出，董仲舒将十天端置于此处完全是为了附会“四选”而“选三人”的官制系统。在这个系统中，核心的“天之数”并不是十，而是三。因为在这样一个层级结构中，三人辅佐一人的“选三人”是关键的配置，即便是“四选”也只是为了与四时之数相比附。

除了四时之义外，董仲舒并没有为“四选”寻找更多的理论根据，反而对“选三人”的具体置官方式有更多的论证：

> 何谓天之大经？三起而成日，三日而成规，三旬而成月，三月而成时，三时而成功。寒暑与和，三而成物；日月与星，三而成光；天地与人，三而成德。由此观之，三而一成，天之大经也，以此为天制。是故礼三让而成一节，官三人而成一选。②

我们看到，董仲舒从三起而成日、三日而成规等等中得出了“三而一成”这一“天之大经”。在董仲舒给出的理由中，三时而成功、三而成物、三而成光、三而成德等都极具说服力。三时而成功是阴阳学说的重要内容，寒暑（阴阳）和而成物是对“三生万物”的化用，日月星三光是最重要的三个天体，天地人而成德是三才观念的关键追求。因此，既然三而一成是天之大经，那王者制官以三人为一选也就是“天制”。这个天制被董仲舒

① 《春秋繁露·官制象天》。
② 《春秋繁露·官制象天》。

称为“慎”，他更进一步说：

> 其率三臣而成一慎，故八十一元士为二十七慎，以持二十七大夫；二十七大夫为九慎，以持九卿；九卿为三慎，以持三公；三公为一慎，以持天子。天子积四十慎以为四选，选一慎三臣，皆天数也。是故以四选率之，则选三十人，三四十二，百二十人，亦天数也。以十端四选，十端积四十慎，慎三臣，三四十二，百二十人，亦天数也。以三公之劳率之，则公四十人，三四十二，百二十人，亦天数也。故散而名之为百二十臣，选而宾之为十二长，所以名之虽多，莫若谓之四选十二长，然而分别率之，皆有所合，无不中天数者也。[①]

既然一慎有三人，那一百二十人就有四十慎。董仲舒运用了多种算法，或是以慎先与十端再与四选相乘，或是以慎先与四选再与十端相乘，最终得到的数字都是一百二十。从这个数字游戏中，董仲舒得出结论，官制皆与天数相合。也因此，董仲舒的官制系统实际上是以三、四、十、十二、百二十等所谓“天之数”构建起的。在此之中，三、四两数是整个架构的核心。正因为“四选”和“选三人”，官制系统就有百二十人。百二十又正好是三、四之倍数的十倍，因此十天端才被引入这个系统中作为理论辅助。

我们知道，十天端虽是董仲舒整个天人学说的逻辑起点，但在他以天之数构建官制系统时，却只用到了作为天之数的“十”。十天端系统中的天、地、人则只是被用来证明天数“三”的重要性，阴阳只有分为与四时相配的少阳、老阳、少阴、老阴也才有其实质意义，五行则与这个天之数的官制系统毫无关系。但是，我们也说过，以天之数构建起的官制系统只是一种纵向性的权力等级划分。在这种等级性的官制中，低等级辅佐高等级，划分的依据实际上指向了人的德行，各等级之间只有高低优劣的差异。这样的权力划分方式最终依靠的是处于权力最顶端的天子是否能够真正地做到选贤任能与知人善任。也就是说，这种自上而下的权力分配系统实际

① 《春秋繁露·官制象天》。

上缺乏有效制约，其良性运行只能依赖天子与众官员的德性自律。因此，这种官制构造更多的是在阐扬古已有之的“尚贤”理想与“尚德”观念，必待圣王出方能行。在实际的政治权力运行中，有没有一种更具现实效力的权力分配方式？这正是董仲舒依靠十天端中的“五行”着力构造的。

二、五行与官制

在他的整个理论系统中，董仲舒虽然对阴阳的措意更多，但也并没有忽视五行的重要性。虽然阴阳、五行往往同时被作为天道的核心内容，但在官制象天的理论系统中，五行学说以其独特优势成为构建横向的官制系统之根本依据。董仲舒说：

> 天意难见也，其道难理。是故明阳阴、入出、实虚之处，所以观天之志。辨五行之本末顺逆、小大广狭，所以观天道也。天志仁，其道也义。为人主者，予夺生杀，各当其义，若四时；列官置吏，必以其能，若五行；好仁恶戾，任德远刑，若阴阳。此之谓能配天。天者其道长万物，而王者长人。人主之大，天地之参也；好恶之分，阴阳之理也；喜怒之发，寒暑之比也；官职之事，五行之义也。①

这段话是董仲舒天人学说的总纲，我们已在前面讨论过。此处我们重点看一下与五行相关的部分。总体而言，董仲舒都是将五行学说与官制联系在一起，而董仲舒五行学说的核心内容本来就是在论述官制问题时系统阐述的：

> 天地之气，合而为一，分为阴阳，判为四时，列为五行。行者行也，其行不同，故谓之五行。五行者，五官也，比相生而间相胜也。故为治，逆之则乱，顺之则治。②

① 《春秋繁露·天地阴阳》。

② 《春秋繁露·五行相生》。

这里的第一句话实际上是对前引那段话的进一步解说。既然阴阳、四时、五行等都由天地之一气分判而出，则通过它们才能把握天志、天意。阴阳和四时较易于理解，五行所代表的天意则需更深入的阐发。

董仲舒首先解释了“五行”这个概念的基本含义。五行最初指水、火、木、金、土五种自然材质。《管子・五行》说“作立五行，以正天时，五官以正人位”[①]，五行只是划分时间的方式，与五官可以相配属，但绝然不同。在思孟学派那里，五行是仁、义、礼、智、圣五种德行。到了邹衍，则直接以五德来称呼五行。在董仲舒看来，既然五行是天地之气，那五行就应该是天地之气分判出的五种气。《白虎通・五行》说：“言行者，言为天行气之义。”[②]《释名・释天》云：“五行者，五气也，于其方各施行也。”[③]“行”本来有德行、行为、能力、方向等等之义，因此说“行者行也”，就包含此数义于“行”之中。董仲舒说：“故五行者，乃孝子忠臣之行也。五行之为言也，犹五行欤？”[④]以行为官并不是董仲舒的发明，在他之前的贾谊说“道行典知变化，以为规是非，明利害……故职不率义，则道行之任也”[⑤]，已明确将“行”当作官职名。董仲舒径言五行就是五官，其实略去了五行学说在之前发展的诸多环节。五行从最初的自然含义，中经其包含的行为、德行、能力等义，才能合理地导向五官。选立五官的标准是依据其德能，而官职的设立本来就是为了行事。因此，当董仲舒将五行等同于五官之时，既对五行学说的应用范围进行了有效的限定，也为“官制象天”下的官制系统提供了丰富的天道依据。

董仲舒说“五行之随，各如其序，五行之官，各致其能”[⑥]。五官是否各如其序、各致其能决定了天下是否得治，正所谓“顺之则治，逆之则乱”。

---

① 黎翔凤：《管子校注》，第 865 页。

② 陈立：《白虎通疏证》，第 166 页。

③ 转引自苏舆：《春秋繁露义证》，第 322 页。

④ 《春秋繁露・五行之义》。

⑤ 贾谊：《贾谊集・贾太傅新书》，第 62 页。

⑥ 《春秋繁露・五行之义》。

治乱取决于是否遵从“比相生而间相胜”的五行之理。在此核心原则之下，董仲舒系统论述了相生又相胜的五官系统是如何运作的。我们先看相生的五官系统：

东方者木，农之本。司农尚仁，进经术之士，道之以帝王之路，将顺其美，匡捄其恶。执规而生，至温润下，知地形肥硗美恶，立事生则，因地之宜，召公是也。亲入南亩之中，观民垦草发淄，耕种五谷，积蓄有余，家给人足，仓库充实。司马，本朝也。本朝者火也，故曰木生火。

南方者火也，本朝。司马尚智，进贤圣之士，上知天文，其形兆未见，其萌芽未生，昭然独见存亡之机，得失之要，治乱之源，豫禁未然之前，至忠厚仁，辅翼其君，周公是也。成王幼弱，周公相，诛管叔蔡叔，以定天下。天下既宁以安君。官者，司营也。司营者土也，故曰火生土。

中央者土，君官也。司营尚信，卑身贱体，夙兴夜寐，称述往古，以厉主意。明见成败，微谏纳善，防灭其恶，绝源塞隟执绳而制四方，至忠厚信，以事其君，据义割恩，太公是也。应天因时之化，威武强御以成。大理者，司徒也。司徒者金也，故曰土生金。

西方者金，大理司徒也。司徒尚义，臣死君而众人死父。亲有尊卑，位有上下，各死其事，事不逾矩，执权而伐。兵不苟克，取不苟得，义而后行，至廉而威，质直刚毅，子胥是也。伐有罪，讨不义，是以百姓附亲，边境安宁，寇贼不发，邑无狱讼，则亲安。执法者，司寇也。司寇附亲，边境安宁，寇贼不发，邑无狱讼，则亲安。执法者，司寇也。司寇者，水也。故曰金生水。

北方者水，执法司寇也。司寇尚礼，君臣有位，长幼有序，朝廷有爵，乡党以齿，升降揖让，般伏拜谒，折旋中矩，立而罄折，拱则抱鼓，执衡而藏，至清廉平，赂遗不受，请谒不听，据法听讼，无有所阿，孔子是也。为鲁司寇，断狱屯屯，与众共之，不敢自专。是死者不恨，

> 生者不怨，百工维时，以成器械。器械既成，以给司农。司农者，田官也。田官者木，故曰水生木。[①]

这里的论述将五方、五行、五官、五尚等等依据五行相生序配属到一个大系统中去。可以这样说，董仲舒在五行相生的基本原理之下，构建起了一个五官系统。五官各有所尚与所职，五官各以其所尚得其职，又各以其能尽其职。五官所职相辅翼，缺一不可，又反过来证明了五行相生之义。我们试以下表将这个官制系统的核心要点表示为：

五方	东	南	中	西	北
五行	木	火	土	金	水
五官	司农	司马	司营	司徒	司寇
五尚	仁	智	信	义	礼

虽然董仲舒为五官各自赋予了相当多的职能，但真正让五官的职能可以相辅翼的却是五官各自所尚之德，我们将其称为“五尚”。按照五行的相生序排列，五尚为仁、智、信、义、礼。很明显即可看出，董仲舒的五尚来源于思孟五行，只不过将思孟五行中的“圣”改为“信”而已。董仲舒之前的贾谊有所谓“六行”[②]，即仁、义、礼、智、圣、乐，实际上是在思孟五行上加入“乐”[③]。因此，董仲舒的五尚既是对前人的继承，又是对前人的改造。我们不必去纠缠于对五尚的概念分疏，因为董仲舒的五尚并不是单纯的德性概念，只能在五行学说的发展史与以五行构建官制的努力中才可以得到最恰当的安置。经由五尚枢纽，逐渐演变为所谓的“五常”。虽然董仲舒在“天人三策”中明确提过五常，但他所说的五常与五

① 《春秋繁露·五行相生》。

② 《新书·六术》云：“人有仁、义、礼、智、信之行，行和则乐兴，乐兴则六，此之谓六行。”贾谊：《贾谊集·贾太傅新书》，第 94 页。

③ 贾谊之前的陆贾说：“张日月，列星辰，序四时，调阴阳，布气治性，次置五行。”陆贾所言的五行也应当是思孟五行。王利器：《新语校注》，北京：中华书局，1986 年，第 1—2 页。

行的搭配与后世所共认的搭配并不一致[1]，且逐渐失去了其最初的本义，与三纲学说合在一起，成为所谓的“三纲五常说”[2]。

董仲舒分别为相生的五官在历史中找到了最完美的代表，即司农为召公、司马为周公、司营为太公、司徒为伍子胥、司寇为孔子。虽然这五人在历史中并不一定承当过这样的官职，但他们实际所行之事却极佳地展示了五官的行为标准。因此，召公等五人同时也成为五尚的典型代表。五尚不仅决定了五官之间的辅翼关系，同时也让五官具有了相牵制的关系，与五行之间的相生相胜完全一致。在五行相胜的图式中，董仲舒又将五官系统作了如下阐述：

> 木者，司农也，司农为奸，朋党比周，以蔽主明，退匿贤士，绝灭公卿，教民奢侈，宾客交通，不劝田事，博戏斗鸡，走狗弄马。长幼无礼，大小相虏，并为寇贼，横恣绝理。司徒诛之，齐相是也。行霸任兵，侵蔡，蔡溃，遂伐楚，楚人降伏，以安中国。木者，君之官也，夫木者农也，农者民也，不顺如叛，则命司徒诛其率正矣，故曰金胜木。
>
> 火者，司马也，司马为谗，反言易辞以谮愬人，内离骨肉之亲，外疏忠臣，贤圣旋亡，谗邪日昌，鲁上大夫季孙是也。专权擅政，薄国威德，反以怠恶，谮愬其贤臣，劫惑其君。孔子为鲁司寇，据义行法，季孙自消，堕费、郈城，兵甲有差。夫火者，本朝，有邪谗荧惑其君。执法诛之，执法者水也，故曰水胜火。
>
> 土者，君之官也。其相司营。司营为神，主所为皆曰可，主所言皆曰善，谄顺主指，听从为比。进主所善，以快主意，导主以邪，陷主不义。大为宫室，多为台榭，雕文刻镂，五色成光。赋敛无度，以

① 参李存山：《“五行”与“五常”的配法》，《燕京学报》新二十八期，北京：北京大学出版社，2010 年 5 月。

② 三纲五常连用最早见之于东汉马融，到南宋朱熹极力推尊三纲五常，遂使三纲五常成为不可置疑的天理。参刘学智：《“三纲五常”的历史地位及其作用重估》，《孔子研究》，2011 年第 2 期。

> 夺民财；多发徭役，以夺民时；作事无极，以夺民力。百姓愁苦，叛去其国，楚灵王是也。作乾溪之台，三年不成，百姓罢弊而叛，及其身弑。夫土者，君之官也，君大奢侈，过度失礼，民叛矣。其民叛，其君穷矣，故曰木胜土。
>
> 金者，司徒也。司徒为贼，内得于君，外骄军士，专权擅势，诛杀无罪，侵伐暴虐，攻战妄取，令不行，禁不止，将率不亲，士卒不使，兵弱地削，令君有耻，则司马诛之，楚杀其司徒得臣是也。得臣数战破敌，内得于君，骄蹇不恤其下，卒不为使，当敌而弱，以危楚国，司马诛之。金者，司徒，司徒弱不能使士众，则司马诛之，故曰火胜金。
>
> 水者，司寇也，司寇为乱，足恭小谨，巧言令色，听谒受赂，阿党不平，慢令急诛，诛杀无罪，则司营诛之，营荡是也。为齐司寇。太公封于齐，问焉以治国之要，营荡对曰："任仁义而已。"太公曰："任仁义奈何？"营荡对曰："仁者爱人，义者尊老。"太公曰："爱人尊老奈何？"营荡对曰："爱人者，有子不食其力；尊老者，妻长而夫拜之。"太公曰："寡人欲以仁义治齐，今子以仁义乱齐，寡人立而诛之，以定齐国。"夫水者，执法司寇也。执法附党不平，依法刑人，则司营诛之，故曰土胜水。[①]

虽然这一段的论述仍然遵从了五行相生的顺序，但从论述方式上来看，这里与前引《五行相生》篇的最大不同是，前者是从正面肯定性论述，即各守其职状况下五官之间如何相辅翼，而后者着重于在否定意义上讨论，即一旦某一官失职，则可由另一官相制衡。此中的不同正好体现了五行的相生与相胜之间的理论差异。也可以这样说，五行相生图式中的五官构造实际上更偏重于理想化的建构，而五行相胜模式下的五官构造则是现实状况下的制度约束。因此，董仲舒在这两篇而外，又以《五行顺逆》篇将五官的尽职与失职状况合而论之，使理想与现实统一于其五官构造之中，也将

① 《春秋繁露·五行相胜》。

五行的相生相胜之理进一步通过官制展现出来。

我们不必去详细疏解董仲舒为五官赋予的各种具体职责，只需要点明这是以天道为根据且重职责不重等级的横向官制架构，五官之间正如五行之间一样，有相生与相胜的关系。如果与纵向的等级式的官制系统放置到一起，则更能看出董仲舒的深层关切依然是对大一统王权之下的政治权力进行有效约束。虽然董仲舒以天为根据构建起的官制系统始终停留于理论层面，但这种构建无疑是学者面对着愈发集中的皇权时所能提出的深具理性的构想。当然，从董仲舒分割与限制权力的制度设计中，我们无法得到现代意义上的权力分立主张，更不能说，民主的观念可以在董仲舒这里找到古老的先声。我们将董仲舒究通天人、古今的努力最终落于官制的设计之上，只是希望能借此表明，在政治的实际运作中，制度设计向来远比道德约束更具效力。

结　论

我们看到，董仲舒依托《春秋》学，利用作为时代共法的阴阳五行构建起了究通天人、古今的大系统，其最终目标都指向了对现实政治的改造，以期实现千古一贯的圣王之道。但是，虽然有着全面而精巧的理论构建，董仲舒的政治学说并未实现所欲想的目标。

作为一个以改良政治为旨归的学者，相比“学士靡然乡风”[①]的公孙弘，董仲舒并没有多少实质性的建树，他能够实现的目标极为有限，更多的取决于政治博弈的实际需要甚至是帝王的个人喜好。作为《春秋》学家，当董仲舒并不情愿地说出“《春秋》大一统”的时候，其实已经预示了《春秋》学不可能如他所期待的那样，完全地实现经世的目标。政治现实逼迫着董仲舒一步步向后退，他的《春秋》学最终留给历史的，更多的是“《春秋》决狱”这个他本来并不看重的面相。我们也许可以将董仲舒的不得志看作是他的不识时务或是历史的捉弄，但我们无法否认，以政治实践家的标准来衡量政治理论家的成就是不恰当的。我们必须承认，董仲舒虽然以改良政治为目标，但他终究不是严格意义上的政治家，他提出一整套理论并非仅着眼于时代的难题，而是要实现长治久安的圣王之道。今日的我们要理解董仲舒的成就，也应该把他放在政治理论家这个维度中来审视。作为《春秋》学家，也许董仲舒并不成功，但他依托于《春秋》学所构建起的贯通

① 《史记·儒林列传》。

天人、古今的大系统所要实现的目标不仅是古代政治理论的核心关切，也奠基了董仲舒以后学术与政治互动的基本图式。

为了实现《春秋》学的核心主旨，董仲舒将完整的五行生胜图式与阴阳学说一起作为天之端。在成为阴阳五行学说发展史上划时代人物的同时，董仲舒以四时为枢纽结合起来的阴阳五行所体现的天道原则成为构建天人合一的最核心理据。在传承已久的天人合一观念中，唯圣人有资格实现与天的合一。我们一再强调董仲舒天人学说中“人”的首要含义是“圣人”，也是因为能够与天地相参且“功过神明”的人唯有圣人。也就是说，追求天人合一的思想家共享的前提是，圣人在政治生活中的主导作用决定了唯圣人有资格与天合一。董仲舒在此之外，更为圣人的独尊提供了人性论上的证明。董仲舒并没有像先前热衷探讨人性善恶的理论家那样，从理念推导或从经验观察，而是用阴阳学说给出了天道层面的有力支持。因为人性未善，圣人及其所立礼乐教化才有存在的必要。在此基础上，方能最终得出董仲舒天人合一学说的真实意趣。那就是，礼乐兴而教化行的圣王之道。董仲舒将圣王之道最终落实为君臣、父子、夫妇各得其宜的人伦政治的和谐，却未曾料想王道三纲逐渐演变为礼教的核心内容，既让以秩序为追求的政治理论家以此为楷模，又为越礼教而任自然的士人所极力抨击，更成为今人鞭笞专制政治泯灭人性的口实。在此，我们不必站在今人的立场上苛责董仲舒的这种有悖于平等观念的所谓阶级论调。我们应该看到，在以秩序为核心追求的政治学说中，为礼制找到最坚实理据的，当首推董仲舒。无论董仲舒的王道理想是否可行，比起学者们所擅长的种种居高临下式的道德批判，董仲舒少了很多狂妄，更显得睿智和理性。

董仲舒用阴阳五行构建了近乎完美的天人相副学说，在理论层面实现了究天人之际的《春秋》学理想。董仲舒以王道政治作为天人合一的现实依归，不仅为当时的帝王提出了努力的目标，更使自己的理论汇入中国古人关于理想政治的漫长追寻历程中去。董仲舒提出的政治原则上承诸子，下启后学，成为难以逾越的理论高峰。但是，我们也必须看到，董仲舒心目中的王者绝不可能仅仅停留在标示理想阐述原则的层面，而是一定要有具体的政治措施与王道理想相匹配。因此，在有了理论层面无可挑剔的天人合一作为基础之后，董仲舒必须将自己的论说扩展到现实政治的架构层面，以完整的制度设计来保证天人与古今的通贯。换言之，董仲舒得将天人合一置入历史的实际运展进程中去，既要以对历史和现实的批判提出新的政治原则，又要进一步用新的天命解说作为改制的依据，并最终以完美的官制设计保证政治权力的良性运行。在这个完整的理论构造中，阴阳五行仍然充当了核心的依据。董仲舒对秦政的反对虽然仍在稷下的学术传统中，但在他的时代，用阴阳刑德学说对抗法家政治原则却更具有现实针对性，因为秦的一统与汉承秦制象征了尚阴理念的全面胜利。在天命解说问题上，以五行相胜为理则的五德终始说正好与秦以杀伐得天下的事实相符合，更与刘汉代秦而起所依赖的强力相呼应，因此得到了普遍的尊奉。董仲舒转而新创三统说，实际上以阴阳学说解说了朝代的更替，完成了对稷下学术的全面超越。但是，在抛弃五德终始的历史解说之后，董仲舒并没有放弃五行学说，而是在对其适用范围加以限制的同时，用更加丰富的五行生胜学说构建了官制系统，以之作为政治权力能得以良性运行的关键设施。如此，天人古今最终得以贯通，这正是董仲舒《春秋》学的核心主旨与最终目标。虽然董仲舒以天为根据构建起的官制系统始终停留于理论层面，但这种构建无疑是学者面对着愈发集中的皇权时所能提出的深具理性的构想。当然，从董仲舒分割与限制权力的制度设计中，我们无法得到现代意义上的权力分立主张，更不能说，民主的观念可以在董仲舒这里找到古老的先声。我们将董仲舒究通天人古今的努力最终落于官制的设计之上，只是希望能借此表明，在政治的实际运作中，制度设计向来远比道德约束更具效力。以官制为核心内容的《周礼》成为后世变法改制者最为青睐的经典即是明证[①]。

① 举两个最具代表性的例子：王莽改制以《周礼》为模板，全面改造政治；王安石变法以对《周礼》的新说作为其理论先导。

但是，虽然我们已将董学合理地置于阴阳五行的视野中，我们仍然难以回答导论中提出的问题，即董仲舒在何种意义上可称为划时代的人物，以及他所划分出的新旧时代各是什么？

今日我们再回头看思想史中的董仲舒，则不得不承认：如果不是因为有着高度的思想原创性，如果不是因为其理论的无限开放性，董仲舒不足以“为儒者宗”，更不可能对其身后的时代产生持续的影响。作为《春秋》学者，让董仲舒值得成为学者楷模的，正是他的“始推阴阳”。从思想史的演进脉络来看，董仲舒实现了《春秋》的阴阳灾异化之后，为经典与政治的互动立下了基本的范式，治其他经典的学者纷纷效仿。《诗》有“四始五际说”，《书》有“《洪范》五行说”，《礼》有“明堂阴阳说”，《易》有“卦气说”。[①]当具备最优势先天条件的《易》发展到《易纬》时，五行与阴阳共同成为解释经典的核心方式，《易》后来终于取代《春秋》而成为“五经之首”。在这个思想史脉络中，决定经典地位的并非经典自身，而是与作为时代共法的“阴阳”“五行”所能结合的程度。于董仲舒自己而言，也许“始推阴阳”仅仅是一种尝试，但这个尝试使古老的经典重新获得力量，焕发了生机。这种尝试所连接起的，实际上是帝王与学者，其有效与否取决于帝王的需要与学者的理想之间的张力。进而言之，这种尝试的效力最终决定于学者调整自己的学说以合乎帝王需要的程度。无论是从《春秋》到《易》，还是从经书到谶纬，皆是在学者经世致用的需要中历史性地完成了经典地位的转换。那么，对学者来说，经典作为寓含理想的载体，其本身具备多重解释维度，正应了董仲舒所言的“《诗》无达诂，《易》无达占，《春秋》无达辞”[②]。解说经典的现实成就来源于学者对帝王需要与时代共法的体贴，董仲舒、京房、刘歆皆是其中的典型代表。对帝王而言，无论学者们所依托的经典寓含了何种理想，其对经典的选择只和自身的需要有关。从董仲舒“始推阴阳”，到谶纬的造作并进而被尊为“内

① 参徐复观：《两汉思想史》第二卷，第221页。

② 《春秋繁露·精华》。

学”，有力证明经典对帝王而言很难真正地成为至高真理的化身[①]。因此，无论董仲舒给作为经典的《春秋》赋予何种深意，皆要在帝王的需要与学者的理想之间做出切适的权衡，更要对作为时代共法的阴阳五行有精熟的运用。我们今天所说的“今文经学”，正是在这个政治文化氛围中蓬勃进行的。而所谓的经学时代来临的前提，却出乎大一统王权自身的需要。

在“今学”与“古学”的攻错辩难中，关键的问题在于对经典的态度，而出发点皆是经世致用的现实需要。自董仲舒而下的今学自然以经世致用为核心追求，因此对经典的解释也更倾向于“六经注我”式的义理寻求。但是，当出乎现实需要的经典解释越来越趋于随意，“整齐诸家”就成为必然的政治选择。然而，获得了政治权威的经典解释却难以避免地会走向僵化的禄利之途，学者以记诵章句为务。章句化的经典已经不能满足经世致用的需要，勇于求真的学者遂以经典的“古义”为追求。虽然不能排除有学者的确是出于纯粹的学术兴趣，但对经典之真义的探求更大程度上依然是要为改良政治提供可信赖的经典依据。因乎经典本来就是王官之学，治古学的学者就不遗余力地让自己所治经典立于学官。无论今学还是古学，都相信自己获得了对经典最本真的把握，都希图在获得政治权力认同的情况下实现自己的经世理想。因此，今学与古学之相攻错都是出于经典的经世追求，他们共同反对的都是以经典为获得名利的工具。在大一统的政治生态中，学者们就在今学与古学的攻错中展现着经学作为王官学的本质特征。

但是，王官学的建立者并非学者，而是大一统帝国的帝王。我们说过，帝王并不把经典当作至高真理的化身，那力图改造政治的学者完全可以通过别的方式。更多的时候，方士们所擅长的谶言的确更能得到普遍的尊信。但是，学者却不得不将自己的理想蕴含于自己所治的经典中，因为除此之外他们别无依靠。经典在政治生活中真正获得地位是由武帝立五经博士开

① 如若帝王死守着经典的教诲，那最终毁灭的不仅是自己的慕古理想，无数人的性命也将为之陪葬。号称圣人的王莽赢得了学者最倾心的拥戴，但“发得《周礼》”最终沦为历史的一声哀叹。

始，此议发自“曲学阿世”的公孙弘。作为通常意义上我们所谓的“政治投机分子”，如果他没有敏锐地把握到时代的脉搏，我们很难想象老道的政治家公孙弘会作如此建言。汉初政治的核心问题是中央与地方的关系问题，所谓的无为之治只是中央在面对强大的地方势力时的无奈之举。所以我们看到，在中央未有效解决权力集中问题的情况下，因无为之治而繁荣的百家言中，所谓黄老之学倍受中央统治者青睐，而纵横之术为地方侯王所深喜。与此同时，随着“挟书令”的废除，古老的经典之学也逐渐繁荣。汉承秦制，博士官制度亦承自秦。秦立博士官是欲以百家言作自己的王官学。汉初的博士官杂有百家言与《诗》《书》旧王官学。随着中央政权的逐步稳固，建立汉家自己王官学的需求愈发强烈，承载先王之道的《诗》《书》旧典便欲争得曾经的荣光。因此，雄才大略的武帝初立才有崇儒之举。当武帝暗示了整齐百家的意向时，董仲舒无奈地提出“诸不在六艺之科孔子之术者，皆绝其道，勿使并进”的著名经世意见，到公孙弘奏议才终立五经博士，正是由于此时才终于解决了中央集权的问题，这是大一统政治的核心问题。随着作为汉家王官学的五经博士之立，大一统政治的自我调适方才正式完成。自此之后，无论是意图进身统治阶层，还是要批判改造现实政治，学者们只能在作为王官学的六经中获得支持。这就构成了大一统政治环境中的基本学术生态。

我们已经习惯于将董仲舒与专制时代的降临画等号，并且喜欢用“罢黜百家，独尊儒术”将董仲舒定义为专制王权的帮凶。实际上，“罢黜百家，独尊儒术”这种似是而非的说法本就是历史累积起来的巨大误会[①]。在武帝时代，“罢黜百家”指的是六经王官学对百家言的排斥，且这种排斥并非完全地毁弃与禁绝，而是说学者只能通过对经典的研习进身统治阶层。至于“独尊儒术”，也很难找到事实上的证明。在《史记》中，我们

① 参庄春波：《汉武帝“罢黜百家，独尊儒术”说考辨》，《孔子研究》，2000 年第 4 期；秦进才：《董仲舒与“罢黜百家，独尊儒术”关系新探》，《衡水学院学报》，2020 年第 5 期。

丝毫看不到“独尊儒术”的说法，却有“尽罢诸儒不用”[①]这样的记载。如果立五经博士即意味着“独尊儒术”，那为何太史公的父亲司马谈论六家要指时敢非议儒家？[②]后世的误解乃由对“经学”与“儒学”不详加考辨而生出，以为经术就是儒术、经师就是儒生。其实，在董仲舒的时代，儒生与文学大概同义，可用来作为学者的统称。不仅董仲舒时，甚至整个古代，大的学术分野是六经王官学与诸子百家言。[③]实际上，百家皆尊六经，辕固生斥《老子》为“家人言耳”[④]即可看出王官学的自我优越。到司马谈论六家要指，也只是对作为百家言的“六家”之优劣进行的评判。《汉书·艺文志》以“六艺”与“诸子”分列，儒家属于诸子，明证经术不同于儒术。

但是，《汉书·艺文志》于诸子中首列儒家，也正好体现儒家相对于其他各家的区别。同为百家言，儒家与其他各家最大的区别就是，儒家是六经的保存和传承者[⑤]，儒学最大程度上依附于经学。因此，当六经列为汉家王官学之后，治六经的经师越来越多地可用儒生来指称。不过，儒生仍然与儒家不能等同。到班固时代，儒生大致已可与经师同义。儒家概念则要狭窄许多。依传统的看法，我们通常意义上百家之争首先见之于司马谈。我们不必以董仲舒后人的观念来要求董仲舒，故我们并不在百家言的意义上对他进行身份判属[⑥]。我们只以《春秋》学家来定义董仲舒的身份，

---

① 《史记·封禅书》。

② 《史记·太史公自序》。

③ 参钱穆：《两汉经学今古文平议》，第159页。

④ 《史记·魏其武安侯列传》。

⑤ 所谓“鲁学”，一定程度上即可视作儒学。这里的论述对钱穆先生多有参考，详见钱穆：《两汉经学今古文平议》。

⑥ 正如陈启云先生所言：“从历史考证上说，把先秦诸子分为儒、道、墨、名、法、阴阳等家派，始于司马谈《论六家要旨》，而大定于班固《汉书·艺文志》。这种分派，代表的是汉代人的观点，和先秦时期诸子本身的看法很不相同。诸子在思想学说上的辩争不是汉代人所划分的学派之间的辩争，而是个别思想家的思想观念之争……当时对这些思想学说，或总称百家，或分称诸子。”我们认为，《论六家要旨》只能代表司马谈本人或者司马谈之后的思想观念，并不能准确地描画董仲舒时代的思想实情。陈启云：《儒学与汉代历史文化》，桂林：广西师范大学出版社，2007年，代序第11页。

至于《春秋》学是否只属于儒家则见仁见智。不过，我们仍然无法否认，董仲舒依托于《春秋》学所建构的独特学说体系，虽然属于王官学，但在学术的杂糅性以及立说指向上仍然也可以在百家言的意义上来看待。董仲舒的思想志趣在更大程度上与孔子而下的儒家学说更为契合，将董仲舒学说称为“新儒学”或儒家第二期在一定程度上是合理的，因为董学的根本指向是仁德之政，与我们通常意义上所理解的儒家学说基本相符。

我们必须承认，在大一统政治成为秦汉以后中国的主要政治运作方式后，董仲舒是第一个以系统的理论建构来限制和平衡大一统王权的学者，他对德政的强调及对法家政治的反对皆足以让他成为划时代的人物。无论我们将汉以后的政治定义为“阳儒阴法”还是“儒家独大”，董仲舒在这个过程中起到了最关键的作用。但是，我们也应该看到，虽说董仲舒将阴阳五行之道运用于政治的方方面面，但这个应用其实更多是停留在理论层面，只是董仲舒对政治所作的完美构想。虽然武帝对仲舒的对策赞赏有加，对仲舒所言的圣王之治也心存向往，但实际政治的复杂性可能远远超出学者的想象。武帝时代不仅没有以仲舒的理论实行更化，酷吏反而日多。即使到了经术昌明的昭宣之世，宣帝仍然清醒“汉家自有制度，以霸王道杂之”①。

不可否认的是，在董仲舒这里得到了全面完成的阴阳五行学说对后世产生了不小的影响。武帝之世的改元与定历虽然并无董仲舒参与，但改制的方方面面皆可看到董仲舒的影子，立明堂与封禅等让帝王和儒者魂牵梦绕的盛事也在武帝之世成为现实。武帝之后，民怨日多，时有学者要求汉帝退位让贤，此种大逆不道之举在五行相生的五德终始说成为主流之前不可想象。直到后来王莽篡汉，为新代汉的诸多理论论证中，国师刘歆居功甚伟。刘向歆父子的阴阳五行学说皆得自董仲舒而又有所发展。特别需要指出的是汉世谶纬的造作，在新莽之后，对政治的影响更为巨大。谶纬（尤

① 《汉书·元帝纪》。

其是纬）的理论基础，即在董仲舒所完成的阴阳五行学说，甚至造作谶纬的目标也与董氏无异。董仲舒之前，占卜就有数术化的趋势，但表现得不够明显。古老的占卜方式虽然有简化的必要，但始终都在寻找合适的依托。齐学本来就与擅长占卜的方士有着密切关联，但直到齐学的继承者董仲舒“首推阴阳以言灾异”，汉武帝“制曰：‘避诸死忌，以五行为主’”①，各种占卜方式便纷纷完成了阴阳五行化。后世的堪舆、命理、相法等等都以阴阳五行为宗。诸种方技中，医术对后世影响最大，直到今天依然发挥着不可替代的作用。医学的圣典《黄帝内经》的理论体系，正是在董仲舒阴阳五行学说的基础上逐步建立和完善起来的。除此之外，古代的其他方技如天文地理、炼金制丹和算畴等等，都受到了阴阳五行学说的巨大影响。因此，阴阳五行成为所谓“中国人的思想律”②，也就在情理之中。

虽然有现代学者将阴阳五行学说视为“迷信之大本营”③，但在这个“中国人的思想律”依然对我们的生活有或多或少影响的今天，我们却不能轻易地将之归于迷信而加以唾弃。若我们以历史性的眼光审视这个思想律，则所谓“迷信”的说法显然是在今人的立场上苛求古人。董仲舒的时代已经离我们远去。我们需要做的，就是努力地进入到他的时代脉络和他的问题域。一个学说和理论的“合理性”在于它的时代性，政治理论尤其如此。在此基础上，才能更好地理解董仲舒的那个时代，并进而理解与他相关的那些时代。

---

① 《史记·日者列传》。武帝这里所说的“五行”，指的是以五行为基本方法的择日法，这种方法当是在秦代开始产生，且其对五行的运用与五行学说本身的发展历程相应，比如在睡虎地秦简《日书》中，只出现五行相克说，并未见对五行相生说的应用。参睡虎地秦墓竹简整理小组：《睡虎地秦墓竹简》，北京：文物出版社，1990 年，第 239 页。

② 顾颉刚：《五德终始说下的政治和历史》，《清华大学学报（自然科学版）》，1930 年第 1 期。

③ 梁启超：《阴阳五行之来历》，《古史辨》第五册，第 343 页。

参考文献

1. 董仲舒著作

（汉）董仲舒：《春秋繁露》，清光绪二十一年（1895）武英殿聚珍版。

（清）董天工：《春秋繁露笺注》，上海：华东师范大学出版社，2017 年。

苏舆：《春秋繁露义证》，北京：中华书局，1992 年。

刘师培：《春秋繁露斠补》（附《逸文辑补》），民国二十三年（1934）宁武南氏排印《刘申叔先生遗书》本。

钟肇鹏主编：《春秋繁露校释》，济南：山东友谊出版社，1994 年。

赖炎元：《春秋繁露今注今译》，台北：台湾商务印书馆，1984 年。

2. 其他古籍

（汉）贾谊：《贾谊集・贾太傅新书》，长沙：岳麓书社，2010 年。

（汉）司马迁：《史记》，北京：中华书局，1959 年。

（汉）班固：《汉书》，北京：中华书局，1962 年。

（汉）荀悦：《汉纪》，北京：中华书局，2005 年。

（南朝）范晔：《后汉书》，北京：中华书局，1965 年。

（南朝）萧统：《文选》，上海：上海古籍出版社，1986 年。

（唐）韩愈：《昌黎先生集》，宋廖莹中世彩堂本。

（宋）周敦颐：《周敦颐集》，北京：中华书局，1990 年。

（宋）洪兴祖：《楚辞补注》，北京：中华书局，1983 年。

（宋）朱熹：《四书章句集注》，北京：中华书局，1983 年。

（宋）魏了翁：《尚书要义》，文渊阁《四库全书》经部书类二。

（明）王夫之：《读通鉴论》，北京：中华书局，1975 年。

（明）张溥：《汉魏六朝百三家集》，长春：吉林出版集团，2005年。

（清）永瑢等：《四库全书总目》，北京：中华书局，1965年。

（清）唐晏：《两汉三国学案》，北京：中华书局，1986年。

（清）孙希旦：《礼记集解》，北京：中华书局，1989年。

（清）焦循：《孟子正义》，北京：中华书局，1987年。

（清）严可均：《全上古三代秦汉三国六朝文》，北京：商务印书馆，1999年。

（清）马国翰：《玉函山房辑佚书》，《续修四库全书》，上海：上海古籍出版社，2002年。

（清）王仁俊：《玉函山房辑佚书续编》，《续修四库全书》，上海：上海古籍出版社，2002年。

（清）段玉裁：《说文解字注》，上海：上海古籍出版社，1988年。

（清）洪亮吉：《春秋左传诂》，北京：中华书局，1987年。

（清）姚振宗：《七略别录佚文·七略佚文》，上海：上海古籍出版社，2008年。

（清）皮锡瑞：《今文尚书考证》，北京：中华书局，1989年。

（清）薛福辰批阅句读：《重广补注黄帝内经素问（影宋本）》，北京：学苑出版社，2008年。

《春秋公羊传注疏》，中华书局聚珍仿宋版。

高亨：《周易大传今注》，济南：齐鲁书社，1998年。

程俊英、蒋见元：《诗经注析》，北京：中华书局，1991年。

徐元浩：《国语集解》，北京：中华书局，2002年。

黄怀信等：《逸周书汇校集注》，上海：上海古籍出版社，1995年。

朱谦之：《老子校释》，北京：中华书局，1984年。

杨伯峻：《论语译注》，北京：中华书局，2009年。

杨伯峻：《孟子译注》，北京：中华书局，2010年。

吴毓江：《墨子校注》，北京：中华书局，1993年。

黎翔凤：《管子校注》，北京：中华书局，2004年。

许富宏：《鬼谷子集校集注》，北京：中华书局，2010年。

王先谦：《庄子集解》，北京：中华书局，1987年。

张震泽：《孙膑兵法校理》，北京：中华书局，1984年。

陈鼓应：《黄帝四经今注今译》，北京：商务印书馆，2006年。

王先谦：《荀子集解》，北京：中华书局，1988年。

王先慎：《韩非子集解》，北京：中华书局，1998年。

吴小强：《秦简日书集释》，长沙：岳麓书社，2000年。

许维遹：《吕氏春秋集释》，北京：中华书局，2009 年。

许维遹：《韩诗外传集释》，北京：中华书局，1980 年。

刘文典：《淮南鸿烈集解》，北京：中华书局，1989 年。

何宁：《淮南子集释》，北京：中华书局，1998 年。

王利器：《盐铁论校注》，北京：中华书局，1992 年。

向宗鲁：《说苑校证》，北京：中华书局，1987 年。

石光瑛：《新序校释》，北京：中华书局，2009 年。

张涛：《列女传译注》，济南：山东大学出版社，1990 年。

汪荣宝：《法言义疏》，北京：中华书局，1997 年。

黄晖：《论衡校释》，北京：中华书局，1990 年。

王利器：《风俗通义校注》，北京：中华书局，2010 年。

赵在翰辑：《七纬》，北京：中华书局，2012 年。

3．当代研究著作

周辅成：《论董仲舒思想》，上海：上海人民出版社，1961 年。

杨鹤皋：《董仲舒的法律思想》，北京：群众出版社，1985 年。

张鸣岐：《董仲舒教育思想初探》，长春：吉林教育出版社，1988 年。

康有为编，楼宇烈整理：《春秋董氏学》，北京：中华书局，1990 年。

黄朴民：《董仲舒与新儒学》，台北：文津出版社，1992 年。

华友根：《董仲舒思想研究》，上海：上海社会科出版社，1992 年。

傅新友：《董仲舒的传说及其它》，石家庄：花山文艺出版社，1994 年。

刘殿爵编辑：《春秋繁露逐字索引》，香港：商务印书馆（香港）公司，1994 年。

周桂钿：《董仲舒评传：独尊儒术　奠定汉魂》，南宁：广西教育出版社，1995 年。

王永祥：《董仲舒评传》，南京：南京大学出版社，1995 年。

周桂钿：《董学探微》，北京：北京师范大学出版社，2008 年。

余治平：《唯天为大：建基于信念本体的董仲舒哲学研究》，北京：商务印书馆，2003 年。

余治平：《董子〈春秋〉义法辞考论》，上海：上海书店出版社，2013 年。

魏文华编著：《董仲舒珍闻》，北京：中国青年出版社，2006 年。

许雪涛：《公羊学解经方法：从〈公羊传〉到董仲舒春秋学》，广州：广东人民出版社，2006 年。

董书尧主编：《董仲舒与董氏渊源论丛》，北京：中国广播电视出版社，2006 年。

张实龙：《董仲舒学说内在理路探析》，杭州：浙江大学出版社，2007 年。

刘国民：《董仲舒的经学诠释及天的哲学》，北京：中国社会科学出版社，2007年。

王淑蕙：《董仲舒〈春秋〉解经方法探究》，台北：花木兰文化出版社，2007年。

侯外庐、赵纪彬、杜国库：《中国思想通史》，北京：人民出版社，1957年。

侯外庐、张岂之：《中国思想史纲》，北京：中国青年出版社，1980年。

汤一介：《儒学十论及外五篇》，北京：北京大学出版社，2009年。

汤一介：《汤一介集》，北京：中国人民大学出版社，2014年。

余敦康：《易学今昔》，桂林：广西师范大学出版社，2005年。

杨树达：《积微居甲文说》，上海：上海古籍出版社，1986年。

张岂之：《中国思想学说史》先秦卷、秦汉卷，桂林：广西师范大学出版社，2008年。

章太炎：《章太炎全集（四）》，上海：上海人民出版社，1999年。

胡适：《胡适全集》，合肥：安徽教育出版社，2003年。

钱穆：《中国思想史》，台北：台湾学生书局，1988年。

钱穆：《先秦诸子系年》，北京：商务印书馆，2002年。

钱穆：《秦汉史》，北京：生活•读书•新知三联书店，2005年。

钱穆：《国史大纲》，北京：商务印书馆，1996年。

钱穆：《两汉经学今古文平议》，北京：九州出版社，2011年。

程树德：《九朝律考》，北京：中华书局，1963年。

冯天瑜：《封建考论》，北京：中国社会科学出版社，2010年。

王国维：《观堂集林》，北京，中华书局，1959年。

郭沫若：《十批判书》，北京：东方出版社，1996年。

郭沫若：《中国古代社会研究》，北京：科学出版社，1960年。

郭沫若：《郭沫若全集》历史编，北京：人民出版社，1982年。

陈梦家：《〈殷墟卜辞〉综述》，北京：中华书局，1992年。

顾颉刚：《古史辨》第一册、第五册，上海：上海古籍出版社，1982年。

顾颉刚：《中国上古史研究讲义》，北京：中华书局，2009年。

顾颉刚：《秦汉的方士与儒生》，上海：上海世纪出版集团，2005年。

罗根泽：《古史辨》（第六册），上海：上海古籍出版社，1982年。

徐复观：《两汉思想史》，上海：华东师范大学出版社，2004年。

徐复观：《中国思想史论集续编》，上海：上海书店出版社，2005年。

徐复观：《中国人性论史》（先秦篇），上海：上海三联书店，2001年。

李零：《中国方术正考》，北京：中华书局，2006年。

李零：《中国方术续考》，北京：东方出版社，2000年。

李零：《简帛古书与学术源流》，北京：生活·读书·新知三联书店，2004 年。

李零：《郭店楚简校读记》，北京：中国人民大学出版社，2007 年。

陈鼓应：《易传与道家思想》，北京：商务印书馆，2007 年。

陈鼓应：《道家易学建构》，北京：商务印书馆，2010 年。

李宗桂：《传统与现代之间》，北京：北京师范大学出版社，2011 年。

李宗桂：《传统文化与人文精神》，广州：广东人民出版社，1997 年。

齐思和：《中国史探研》，石家庄：河北教育出版社，2003 年。

蒋庆：《公羊学引论》，沈阳：辽宁教育出版社，1995 年。

孙开泰：《邹衍与阴阳五行》，济南：山东文艺出版社，2004 年。

徐兴无：《刘向评传》，南京：南京大学出版社，2005 年。

徐兴无：《谶纬文献与汉代文化构建》，北京：中华书局，2003 年。

祝瑞开：《两汉思想史》，上海：上海古籍出版社，1989 年。

杨宽：《西周史》，上海：上海人民出版社，2003 年。

陈柱：《诸子概论》，北京：中国书籍出版社，2006 年。

冯友兰：《中国哲学史》，上海：华东师范大学出版社，2008 年。

张舜徽：《周秦道论发微》，北京：中华书局，1982 年。

劳思光：《新编中国哲学史》（第二卷），桂林：广西师范大学出版社，2005 年。

任继愈：《中国哲学史》，北京：人民出版社，1979 年。

张岱年：《中国哲学大纲》，北京：中国社会科学出版社，1982 年。

冯达文、郭齐勇：《新编中国哲学史》，北京：人民出版社，2004 年。

冯契：《中国古代哲学的逻辑发展》，上海：上海人民出版社，1983 年。

刘泽华：《中国的王权主义》，上海：上海人民出版社，2000 年。

李泽厚：《中国古代思想史论》，天津：天津社会科学院出版社，2004 年。

萧公权：《中国政治思想史》，沈阳：辽宁教育出版社，1998 年。

杨荣国：《中国古代思想史》，北京：人民出版社，1973 年。

吕思勉：《先秦学术概论》，昆明：云南人民出版社，2005 年。

金春峰：《汉代思想史》，北京：中国社会科学出版社，2006 年。

周桂钿：《秦汉哲学》，武汉：武汉出版社，2006 年。

林剑鸣：《秦汉史》，上海：上海人民出版社，1989 年。

章启群：《星空与帝国——秦汉思想史与占星学》，北京：商务印书馆，2013 年。

谢松龄：《天人象：阴阳五行学说史导论》，济南：山东文艺出版社，1989 年。

池万兴：《管子研究》，北京：高等教育出版社，2004 年。

章权才：《两汉经学史》，广州：广东人民出版社，1990 年。

郭沂：《郭店竹简与先秦学术思想》，上海：上海教育出版社，2001 年。

葛兆光：《中国思想史》（第一卷），上海：复旦大学出版社，2001 年。

庞朴：《帛书五行篇研究》，济南：齐鲁书社，1980 年。

裘锡圭：《古代文史研究新探》，南京：江苏古籍出版社，1992 年。

陈来：《竹帛五行与简帛研究》，北京：生活 • 读书 • 新知三联书店，2009 年。

白奚：《稷下学研究》，北京：生活 • 读书 • 新知三联书店，1998 年。

丁原明：《黄老学论纲》，济南：山东大学出版社，1997 年。

余明光：《黄帝四经与黄老思想》，哈尔滨：黑龙江人民出版社，1989 年。

顾文炳：《阴阳新论》，沈阳：辽宁教育出版社，1993 年。

殷南根：《五行新论》，沈阳：辽宁教育出版社，1993 年。

杨权：《新五德理论与西汉政治——“尧后火德说”考论》，北京：中华书局，2006 年。

汪高鑫：《董仲舒与汉代历史思想研究》，北京：商务印书馆，2012 年。

王博：《简帛思想文献论集》，台北：台湾古籍出版有限公司，2001 年。

黄寿祺、张善文：《周易译注》，上海：上海古籍出版社，2004 年。

王葆玹：《今古文经学新论》，北京：中国社会科学出版社，1997 年。

胡厚宣：《甲骨文合集释文》（二），北京：中国社会科学出版社，1999 年。

饶宗颐：《中国史学上之正统论》，上海：上海远东出版社，1996 年。

王梦鸥：《邹衍遗说考》，台北：台湾商务印书馆，1966 年。

李汉三：《先秦两汉之阴阳五行学说》，台北：维新书局，1967 年。

李威熊：《董仲舒与西汉学术》，台北：文史哲出版社，1978 年。

韦政通：《董仲舒》，台北：东大图书股份有限公司，1986 年。

罗振玉：《罗雪堂先生全集三编》（第二册），台北：文华出版公司，1970 年。

邝芷人：《阴阳五行及其体系》，台北：文津出版社，1992 年。

陈苏镇：《〈春秋〉与“汉道”：两汉政治与政治文化研究》，北京：中华书局，2011 年。

王爱和：《中国古代宇宙观与政治文化》，上海：上海古籍出版社，2018 年。

[美] 桂思卓：《从编年史到经典——董仲舒的春秋诠释学》，朱腾译，北京：中国政法大学出版社，2010 年。

[美] 艾兰、汪涛、范毓周：《中国古代思维模式与阴阳五行说探源》，南京：江苏古籍出版社，1998 年。

[日] 井上聪：《先秦阴阳五行》，武汉：湖北教育出版社，1997 年。

[日] 沟口雄三、小岛毅：《中国的思维世界》，孙歌等译，南京：江苏人民出版社，

2006 年。

[日] 平势隆郎：《从城市国家到中华：殷周 春秋战国》，周洁译，桂林：广西师范大学出版社，2014 年。

[日] 安居香山、中村璋八：《纬书集成》，石家庄：河北人民出版社，1994 年。

[英] 李约瑟:《中国古代科学思想史》，陈立夫译，南昌: 江西人民出版社，2006 年。

[英] 鲁惟一：《汉代的信仰、神话和理性》，王浩译，北京：北京大学出版社，2009 年。

[英] 崔瑞德、[英] 鲁惟一：《剑桥中国秦汉史》，杨品泉、张书生等译，北京：中国社会科学出版社，1995 年。

4. 期刊论文

庞朴：《五行思想三题》，《山东大学学报》，1964 年第 1 期。

庞朴：《阴阳五行探源》，《中国社会科学》，1984 年第 3 期。

赵纪彬：《阴阳五行学派的代表——邹衍》，《中国哲学史研究》，1985 年第 2 期。

孙开泰：《邹衍年谱》，《管子学刊》，1990 年第 2 期。

李学勤：《帛书〈五行〉与〈尚书·洪范〉》，《学术月刊》，1986 年第 11 期。

汤一介、庄印：《董仲舒的哲学思想及其历史评价》，《北京大学学报》，1963 年第 3 期。

顾颉刚、刘起釪：《〈尚书·甘誓〉校释译论》，《中国史研究》，1979 年第 1 期。

胡厚宣:《殷卜辞中所见四方受年与五方受年考》，载于深圳大学国学研究所主编:《中国哲学与中国文化》第一辑，北京：东方出版社，1986 年。

葛志毅:《试论先秦五行世界图式之系统化》，《大连大学学报》，2003 年第 1 期。

宫哲兵：《晚周时期“五行”范畴的逻辑进程》，《中国哲学》第十三辑，北京：人民出版社，1985 年。

胡化凯：《五行起源新探》，《安徽史学》，1997 年第 1 期。

李存山：《〈老子〉简、帛本与传世本关系的几个“模型”》，《中国哲学史》，2003 年第 3 期。

李存山：《董仲舒在中国思想文化史上的地位与影响》，《河北学刊》，2010 年第 4 期。

李存山：《对“三纲”之本义的辨析与评价——与方朝晖教授商榷》，《天津社会科学》，2012 年第 1 期。

李存山：《“五行”与“五常”的配法》，《燕京学报》新二十八期，北京：北京大学出版社，2010 年 5 月。

王博：《权力的自我节制：对老子哲学的一种解读》，《哲学研究》，2010年第6期。

《陈侯因齐敦铭》，《考古学报》，1975年第1期。

吕绍纲：《〈易大传〉与〈老子〉是两个根本不同的思想体系——兼与陈鼓应先生商榷》，《哲学研究》，1989年第8期。

叶林生：《黄帝考》，《江海学刊》，1994年第2期。

庞朴：《黄帝考源》，《传统文化与现代化》，1993年第2期。

白奚：《先秦黄老之学源流述要》，《中州学刊》，2003年第1期。

白奚：《邹衍四时教令思想考索》，《文史哲》，2001年第6期。

白奚：《中国古代阴阳与五行说的合流——〈管子〉阴阳五行思想新探》，《中国社会科学》，1997年第5期。

陈来：《竹帛〈五行〉篇为子思、孟子所作论》，《孔子研究》，2007年第1期。

李景林：《思孟五行说与思孟学派》，《吉林大学社会科学学报》，1997年第1期。

杜宝元：《邹衍研究》，《四平师院学报（哲学社会科学版）》，1982年第2期。

马勇：《邹衍与阴阳五行学说》，《社会科学研究》，1985年第6期。

江新：《〈春秋繁露《求雨》、《止雨》〉作者考》，《中国哲学史》，2012年第1期。

李零：《文献中的老子——读〈史记・老子韩非列传〉的要点》，《国学》，2013年第12期。

赵法生：《〈易传〉刚柔思想的形成与易学诠释典范的转移》，《文史哲》，2014年第1期。

刘学智：《“三纲五常”的历史地位及其作用重估》，《孔子研究》，2011年第2期。

庄春波：《汉武帝“罢黜百家，独尊儒术”说考辨》，《孔子研究》，2000年第4期。

刘家和：《论汉代春秋公羊学的大一统思想》，《史学理论研究》，1995年第2期。

刘泽华：《天人合一与王权主义》，《天津社会科学》，1996年第4期。

刘宝才：《水德与秦制》，《西北大学学报（哲学社会科学版）》，1986年第1期。

蔡德贵：《齐学・鲁学与稷下学宫》，《东岳论丛》，1987年第3期。

陈鼓应：《论道家在中国哲学史上的主干地位》，《哲学研究》，1990年第1期。

范立舟：《阴阳五行与中国传统历史观念》，《管子学刊》，1997年第2期。

胡孚深：《齐学当议》，《管子学刊》，1987年第1期。

蒋重跃：《五德终始说与历史正统观》，《南京大学学报（哲学、人文科学、社会科学版）》，2004年第2期。

蒋重跃：《董仲舒〈春秋〉学的通史精神初探》，《求是学刊》，2010年第3期。

成祖明：《帝国创生与董仲舒的皇权本体公共性建构》，《哲学研究》，2012年第2期。

李有光：《论董仲舒的经学解释观之于“〈诗〉无达诂”生成的意义》，《中国文化研究》，2011 年第 4 期。

黄开国：《析董仲舒人性论的名性以中》，《社会科学战线》，2011 年第 6 期。

邵龙宝：《董仲舒思想的基本特征及其精华》，《齐鲁学刊》，2011 年第 4 期。

何丽野：《从语境看董仲舒义利观的一段学案——兼论中国思想史研究中的“语境意识”》，《哲学研究》，2011 年第 2 期。

丁为祥：《董仲舒天人关系的思想史意义》，《北京大学学报（哲学社会科学版）》，2010 年第 6 期。

包兆会：《董仲舒的“天人思想”及其对汉代文论的影响》，《人文杂志》，2010 年第 6 期。

陆建华：《“中民之性”：论董仲舒的人性学说》，《哲学研究》，2010 年第 10 期。

庄树宗：《“罢黜百家”还是“熔炼百家”——论董仲舒思想的“杂家”特征及其历史影响》，《江苏社会科学》，2010 年第 4 期。

任多伦：《论董仲舒思想中的“天”与“元”》，《西北师大学报（社会科学版）》2010 年第 4 期。

刘国民：《先秦儒家思想发展的重要转折——徐复观对董仲舒“天的哲学”的解释》，《齐鲁学刊》，2010 年第 2 期。

张立文：《董仲舒哲学核心话题探赜》，《河北学刊》，2010 年第 1 期。

吴祖春：《〈史〉〈汉〉“儒宗”差异探析——以叔孙通、董仲舒为中心》，《现代哲学》，2009 年第 6 期。

平飞：《董仲舒的春秋公羊学研究探微》，《现代哲学》，2009 年第 6 期。

张跃年：《董仲舒的社会政治思想刍议》，《湖北社会科学》，2009 年第 12 期。

梁国楹：《董仲舒“大一统”理论的思想来源》，《山东师范大学学报（人文社会科学版）》，2009 年第 5 期。

袁济喜：《从董仲舒的奏对看汉代士人与帝王之对弈》，《中国文化研究》，2009 年第 3 期。

周桂钿：《董仲舒政治哲学的核心——大一统论》，《中国哲学史》，2007 年第 4 期。

朱人求：《董仲舒教化哲学研究》，《福建师范大学学报（哲学社会科学版）》，2007 年第 5 期。

刘国民：《董仲舒以阴阳之天道解释人道》，《西南民族大学学报（人文社科版）》，2007 年第 6 期。

刘国民：《董仲舒“〈诗〉无达诂”的思想及其现代意义》，《中国青年政治学报》，2007 年第 3 期。

刘国民：《过度诠释——论董仲舒解释〈春秋〉、〈公羊传〉之目的》，《首都师范大学学报（社会科学版）》，2006 年第 4 期。

许家鹏：《论董仲舒“独尊儒术”的天道与人道依据》，《江西社会科学》2006 年第 11 期。

范学辉：《董仲舒〈春秋繁露〉与经学开山》，《孔子研究》，2006 年第 5 期。

蔡方鹿：《蒙文通对晚清〈公羊〉学及董仲舒的批评——兼论社会转型时期政治对经学的影响》，《孔子研究》，2006 年第 5 期。

王帆：《董仲舒思想的易学底蕴》，《周易研究》，2006 年第 4 期。

5. 学位论文

黄磊：《历史循环论和其他》，复旦大学博士论文，2008 年。

张伟伟：《五德终始说研究》，兰州大学硕士论文，2008 年。

彭华：《阴阳五行研究（先秦篇）》，华东师范大学博士论文，2004 年。

宋艳萍：《公羊学与两汉社会》，北京师范大学博士后报告，2002 年。

刘国民：《董仲舒的经学诠释及天的哲学》，首都师范大学博士论文，2003 年。

许雪涛：《公羊学解经方法：从〈公羊传〉到董仲舒春秋学》，中山大学博士论文，2003 年。

崔涛：《董仲舒政治哲学发微》，浙江大学博士论文，2004 年。

张俊峰：《董仲舒政治思想研究》，中山大学博士论文，2005 年。

刘红卫：《董仲舒天人思想研究》，北京师范大学博士论文，2006 年。

张文英：《董仲舒政治哲学研究》，吉林大学博士论文，2008 年。

孟巧颖：《“大一统”与董仲舒的政治哲学》，华南师范大学博士论文，2009 年。

曲洪波：《康有为“董氏学”著述之研究》，北京师范大学博士论文，2009 年。

孙秀伟：《董仲舒“天人感应”论与汉代的天人问题》，陕西师范大学博士论文，2010 年。

江新:《天道、王道与汉道——董仲舒春秋公羊学与汉代更化》，北京大学博士论文，2012 年。

程郁：《〈春秋繁露〉王道思想研究》，北京大学博士论文，2012 年。

后 记

七年前写博士论文后记的时候，既有劫后余生般的恐悸，也有对未来的无限遐想，但最感深切的，是汤先生的离世带给我的悲恸和无尽的遗憾。我在后记里写下："我想，在我以后的生命中，任何一个成长的喜悦都将伴随着深深的遗憾，正如每一次回老家时在奶奶坟前的刻骨悲伤。所以，这篇在各种焦躁中写就的论文，尽管有不少瑕疵，我都要将它献给我永远的恩师汤一介先生。"现在，当论文终于要变成书了，虽然仍有不少瑕疵，但我叮嘱编辑老师一定要在扉页写上：谨以此书献给恩师汤一介先生！于我而言，给汤先生一个最终的交代，是这本书最大的意义。

由于总想着要有个交代，又一直觉得有些问题没有理清，但工作以后再也抽不出大块的时间对博论进行集中修改，所以出版的计划就一拖再拖。博论最薄弱或者说我最没有信心的部分是阴阳五行的早期发展史，所以这几年我将很多精力放在了梳理阴阳五行学说史上。梳理的过程中，我发现博论中的有些观点已经立不住了，但是要讲清楚这些问题，至少又需一本书的规模。因为我越挖发现问题越多，不止是我自己原有的问题，而是整个阴阳五行学说史处处都是问题。幸运的是，博论的主体内容拆分出的小文章在这几年也都陆续刊发在了专业期刊上，评审专家们给出的精到建议也让很多问题得到了解决。机缘巧合，两年前在衡水枣强参加《春秋繁露》

读书班，王书华老师鼓励我应该尽快将博论出版，魏彦红老师当即表示会尽全力帮助我，出版的事就这样确定了下来。虽然原有的顾虑仍在，但是我也想明白了一个道理，不可能有完美的学术作品，学者都是在不断成长，每一本书或一篇论文都只能代表作者在那个阶段的思想成果。加之这本书最首要的目的是希望给汤先生一个交代，所以大致保留博论的原貌就相当于将自己博士期间的学习成果向汤先生所作的“汇报”。当然，我也会努力成长，争取早日解决遗留的难题。

工作后的七年中，既经历过成长的喜悦，也体验了种种“社会人”的无奈。虽然仍在校园生活，但心境早已与学生时代云泥天壤。最近在看一本畅销书——《幸福的方法》，居然远比专业书看得有滋味。作者建议，每天写下五件值得感恩的人和事，是获取幸福的一个好方法。还没来得及试验，今天就从感恩帮助了这本书出版的人们开始。

感恩家人一如既往的陪伴与支持！与妻子携手六年，苦乐共尝；疫情原因，与伊远隔万里已三年，虽有风雨，但也甘之若饴。父母和岳父母操劳一生，始终将我和妻子放在更重要的位置，为我们的小家任劳任怨。影视剧里常见的家庭矛盾，我从未经见过，何其幸运！爱犬臭仔教会了我，爱可以很真挚很纯粹。

感恩师友一路走来的扶持和帮助！“青椒”的学术之路充满艰辛，选择了军校作为学术起点就更是不易。张广保老师和景海峰老师始终都在给我力所能及的种种帮助。一次又一次，当需要老师扶助的时候，张老师都坚定地站在我身后；并未有过师生之谊的景老师对后辈的无私提携更是让我无比感动，在我心里早已将景老师视如亲师。张立老师和金新亮老师帮我圆了少年时的军旅梦。一次又一次，当工作和生活面临困顿的时候，张老师都会设身处地地替我排忧解难；金老师这位可靠的老大哥更在我遭遇麻烦的时候挺身而出，让我真切体会到来自组织的关爱。感恩“患难与共”的战友同事，让我在这个“紧张”的环境中从未感觉到来自同僚的压力，日常相处“活泼”自在。多年来的挚友，就不一一道谢，大家为生活奔忙都不容易，只愿我们永远不会失去心底的赤忱和孩子气。

感恩李宗桂老师慷慨赐序！李老师身为德高望重的前辈，在我们青椒自发进行“夜半煮酒话学术”时，不仅耐心倾听我们治学的种种不易，更不辞辛苦持续为后学指点迷津。

感恩魏彦红老师和王文书老师为了本书的出版而东奔西走，感恩衡水学院这些年为了董学研究所作的种种努力！可以说，衡水学院几乎以一己之力，为董学争得了应有的地位。衡水是董仲舒的故乡，西安是董仲舒出仕与安息之地。冥冥中，仿佛是董仲舒指引着我回到了西安，又与衡水有了不解之缘。本书能得以顺利出版，衡水学院和河北省董仲舒与传统文化研究中心的诸位老师居功甚伟！感恩燕山大学出版社，感恩柯亚莉老师为本书的所有付出，逐字逐句校对文字、核对引文艰苦异常，您的辛勤劳作让本书最终得以面世！

最后，我要将我最深最浓的感恩，包括这本书都敬献给恩师汤一介先生！

十一年前的那场面试中，学业背景和面试表现都处于劣势的我面临被淘汰，汤先生说：“这个孩子确实基础很不好，不过他年轻有灵气，可塑性强，要不我来带他吧！”这句话改变了我的人生走向。我母亲常说，能成为汤先生的学生，是我上辈子修来的福报！在汤先生门下的几年，先生给了我太多，最难忘的那些片段我都写在了《记忆中的恩师汤一介先生》（《中华文化画报》，2014.10）中。先生的学问和人品我没有资格去评价，但我始终都相信，如果这个世界上有真正的儒者，那他一定是汤先生的模样！

十一年过去了，这个孩子已不再年轻，但先生的教诲和恩情须臾不敢忘。同样难以忘怀的是，汤先生离世后，师母乐黛云先生依然在为我的学业、工作、生活而劳心。毕业的时候，贪图了生活上的便利，选择了离学术最远的一条路，辜负了乐先生的美意，但先生并未计较，反而始终都在为我考虑。当我在敦煌的军营里备受训练的煎熬时，乐先生发来自己拍的照片，说“北大第一场雪景！给远方的你，祝一切美好”，我泪流满面。当我要结婚了，带着妻子去拜望乐先生时，先生抓着她的手说“小王博真有福气”！在汤先生的铜像旁，我们留下了最灿烂的笑。疫情以后，再也没能去北京探望乐先生，唯愿您健康！

王　博

壬寅年孟秋于西安长乐居